婦女研究 4

古代雅典和斯巴達婦女的家庭財產權利研究

謝芝芹 著

蘭臺出版社

序　言

　　當收到青海師範大學副教授謝芝芹博士撰寫的《古代雅典和斯巴達婦女的家庭財產權利研究》一書的電子版時，我內心十分驚喜。一是因為著作即將由蘭臺出版社出版發行，在這麼短的時間裡出版學術專著，謝博士擁有了標誌性的研究成果。二是因為我有幸成為最早的讀者之一，從中汲取了新的知識，拓寬了視野，受到了許多啟發。三是構築學術研究的大廈依靠眾人增磚添瓦，多少代學人不懈努力共同推動著學術研究的深入發展；本書的出版無疑會加強這一領域的研究，具有很高的學術價值。

　　社會史、婦女史的研究是歷史研究的重要組成部分。多年以來，我國有關國內婦女史的研究取得很大成就，但是對於外國婦女史的研究尚顯不足。古希臘是西方文明的源頭之一，對古希臘史的研究是歷史研究的重要內容。目前國內對古希臘婦女的研究主要集中在婚姻家庭方面的研究、婦女觀的研究、婦女地位的研究、古希臘同性戀的研究等四個方面，由於起步較晚、條件有限，研究處於相對薄弱的狀態，尚有很大的拓展空間。

　　本書是作者博士畢業論文的修正稿，全書十九萬一千七百多字。正文部分共有五章，第一章主要介紹古希臘婦女的家庭財產，介紹了古希臘家庭的組織原則，以及婦女的財產類型和財產獲得途徑。第二章著重論述斯巴達和雅典婦女的家庭財產權利，重點說明城邦和家庭整體利益對婦女財產權利的影響。鑒於土地在古代農業社會的重要性，以及斯巴達和雅典婦女在土地財產繼承方面的不同，第三章專門論

述古希臘婦女與土地之間的關係。第四章主要研究古希臘婦女的嫁妝，嫁妝作為古希臘婦女最重要的財產形式，是她們婚姻存續期間或一段婚姻結束之後的重要生活保障。第五章專門對女繼承人問題進行考察，通過探究女繼承人的定義和婚姻，以及她們對家庭的延續所起到的作用和意義，來研究女繼承人的家庭財產權利。

　　本書以古風、古典時期雅典和斯巴達婦女的家庭財產權利為主要考察對象，通過對古希臘婦女的家庭財產權利以及她們與家庭具體財產形式之間的關係進行分析和考察，論述婦女對家庭財產是如何獲得、管理和處置的，以及在財產讓渡和轉移過程中婦女的這種財產權對家庭關係產生的影響。

　　目前學界對古希臘婦女家庭財產權利的研究還不夠充分，相關專題性的研究成果尚為數不多，本書嘗試對古代雅典和斯巴達婦女的家庭財產權利進行探究，尤其對婦女與土地之間的關係進行考察和闡述，旨在說明家庭財產權是古希臘婦女擁有的重要權利，不同城邦的婦女在家庭中有著不同的財產權利。作者認為，無論如何古希臘婦女的這種財產權利根本上無法改變以男性為中心的家庭模式，也不可能改變父權制家庭的本質。

　　謝芝芹博士畢業於上海師範大學，目前是青海省引進拔尖人才，承擔著國家社會科學基金西部專案。學界同仁都明白，從事世界古代史的教學與研究勢必面臨更大困難，需要付出更多的艱辛。作者全力收集原始資料，擴充研究範圍，努力完善薄弱環節，力求使此領域的研究趨於完備；毫無疑問，《古代雅典和斯巴達婦女的家庭財產權利研究》凝聚著作者的智慧和汗水。在求學和工作過程中，她總有一種鍥而不捨的韌勁，有一顆積極進取的恆心，甘坐冷板凳。學海無涯、學無止境，希望謝博士不斷地躍上新臺階，走向更加廣闊的天地。

李懷順
2024.11.18 於肇慶學院

目　次

序　言　I

摘　要　VII

緒　論　1

　　一、選題緣由和研究意義　1

　　二、研究對象、理論、範圍、框架結構和方法　3

　　三、研究綜述　4

　　四、研究難點和創新點　19

第一章　雅典和斯巴達婦女的家庭財產　21

第一節　公民家庭的組織原則　21

　　一、公民家庭的組織原則　22

　　二、公民婦女的家庭職責　26

　　三、公民婦女與家庭近親屬之間的利益關係　40

第二節　雅典和斯巴達婦女的家庭財產類型　49

　　一、公民婦女不同人生階段的財產　50

　　二、公民婦女的財產類型　54

　　三、公民婦女財產的獲得途徑　64

第三節　雅典和斯巴達婦女的財產繼承　70

　　一、公民婦女的無遺囑繼承　70

　　二、公民婦女的遺囑繼承　73

第二章 雅典和斯巴達婦女的家庭財產權利　75

第一節　古希臘父權制和家庭祭祀的繼承權　75

一、古希臘的父權制　75

二、家庭祭祀的繼承權　79

第二節　雅典婦女的家庭財產權利　83

一、房屋　84

二、奴隸　85

三、土地　87

四、嫁妝　87

五、金錢及其他　88

第三節　斯巴達婦女的家庭財產權利　89

一、房屋　90

二、奴隸　91

三、土地　92

四、嫁妝　94

五、金錢及其他　95

第四節　城邦社會對婦女財產權利的影響　96

一、家庭整體利益對婦女財產權的影響　96

二、城邦整體利益對婦女財產權的影響　102

第三章　雅典和斯巴達婦女的土地財產權　107

第一節　斯巴達婦女的土地財產權　108

一、斯巴達的土地制度　109

二、斯巴達婦女的土地財產概況　116

三、斯巴達婦女繼承土地的原因　122

　第二節　格爾蒂婦女的土地繼承權　126

　　一、格爾蒂婦女土地繼承概況　127

　　二、格爾蒂婦女繼承土地的原因　131

　第三節　雅典婦女的土地財產權　138

　　一、雅典婦女不能佔有土地的原因　139

　　二、古典時期土地轉讓對雅典婦女土地繼承權的影響　146

第四章　雅典和斯巴達婦女的嫁妝　149

　第一節　公民婦女的婚姻　149

　　一、訂婚和結婚　150

　　二、通姦和離婚對婦女財產的影響　162

　　三、近親結婚　173

　第二節　公民婦女的嫁妝　179

　　一、雅典婦女的嫁妝　179

　　二、斯巴達和格爾蒂婦女的嫁妝　182

　第三節　公民婦女與嫁妝的關係　184

　　一、婦女與嫁妝的處置權　185

　　二、婦女與嫁妝的關係　187

　　三、斯巴達和格爾蒂婦女與嫁妝的關係　189

第五章　雅典和斯巴達的女繼承人　191

　第一節　女繼承人的定義　191

　　一、女繼承人的定義　191

二、女繼承人與父親的養子　195

　第二節　女繼承人的婚姻　198

　第三節　雅典和斯巴達女繼承人的財產權利　202

　　一、女繼承人的財產　203

　　二、女繼承人及其 *kyrios*　205

　　三、女繼承人的 *kyrios* 的經濟許可權　207

　　四、女繼承人制度的意義　209

　　五、執政官(archon)的職責　213

　第四節　格爾蒂的女繼承人　216

　　一、格爾蒂女繼承人制度　216

　　二、格爾蒂女繼承人及其 *kyrios*　220

結　語　223

參考文獻　234

附　錄　249

後　記　252

摘　要

　　本文以古風、古典時期雅典和斯巴達婦女的家庭財產權利為主要考察對象，旨在揭示古希臘婦女與家庭財產之間的關係，以及這種關係對她們的生活狀態和家庭地位的影響。鑒於原始資料的限制，本文的研究聚焦於雅典和斯巴達的城邦公民婦女，部分內容也涉及格爾蒂婦女財產繼承的相關狀況。文章通過對古希臘婦女的家庭財產權以及她們與家庭具體財產形式之間的關係進行分析和考察，論述婦女對家庭財產是如何獲得、管理和處置的，以及在財產讓渡和轉移過程中婦女的這種財產權對家庭關係產生的影響，重點論述了婦女與嫁妝、與財產繼承以及與土地之間的關係。嫁妝作為古希臘婦女最重要的財產形式，是她們婚姻存續期間或一段婚姻結束之後的重要生活保障；財產繼承是希臘婦女財產獲得的一種方式，但婦女的繼承順序一般排在男性之後，且繼承份額也要遠遠少於男性；而土地作為家庭不動產，對婦女在家庭中能否經濟獨立有著重要的意義。筆者從多利安人和愛奧尼亞人各自歷史和文化傳統上進行追本溯源，分析斯巴達、格爾蒂和雅典不同財產制度對婦女的不同影響和表現。女繼承人作為古代希臘社會一個特殊的群體，她們和父親的遺產被視為一個不可分割的整體，只有與女繼承人結婚的人才有權監管這筆遺產。通過分析上述問題，本文旨在說明家庭財產權是古希臘婦女擁有的重要權利，不同城邦的婦女在家庭中有著不同的財產權利。但無論如何，古希臘婦女的這種財產權利根本上無法改變以男性為中心的家庭模式，也不可能改變父權制家庭的本質。

關鍵字：古希臘婦女；婚姻；家庭財產；嫁妝；女繼承人

VIII 古代雅典和斯巴達婦女的家庭財產權利研究

緒　論

一、選題緣由和研究意義

（一）選題緣由

　　在以往許多歷史學家筆下，人類歷史只是一部以男性的活動為中心的社會演進史。二十世紀六七十年代以來，隨著新史學思想的傳播，尤其是年鑒學派的影響，普通人在歷史中的作用得到關注，加之歐美婦女運動的發展，與婦女相關的史學研究逐漸興起，有關家庭、婚姻、婦女、兒童以及兩性關係等方面的研究逐漸成為學界熱點，近年來也取得了豐碩成果。但是目前國內外專門針對婦女家庭財產權利的論著非常有限，有關古希臘婦女家庭經濟方面的問題尚有很大研究空間。家庭(oikos)是城邦(polis)的基本單位，同時也是婦女的主要活動領域。某種程度上而言，家庭財產權決定著她們的家庭地位，因此考察她們在家庭中的財產權利就非常必要。

　　古希臘婦女[1]的家庭財產權利，主要指在家庭中婦女對財產的使用權、所有權、管理權和處置權以及與家庭經濟活動相關的一切權利。以往對古希臘婦女財產方面的研究，學者更多的關注婦女的嫁妝、財產繼承等問題，很少有人深入探究婦女和具體財產形式之間的關係。如土地財產，古希臘有的城邦如斯巴達和格爾蒂，婦女可以繼承土地；而有的城邦如雅典，婦女卻不能繼承土地。在古代農業社會，土地不僅是家庭經濟最重要的財產形式，也是一個人具有公民身份的顯著標誌，婦女能否擁有土地無疑會對家庭財產分配產生重大影響。除了土地，家庭財產還包括房屋、奴隸以及其他各種形式的財產，但唯有土地所有權，在不同城邦情況各有不同。女繼承人作為一個特殊群體，她們和父親的遺產被視為一個整體不可分割，近親屬如果想監管和掌控這筆遺產，就必須娶女繼承人為妻；女繼承人和近親屬結合所生的

---

[1] 這裡的婦女，主要指城邦公民婦女。

兒子才是這筆遺產的真正主人；不同城邦的女繼承人既有共性也有一些差異，但最終目的都是保護個體家庭的財產不被近親屬瓜分，避免個體家庭滅亡。

筆者在對家庭具體財產形式的論述中之所以重點突出土地、嫁妝，一是因為古代婦女一旦擁有土地就很可能在經濟獨立的基礎上不再依附於男人，所以考察婦女與土地的關係對古希臘社會的性別研究至關重要；二是因為嫁妝作為希臘社會合法婚姻的一個必要條件，是一個婦女得以被家庭男性養活的重要經濟保障，幾乎每個階層的婦女都能擁有或多或少的嫁妝；三是因為在古代希臘，貴族階層對資源壟斷性控制，貧富不均現象非常普遍，這種情況下，並不是每一個家庭的婦女都能擁有奴隸、牲畜、金銀珠寶等財產。除了少數多利安人城邦、以及雅典富裕階層的公民婦女，大多數婦女都需要親自勞動來謀取生活。因此，本書重點通過對希臘婦女和土地、嫁妝之間的關係進行探析，來考察公民婦女的財產狀況和財產權利，從而深入瞭解希臘社會的男女兩性關係，以及這種關係在不同城邦的表現和對城邦社會生活的影響。

（二）研究意義

本選題以古風、古典時期的雅典、斯巴達和格爾蒂婦女為研究對象，力圖從以下幾個視角來闡述古希臘婦女在家庭中所享有的經濟權利：第一，從古希臘多利安人和愛奧尼亞人的不同歷史背景和社會傳統來分析雅典和斯巴達婦女在土地繼承方面的異同；第二，嘗試從古希臘婦女的不同人生階段去分析她們在不同身份和角色下所享有的財產權利；第三，通過對古希臘婦女家庭財產權的研究，來考察古希臘社會和家庭中的兩性關係。曾經璀璨奪目的愛琴文明，是孕育西方文化的搖籃。古希臘人對待生活和婦女的態度，無疑對西方人的世界觀和婦女觀產生深刻影響。婦女在古希臘社會和家庭中到底是一種什麼樣的存在狀態，她們自身是以一種什麼樣的態度和方式融合在家庭和宗教生活中，以及我們該如何去還原歷史揭開古希臘婦女的神秘面紗，這些都值得人們深思。以古希臘婦女的家庭財產權利作為研究對象，探究古希臘家庭內部的兩性關係，既是對東西方家庭史、婦女史以及性別史研究的

一個重要補充，也對中國社會和家庭建立新型男女兩性關係有著重要啟發意義。

二、研究對象、理論、範圍、框架結構和方法

　　本書以古風、古典時期的雅典和斯巴達婦女及其家庭財產權利為研究對象，在對希臘婦女與家庭具體財產形式深入探究的基礎上，嘗試解析家庭關係對女性財產權的影響，並從婦女財產權的角度去分析家庭兩性關係，從而有助於我們更好的瞭解古希臘婦女的生活狀況。家庭財產權是希臘婦女家庭生活的一部分，而且在她們人生各個階段這種權利存在很大差別。但無論如何，都不能改變父權制家庭的本質。本書通過分析古希臘婦女對財產的獲得、管理和處置，來考察她們在家庭中如何擁有並行使財產權利。

　　本書堅持歷史唯物主義和馬克思主義歷史觀，根據歷史學研究的理論與方法，通過對古希臘婦女與家庭財產之間的關係進行探討，來反觀古希臘城邦的家庭模式和男女兩性關係，力圖還原古風、古典時代的古希臘男人和女人的一般生活狀態。通過分析家庭財產在讓渡和轉移過程中產生的矛盾和糾紛，來揭示家庭財產的分割和繼承對古希臘婦女的日常生活和意識形態產生的影響。並對雅典和斯巴達公民婦女的不同生活環境和不同財產權進行對比研究和歸納總結，力圖揭示家庭所反映的城邦社會的某種屬性和古希臘文化的某種內涵。

　　在研究範圍方面，本書重點對雅典婦女和斯巴達婦女在家庭中的財產權利進行研究，同時對格爾蒂婦女也有所涉及，當然不可避免也會牽涉到同時期的近東文明和古埃及的一些情況。本書嘗試避免史學研究的現代性偏限，從古典文獻和考古資料出發，把對古希臘婦女家庭經濟權利的研究置於當時的歷史環境中予以客觀考察和分析，以揭示雅典和斯巴達不同城邦制度對婦女生活狀態的不同影響。

　　本書在框架結構設置上分為緒論、正文和結語三大部分。緒論部分主要介紹論文的選題緣由和意義，國內外相關學術研究狀況以及研究思路、方法等問題；正文部分共有五章，第一章主要介紹古希臘婦女的家庭財產，介紹了古希臘家庭的組織原則，以及婦女的財產類型和財產獲得途徑；第二章著重論述斯巴達和雅典婦女的

家庭財產權利，重點說明城邦和家庭整體利益對婦女財產權利的影響；鑒於土地在古代農業社會的重要性，以及斯巴達和雅典婦女在土地財產繼承方面的不同，第三章專門論述古希臘婦女與土地之間的關係；第四章主要研究古希臘婦女的嫁妝，嫁妝作為古希臘婦女最重要的財產形式，是她們婚姻存續期間或一段婚姻結束之後的重要生活保障；第五章專門對女繼承人問題進行考察，通過探究女繼承人的定義和婚姻，以及她們對家庭的延續所起到的作用和意義，來研究女繼承人的家庭財產權利；本書的結語部分主要論述古希臘婦女的財產權利對兩性關係的影響，以及筆者在研究古希臘婦女財產權過程中的些許思考。

在研究方法和研究視角上，本書在對古希臘婦女家庭財產權進行階段性論述的基礎上，對典型案例進行分析，嘗試對公民婦女一生的不同時期，分階段考察她們與家庭財產的關係，揭示她們在不同階段所擁有的不同的財產權利；通過考察婦女的家庭財產狀況，來解讀她們在家庭中的角色和地位。在史料運用方面，論文資料來源主要包括洛布古典叢書(Loeb Classical Library)、荷馬史詩(Homer's Epics)、《格爾蒂法典》(The Law Code of Gortyn)、德摩斯梯尼(Demosthenes)和伊塞俄斯(Isaeus)的法庭演說辭、相關銘文，以及國內外近現代學者的研究成果。

三、研究綜述

（一）國外研究現狀

西方學術界對於古希臘婦女家庭財產權的關注起步較早，從20世紀40年代年代到21世紀至今，由於受新史學思想尤其是年鑒學派的影響，與家庭、婚姻生活和財產繼承相關的研究大量出現，這些研究在不同時期呈現出不同的特點，大致可以分為三個階段：

第一階段：20世紀40年代至60年代。這一階段學者們主要從古代雅典的法律層面去研究古代希臘的城邦制度和家庭財產制度。

從雅典婚姻法入手對家庭財產進行關注的，有德國學者沃爾夫(H. J. Wolff)1944

年出版的《古代雅典的婚姻法和家庭組織》一書，該書在對雅典婚姻法和家庭組織論述的同時，對嫁妝進行了深入探究，指出在離婚或婚姻無法存續時，丈夫有義務把妻子的嫁妝歸還妻子父家的 kyrios，否則他會被妻子父家的家主起訴，那麼他必須以每年 18%的利率支付嫁妝的利息作為妻子的扶養費。[2]沃爾夫的研究表明，嫁妝不僅是合法婚姻的必要條件和一種財產形式，它更是一個婦女在一段婚姻結束時的基本生活保障。

20 世紀 50 年代，有關城邦家庭與土地之間的關係問題，一度引起學者廣泛的關注。土地作為古代農業的經濟支柱，是城邦和家庭的重要財產，也是一個人擁有公民權的象徵。英國古典學者芬利(M. I. Finley)1952 年在《古代雅典的土地和信貸研究》一文中指出土地可以作為夫妻婚姻的經濟擔保，當一個男人嫁出他的女兒，他會預先估算所提供嫁妝的貨幣價值，同時會評估女兒未來丈夫所擁有的土地的價值，以確保一旦離婚，女兒的嫁妝能夠如數歸還。[3]古典學者米切爾(H. Michell)1953 年在其《古希臘的土地使用權》一文中也有類似觀點，即一個丈夫的土地可以作為向其岳父償還嫁妝的擔保。這種絕妙的安排不只是雅典法律的一部分，更像是父親和女婿之間的一項協議。[4]不管土地作為償還嫁妝的擔保是如何實施的，其實質是以婚姻的名義對土地財產進行讓渡或轉移。1953 年芬利發表《古典時期雅典的土地、債務和有產業的男人》一文，指出梭倫改革廢除債務奴隸後，那些繼續負債的農民，只有他們的土地才給予他們借貸的能力。[5]可見土地對個體公民生活的重要意義。

通過對古代雅典家庭的財產繼承制度進行研究和對雅典家庭成員與財產之間的關係進行分析，我們發現古希臘的家庭倫理關係與現代家庭倫理概念大相徑庭。如

---

[2] H. J. Wolff, "Marriage Law and Family Organization in Ancient Athens", *Traditio*, 1944.

[3] Finley, *Studies in Land and Credit in Ancient Athens, 500-200 B. C.* New Brunswick, 1952, p. 46.

[4] H. Michell, "Land Tenure in Ancient Greece", *The Journal of Economics and Political Science/ Revue candienne d'Economique et de Science Politique,* Vol. 19, No. 2(1953), p. 246.

[5] M. I. Finley, "Land, Debt, and The Man of Property in Classical Athens", *Political Science Quarterly*, Vol. 68, No. 2(1953), p. 251.

1953 年米勒(M. Miller)在其《希臘親屬關係術語》一文中，通過闡明「*anchisteus*」（近親屬）、「*genos*」（母系宗族）等一些相關術語的概念之後，指出，「實際上，既然兄弟各自建立自己的 *oikoi*（家庭，*oikos* 的複數形式），這樣將使得叔伯與侄女之間的婚姻合法化（即使這個侄女不是一個女繼承人），同理，一個已經有了自己家庭的兄/弟與同父異母的姐/妹（她仍然生活在其父親或其同父異母兄弟的家庭之內）之間的婚姻也是合法的。」[6]

20 世紀 60 年代，這種把土地與嫁妝聯繫起來進行的研究，以及對雅典社會近親屬之間婚姻關係的研究依然是古典學者關注的熱點。阿什利(David Asheri)在 1963 年發表的《古希臘的繼承法、土地分配和政治體制》一文中指出，古代立法者一般傾向於把嫁妝限定在金錢和服飾上，而禁止任何將不動產從一個家庭轉移到另一個家庭的行為。房子和家庭份地不能因嫁女而拆分，它們要保持完整並傳給家庭男性繼承人。[7]湯普森(Wesley E. Thompson)在其 1967 年發表的《雅典社會堂兄弟姊妹之間的婚姻》中指出，當一個雅典父親為女兒尋求一個般配的丈夫時，通常會找一個知根知底的、有著忠誠人品的親戚。婚姻的幸福不是唯一要考慮的因素，整個家族的利益才是至關重要。堂兄妹之間的婚姻一般是為了加強家族的紐帶和保持家族財產的完整性。[8]堂兄妹婚姻往往發生在雅典貴族家庭，他們源於親屬之間牢固的感情，依靠這種親屬紐帶，雅典人為子女在最近的親屬間選擇配偶，意欲通過這種結合保存和穩固自己的家庭。

對古代雅典法律進行研究的，最突出的是英國古典學教授哈里森(A. R. W. Harrison)1968 年出版的巨著《雅典的法律：家庭和財產》[9]（第一卷），這本書主要基於古代演說家的演說辭和詞典編纂者對演說辭的解讀，以及大量的碑銘資料和對

---

[6] M. Miller, "Greek Kinship Terminology", *The Journal of Hellenic Studies*, Vol. 73 (1953), p. 52.
[7] David Asheri, "Laws of Inheritance, Distribution of Land and Political Constitutions in Ancient Greece", *Historia: Zeitschrift Für Alte Geschichte,* Bd. 12, H. 1 (1963), p. 14.
[8] Wesley E. Thompson, "The Marriage of First Cousins in Athenian Society", *Phoenix,* Vol. 21, No. 4(1967), p. 280.
[9] A. R. W. Harrison, *The Law of Athens*: *The Family and Property*, Oxford Clarendon Press, 1968.

希臘語原稿的引證，對雅典法律中有關家庭和財產的內容以審慎嚴謹的態度進行系統化描述，是研究雅典法律不可多得的權威著作，但其側重點在於雅典法律，對法律產生的社會文化背景沒有進行充分的討論。其實早在 1947 年，哈里森就發表《雅典無遺囑繼承條例中的一個問題》[10]一文，指出雅典法律中的無遺囑繼承在父系繼承順序中，死者祖父的後代以及死者曾祖父的後代都有繼承權，而婦女的財產繼承權顯然排在家庭男性親屬繼承人之後，這對於我們研究雅典家庭財產繼承制度很有意義。1968 年拉塞(W. K. Lacey)出版了《古典時期希臘的家庭》[11]一書，雖然克魯瓦(G. E. M. de Ste Croix)指出該書與哈里森的《雅典的法律》相比，無論是精確性還是學術性方面都沒能達到後者的水準，[12]但是拉塞非常成功地聚焦於一點，即「*oikos*」一直是希臘社會結構的一個連續單位，並且始終保持其完整性和某些社會功能。就其對「*oikos*」的研究來說，我們從中可以瞭解古希臘婦女在家庭中的相關情況。

總體說來，這一階段受後現代主義的影響，對史學的研究從宏觀敘事逐漸轉向微觀論述，湧現了一些對婚姻、家庭、婦女、兒童等問題的研究成果。在研究過程中文字、圖像和史料相結合，無論是研究方向還是研究方法都趨於多樣化。有關婦女史的相關資料在蒐集和整理中也越來越豐富。這一時期學者對嫁妝、婚姻和家庭問題的重視，也相應地凸顯了家庭財產繼承尤其女性的財產權利的重要性，並逐漸引起人們的關注。

第二階段：20 世紀 70 年代至 80 年代。這一階段學者對古希臘婦女財產的研究仍然更多的關注嫁妝、婚姻和家庭問題，但出現了專門研究古希臘婦女經濟權利的著作。

20 世紀 70 年代，相關論文大都關注古希臘婦女的嫁妝、離婚和再婚、隱居生活以及婦女在私人和公共領域的宗教生活，其中或多或少也反映了她們所擁有的家

---

[10] A. R. W. Harrison, "A Problem in The Rules of Intestate Succession at Athens." *The Classical Review*, Vol. 61, No. 2(Sep., 1947), pp. 41-43.
[11] W. K. Lacey, *The Family in Classical Greece*, London Press, 1968.
[12] G. E. M. de Ste Croix, "Review: Athenian Family Law", *The Classical Review*, Vol. 20, No. 3(Dec., 1970), p. 387.

庭財產。古典學者克魯瓦(G. E. M. de Ste Croix)在其 1970 年發表的《關於雅典婦女財產權利的一些評論》一文中認為，在雅典眾多的文學作品中，包括演說家的法庭演說辭中，我們從未見過一個女地主，或者一個被說成是擁有任何可觀數量財產的婦女，除了她可能從一個疼愛她的丈夫或父親那裡收到的個人禮物之外。[13]但是克魯瓦認為女性和未成年人擁有動產和土地的能力與成年男性完全一致，只不過他們不能合法地訂立價值超過 1 *medimnos*（麥門，古希臘量度單位）大麥的買賣契約，不能立遺囑，所有的經濟活動都必須經過其 *kyrios* 的同意。[14]湯普森(Wesley E. Thompson)在 1972 年發表的《雅典婚姻模式：再婚》一文中指出，考察古代雅典的再婚問題，我們會發現雅典婚姻更為人道的一面，例如德摩斯梯尼的關於離婚案件的演說辭裡有個男人，他為了娶一位女繼承人而與自己的妻子離婚，同時給前妻找到一個新丈夫。[15]古代雅典由於高死亡率和高離婚率現象，雅典婦女無論貧富，也無論是寡婦或離異者，一般都會考慮再婚，單身對整個家庭來說是一種不體面的事情。通常一個婦女是由其父親或兄弟為其挑選新丈夫，但有時這名婦女的現任丈夫在尋找其繼任者方面同樣扮演著重要角色。[16]

古希臘人的婚姻與嫁妝密不可分，嫁妝也是婦女名下最基本的個人財產。專門對古希臘婦女財產權利進行研究的，當屬夏普斯(David M. Schaps)1979 年出版的《古希臘婦女的經濟權利》[17]，這本書對古希臘婦女與財產之間的關係進行了全面分析，它實際上是關於婦女基於家庭的社會功能的研究。這本書以婦女在家庭中財產的獲得為開始，中間貫穿財產的交換，最後止於婦女對財產的處置。夏普斯用一整章內容對嫁妝進行闡述，指出雅典婦女的嫁妝，雖然只是其名義上的個人財產，然而卻是她們一生生活的基本保障。而對女繼承人的財產，表面上看這些財產被女繼承人

---

[13] G. E. M. de Ste Croix, "Some Observations on The Property Rights of Athenian Women", *The Classical Review,* Vol. 20, No. 3 (1970), p. 276.
[14] G. E. M. de Ste Croix, "Some Observations on The Property Rights of Athenian Women", p. 274.
[15] Demosthenes, *Against Aphobus,* 27. 4-6. Translated by A. T. Murray, Loeb Classical Library, 1939
[16] Wesley E. Thompson, "Athenian Marriage Patterns: Remarriage", *California Studies in Classical Antiquity,* Vol. 5(1972), p. 224.
[17] David M. Schaps, *Economic Rights of Women in Ancient Greece,* Edinburgh University Press, 1979.

繼承,而實質上是婦女在成為女繼承人之後與其父親近親屬再婚所生的第一個兒子,才是這筆財產的合法繼承人。無論古希臘婦女的家庭地位如何,作者在書中儘量避免對希臘女性的「地位」進行一般性討論,並指出,「在希臘社會,婦女的地位與男人、孩子以及奴隸的地位不同,我們的目標就是確定這種地位,並試圖瞭解她們如何通過本身的行為與經歷讓這種地位形成一種體面或者不體面的身份。」[18]但是這本書也有缺憾,就是對個體 oikos 的親屬成員之間的關係,沒有詳細討論;在論及女繼承人的婚姻時,忽略同母異父的婚姻形式在古代雅典是不被法律接受的這一事實;而且作者也沒有從古風、古典時期希臘整體社會文化背景去分析婦女在家庭中的各種權利,以及時代環境對城邦家庭和個體公民的影響。

與婦女家庭財產相關的研究,還有波默羅伊(Sarah B. Pomeroy)1975 年出版的《女神,妓女,妻子和奴隸》一書,在該書的第四章「婦女和雅典的城市」以及第五章「古典時期雅典的私人生活」中,作者詳細論述了雅典的女繼承人,雅典婦女的嫁妝、婚姻和離婚等問題。波默羅伊指出沒有嫁妝的婚姻會被認為不是合法的婚姻,如果一個男人娶了沒有嫁妝或者沒有監護人為其安排婚姻的女子,則該女子不得不成為妾(pallake),而不是妻子。[19]波默羅伊還提到,一個父親在沒法提供較多嫁妝的條件下不會撫養較多的女兒,因為只有給女兒提供的嫁妝越多,才越能吸引更富有、更中意的追求者。[20]

另外,麥克道威爾(Douglas McDowell)在 1978 年出版的《古典時期雅典的法律》[21]一書,該書是一本專門研究古典時期雅典法律的著作,全書分為三大部分,第一部分主要論述法律體系的發展,第二部分論述法律實施的範圍,第三部分論述法律程式。其中第二部分,作者專門探討了財產,對財產與所有者、土地與建築物、礦工、出售、租賃、借貸和擔保、財產訴訟以及財產權利等都有詳細闡述。由於作

---

[18] David M. Schaps, *Economic Rights of Women in Ancient Greece,* p. 98.
[19] Pomeroy, *Goddesses, Whores, Wives, and Slaves, Women in Classical Antiquity*, Schocken Books, New York, 1975, p. 63.
[20] Pomeroy, *Goddesses, Whores, Wives, and Slaves, Women in Classical Antiquity*, pp. 62- 63.
[21] D. M. Macdowell, *The Law in Classical Athens*, London, 1978.

者是一個古典學者，不是專業的律師，所以對相關法律的討論不夠精細，但對我們研究古典時期雅典的家庭財產問題，仍然有很重要的參考價值。

　　20世紀80年代，古希臘婦女的婚姻、家庭問題依然是學界關注的熱點，如戈爾登(M. Golden)在其1981年發表的《人口學和雅典曝棄的女孩》一文中認為，正是雅典女性早婚和頻繁再婚的現象使得雅典適婚女性人口供大於求，從而導致雅典家庭拋棄女嬰的行為發生。[22]芬利(M. I. Finley)1973年出版《古代經濟》一書，該書是芬利晚年撰寫的一部重要專著，是作者學術思想成熟的具體體現。作者在重點考察古代雅典民主政治和羅馬共和政治的基礎上，對古代城邦和經濟、奴隸和主人、地主和農民以及城鎮和鄉村等都有詳細論述，這本書對我們更好地瞭解古代社會的經濟是如何運作和發展的，以及這種經濟又是如何影響城邦家庭的，不無裨益。這一時期對古希臘城邦的政治、法律、經濟以及社會生活等方面有所涉及的中文譯著，如安德列·比爾基埃(Andre Burguiere)等人所著《家庭史》第一卷《遙遠的世界；古老的世界》（1986年）[23]，用一整章講述西元前5世紀到西元前4世紀的希臘城邦家庭，對家庭親屬範疇和婦女與財產的關係進行探析；考克斯(Cheryl Anne Cox)在1989年發表的《近親通婚、繼承和西元前五世紀雅典的政治論壇》一文中，以演說家伊塞俄斯(Isaeus)7中的案例為視角，論證了古希臘婚姻聯盟有時在鞏固政治或社會聯繫時是如何失效的。[24]但不可否認，近親通婚的最初目的是為了家族財產不被分割和家族權勢不被削弱；福克斯豪(Lin Foxhall)1989年發表《古典時期雅典的家庭、性別和財產》一文，主要關注雅典家庭和個人（尤其是婦女）財產之間的關係，並指出日常生活中家庭財產是被整個家庭使用，而不是被個人使用。[25]

　　另外，值得一提的還有英國古典學者羅傑·賈斯特(Roger Just)1989年出版的《婦

---

[22] M. Golden, "Demography and The Exposure of Girls at Athens", *Phoenix*, Vol. 35, No. 4 (1981), p. 321.
[23] 安德列·比爾基埃、克莉絲蒂娜·克拉比什—朱伯爾等主編：《家庭史》，第一卷《遙遠的世界 古老的世界》上冊，三聯書店出版社1998年版。
[24] Cheryl Anne A Cox, "Incest, Inheritance and The Political Forum in Fifth-Century Athens", *The Classical Journal*, Vol. 85, No. 1(1989), p. 34.
[25] Lin Foxhall, "Household, Gender and Property in Classical Athens", *The Classical Quarterly*, Vol. 39, No. 1(1989), p. 22.

女在雅典的法律和生活》一書,該書通過對雅典婦女的政治權利及其法律行為能力、婦女的婚姻和地位、家庭和財產,以及她們的自由和隱居等問題進行分析,詳細解讀了雅典法律和婦女生活之間的關係,指出以往社會、歷史學家的觀點,沒有哪一種能代表女性自己的真正觀點,有必要用女性視角來補充男性觀點的相對性。其實,無論雅典社會是善待還是虐待女性,是尊重或歧視女性,都應該依賴於在文化歷史環境中對所討論的社會成員或時代環境中居民身份的具體判斷。羅傑·賈斯特認為,「婦女甚至在另一個 oikos 中所生的婚生子嗣,如果有必要,會依其原生 oikos 的需要提供可選擇的繼承人。」[26]

總之,這一階段學者研究的重點從對古代城邦法律制度的探討,逐漸轉到城邦家庭、婚姻、財產繼承上來,而對嫁妝和繼承問題的深入研究,又使婦女的家庭財產問題得以引起學者們的重視。這一時期出現了專門研究古希臘婦女經濟權利的著作,有利於我們進一步深入研究婦女家庭財產權。

第三階段:20 世紀 90 年代至 21 世紀至今。為了便於敘述,我把這一階段分為前後兩個時期,前一時期即上世紀 90 年代,由於受西方女權運動的影響,性別研究逐漸成為一種新的學術傾向,學術界出現了各種女性主義學術流派。遺憾的是這一時期對古希臘婦女的家庭財產權實際上並未進行專門研究,但還是有部分論文和著作涉及婦女的財產權和繼承權。如戈爾登(M. Golden)1990 年在其《兒童和古典希臘的童年時代》一書中,提到用於女兒嫁妝的家庭財產遠少於兒子繼承的份額,但這份嫁妝必須達到社會可接受的標準,即足以支撐出嫁女兒和其未來孩子的基本生活。[27]布倫戴爾(Sue Blundell)1995 年出版的《古希臘的婦女》一書,在本書第三部分「古典時代(西元前 500-前 336 年)」中,作者闡述的內容包括婦女的身體、雅典法律和社會中的婦女、古典時期雅典婦女的生活等;並對斯巴達和格爾蒂的婦女進行比較研究,另外還對婦女和宗教、戲劇、哲學和古典時期的雕塑藝術之間的關係進行解讀,是研究古典時期希臘婦女不可或缺的一本參考著作。這一時期相關的論文不是很多,

---

[26] Roger Just, *Women in Athenian Law and Life*, London and New York, 1989, p. 94.
[27] M. Golden, *Children and Childhood in Classical Athens*, Johns Hopkins University Press, 1990. P. 174

比較突出的有哈夫特(Louis Cohn-Haft)1995 年發表《古典時期雅典的離婚》一文，通過對古典時期雅典存在的四種不同程式(即由丈夫發起的離婚、由妻子發起的離婚、由妻子的父親發起的離婚以及由女繼承人的規定引發的離婚)的離婚進行分析，認為「在雅典應該存在著很多離婚情況，然而我們通過研究卻得出了相反的結論。最合理的概括則是，離婚並不是經常發生的，而婚姻從根本上來看是一個穩定的制度。」[28]

1998 年考克斯(Cheryl Anne Cox)出版的《家庭的利益》[29]一書，對古希臘的家庭、婚姻、家庭內部的衝突與和睦，以及兄弟姐妹之間的關係都有詳細論述，並對「*oikos*」與「household」的概念進行闡釋，對我們研究婦女的家庭財產權利很有幫助；派特森(Cynthia B. Patterson)也於 1998 年出版《希臘歷史上的家庭》[30]一書，該書對荷馬(Homer)和赫西俄德(Hesiod)時代的家庭、早期希臘法律和家庭、民主時期雅典的婚姻和通姦，以及舞臺和法庭上的通姦行為都進行了詳細論述，其中對婦女的財產權多有涉及。由於側重點不同，該書雖然不是專門研究婦女家庭經濟權利的著作，但也不失為一部很有學術水準的研究希臘家庭的參考書。另外，羅伊(J. Roy)在 1999 年發表的《古典時期雅典的城邦和家庭》一文中在論及古典時期雅典的「*polis*」(城邦)和「*oikos*」時認為，當城邦選擇了以某種方式干預 *oikos* 運作的法律時，城邦很少通過有效的立法來保護 *oikos* 或迫使家庭為城邦的利益服務，即雅典 *oikos* 基本上是按照雅典人所信奉的社會價值觀來管理自己的。[31]

本階段後一時期即 21 世紀至今，這一時期學者傾向於從人口學、經濟學和社會學等角度來研究婦女的財產，在對古希臘婦女問題的研究中，性別研究繼續發酵。而專門研究婦女財產和經濟權利的著作和論文仍然很少。韋恩‧英格爾斯(Wayne Ingalls)2002 年發表的《人口學和嫁妝：關於古典時期溺殺女嬰的觀點》一文，從人口學的角度指出古希臘嬰兒自然死亡率和兒童自然夭折率都非常高，男嬰和女嬰的死亡數目相差並不明顯；雅典家庭對於女孩的需要和對男孩的需要一樣強烈，因為

---

[28] Louis Cohn-Haft, "Divorce in Classical Athens", *The Journal of Hellenic Studies,* Vol. 115(1995), p. 14.
[29] Cheryl Anne Cox, *Household Interests*, Princeton University Press, 1998.
[30] Cynthia B. Patterson, *The Family in Greek History*, Harvard University Press, 1998.
[31] J. Roy, "Polis and Oikos in Classical Athens", *Greece & Rome,* Vol. 46, No. 1 (1999), p. 12.

女孩也可作為女繼承人為家庭提供一個合法繼承人，所以古代雅典選擇性殺嬰的做法既不可能廣泛流行，雅典家庭也不太可能因為嫁妝的壓力而拋棄女嬰。[32]

　　斯蒂芬(Steven Johnstone)在 2003 年發表的《古典時期雅典的婦女、財產和監管》一文，認為儘管雅典法律明確規定婦女無權實施價值超過一定數量大麥的交易，但一般而言，婦女在財產的買賣、出借和簽訂合同方面經常被賦予相當大的非正式權利。如果她們的社會關係允許她們控制財產，那這種對財產的控制也會影響她們的社會關係。[33]斯蒂芬指出許多雅典婦女也許可以對財產實施非正式控制，但一個婦女想要控制財產，則需要她與她的 *kyrios* 加強關係。[34]與西元前 4 世紀時的雅典相比，早期的雅典更多的是由貴族家庭主宰，在古典時期這種情況肯定沒有完全消失。萊昂斯(Deborah Lyons)2003 年在其《危險的禮物：古希臘婚姻和交換的觀念》一文中提到，一個女子由其男性親屬安排婚姻協議，幾乎總是包含一系列複雜的交換。其中最突出的是聘禮和嫁妝，並常常伴隨著雙方可能在婚姻存續期間及之後需要承擔的相互義務。而且新娘本身就被當作最有價值的禮物，在與她們相聯繫的兩個家庭之間轉手，然而妻子被認為是給丈夫的一個禮物，而丈夫從來不被當作是其妻子的一個禮物。[35]安德森(Siwan Anderson)2007 年發表的《聘禮和嫁妝的經濟學》[36]一文儘管是對近現代社會各國聘禮和嫁妝的分析研究，但對研究古希臘的聘禮和嫁妝很有借鑒意義，其中提到嫁妝是一種社會發展向更複雜的社會結構轉化的標誌。他認為聘禮往往與婦女在農業生產中的地位相聯繫，當使用輕型工具「鋤」耕地時聘禮比較普遍，當使用重型工具「犁」耕地時嫁妝則很普遍。而且聘禮一般與一夫多妻制的社會相聯繫，而嫁妝則與一夫一妻制有關。

---

[32] Wayne Ingalls, "Demography and Dowries: Perspectives on Female Infanticide in Classical Greece", *Phoenix*, Vol. 56, No. 3/4 (2002), p. 248.

[33] Steven Johnstone, "Women, property, and surveillance in Classical Athens", *Classical Antiquity,* Vol. 22, No. 2(2003), p. 247

[34] Steven Johnstone, "Women, property, and surveillance in Classical Athens", p. 267.

[35] Deborah Lyons, "Dangerous Gifts: Ideologies of Marriage and Exchange in Ancient Greece", *Classical Antiquity,* Vol. 22, No. 1(2003), p. 102.

[36] Siwan Anderson, "The Economics of Dowry and Brideprice", *The Journal of Economic Perspectives*, Vol. 21, No. 4(Fall, 2007), pp. 151-174.

邁克爾・加加林(Michael Gagarin)2011年編著的《雅典法律的演說辭》[37]一書，該書第二部分提到公民的身份和公民權，有關古代希臘公民權的問題也是學者們關注最多的焦點之一；該書第三部分重點討論家庭和財產問題，作者通過對伊塞俄斯(Isaeus)1、7、8，以及呂西阿斯(Lysias)32和德摩斯梯尼(Demosthenes)27的演說辭分析研究，對雅典城邦家庭的財產進行闡釋，其中很多內容涉及婦女的家庭財產權利，是我們瞭解古代雅典法庭程式的運行和家庭財產糾紛不可多得的一部著作。威廉姆斯(Brenda Griffith-Williams)2012年發表的《*Oikos*，家庭世仇和葬禮：爭論和證據在雅典的繼承糾紛》一文，指出儘管梭倫的法律允許雅典人自由選擇要收養的子女，但大多數經證實的雅典收養，收養人和被收養人之間都有關係，要麼是通過血緣關係，要麼是通過婚姻——想必一般雅典人不希望自己的財產和家族祭儀的職責，傳給本族範圍之外的人。當收養的兒子是一個血緣較遠的男性親屬，或者完全是族外人，這個養子很容易受到被收養者近親屬的排斥和挑戰。[38]愛德華 M. 哈里森(Edward M. Harris)等人2016年編著的《古代希臘的經濟：市場、家庭和城邦》[39]一書，是一部討論古希臘市場交換中城邦的作用，和有關家庭產品和市場的關係，以及市場、商品和貿易網方面的相關論文的合集，對我們深入瞭解古希臘社會經濟也很有作用。這些對古代社會經濟元素的詮釋，對我們更好地瞭解古代城邦家庭經濟有很好的參考價值。城邦經濟與家庭經濟是相輔相成、相互影響而又密不可分，瞭解城邦經濟，可以使我們對家庭經濟有更全面和更深入的認識。

　　總的來看，這一階段的特點是對性別關係研究的興起和迅速發展。前一時期即上世紀90年代，由於受西方女權運動的影響，有關性別研究的各種女性主義學術流派初露端倪，長期以來在父權意識形態中形成的概念使得人們往往從男權的角度來描述世界，而女權主義者對這些習以為常的觀念提出了挑戰，儘管流派眾多，但基

---

[37] Michael Gagarin, *Speeches from Athenian Law*, University of Texas Press, 2011.
[38] Brenda Griffith-Williams, "Oikos, Family Feuds and Funerals: Argumentation and Evidence in Athenian Inheritance Disputes", *The Classical Quarterly, New Series,* Vol. 62, No. 1(2012), p. 148.
[39] Edward M. Harris, David M. Lewis, and Mark Woolmer eds., *The Ancient Greek Economy, Markets, Households and City-states*, Cambridge University Press, 2016.

本都是圍繞性別問題，致力於在意識形態內爭取兩性平衡。這一時期學術界有關婦女史的研究取得很大進展，但對古希臘家庭經濟的研究卻相對滯後，短期內鮮有成果問世。古典學者在對古希臘婦女進行研究時，在涉及婦女的婚姻、嫁妝和財產時，往往傾向於對家庭經濟和財產繼承進行整體論述。後一時期學者們更多的是從人口學、經濟學、社會學以及男女兩性關係等角度研究婦女財產問題，通過公民婦女與家庭財產和城邦、社會之間的關係，從社會宏觀視角來反觀婦女在家庭和社會中的地位和作用。

　　史學界目前對古希臘家庭、婚姻以及財產的研究，最大的困難是原始資料的匱乏。學者的研究主要集中於古典時期，研究對象也主要以雅典城邦的家庭為主。雖然哈里森、拉塞、麥克道威爾、考克斯、夏普斯以及派特森等人，都是以古典時代的雅典家庭作為主要研究對象，儘管冠以古希臘之名，實際上僅僅附帶提及斯巴達、格爾蒂等城邦家庭。由於年代久遠，許多文獻資料早已不復重見，相比之下雅典城邦的相關文獻留存下來的更完備一些。古典時期家庭研究的相關資料主要有文學作品、文獻資料、戲劇、演說辭等，考古出土文物碑銘和陶瓶畫也是重要的實物資料。尤其古典時期的演說辭，為我們今天的研究提供了大量有關雅典家庭的財產往來與讓渡的資訊，這些資訊反映了古希臘財產繼承法的具體內容和實踐狀況。雖然一些學者對法庭演說辭心懷質疑，但在研究古希臘家庭財產的問題時，這些演說辭無疑是最不可或缺的直接資料來源。

（二）國內研究狀況

　　國內對古希臘婦女的家庭經濟問題尚沒有專門研究，目前學界對古希臘婦女的研究大多以性別、宗教、婚姻、婦女地位以及古希臘的婦女觀等方面的內容為研究視角，但多少都涉及一些與婦女家庭財產和經濟權利相關的內容。這些成果可從側面提供參考和佐證，供我們深入瞭解古希臘婦女的家庭財產權。這些成果可以概括為以下四個方面：

　　第一，對古希臘婚姻、家庭方面的研究：這類研究重點關注的是城邦社會的婚

姻和家庭，對婚姻的習俗、程式和締結，對嫁妝和女繼承人也多有涉及，對婦女的「被保護」和「不自由」的身份等方面論述地較為詳細，但很少有人深入分析婚姻形式背後的深層原因，對家庭成員與財產之間的關係也很少深入探究。而以婦女家庭財產權為視角來解析古希臘婦女的婚姻和家庭地位的研究，更為罕見。比較有代表性的學術論文有：孫晶晶 2007 年的博士學位論文《古典時期雅典家庭研究》，從家庭的含義與構成、婚姻、家庭內部關係、財產與繼承、城邦與家庭的關係等方面對古典時期雅典的家庭進行了比較系統和全面的分析。[40]孫晶晶的研究表明古希臘的家庭不是女性的領地，仍是男性的天下，儘管公共生活佔據了男人部分時間，但他們在家庭私人生活領域，依然掌握統治權；葛春豔 2015 年的學位論文《古典時期的雅典婦女》中，從雅典婦女的公民權問題，和她們在政治、經濟、文化中的地位，以及她們在宗教生活中扮演的角色來探析雅典婦女的社會地位和生活狀況。[41]

第二，對古希臘婦女觀的研究：古希臘的婦女觀某種程度上既反映了古希臘婦女在家庭和社會生活中的基本情況，同時它作為一種社會意識形態，又對婦女在家庭和社會生活中的地位產生深遠影響。對古希臘婦女觀的研究無疑是基於婦女在城邦社會中的政治、經濟、法律、宗教等各個方面的考察，以及根據婦女在家庭和婚姻生活中的具體情況而得出結論，雖不直接與婦女的家庭經濟權利相關，但城邦法律對婦女財產權和繼承權的相關規定，城邦宗教對婦女一定程度的接納，與城邦政治對婦女的排斥，以及社會傳統對婦女處於「被保護」地位的認同和堅持，所有這些因素都會對婦女在家庭和社會中的地位產生影響和作用。這種意識形態和觀念，正是把婦女的日常活動領域限定在家庭內部，以及影響婦女家庭經濟權利的深層原因。比較有代表性的論文有如下幾篇：裔昭印 1999 年發表的《古希臘人婦女觀的衍變》一文，指出古希臘人的婦女觀萌芽於荷馬時代，發展於古風時期，並在古典時期趨於成熟和系統化。認為「女人」實際是文化的產物。[42]學者郭小凌 2007 年發表

---

[40] 孫晶晶：《古典時期雅典家庭研究》，上海師範大學 2007 年博士學位論文。
[41] 葛春豔：《古典時期的雅典婦女》，東北師範大學 2015 年碩士學位論文。
[42] 裔昭印：《古希臘人婦女觀的衍變》，《上海師範大學學報》（社會科學版）1999 年第 28 卷。

的《論古希臘人的婦女觀》一文，認為從荷馬時代經古風時代再到古典時代，大眾化的戲劇家和精英化的哲學家的作品中不時重複著男性中心論及與之相關的歧視、鄙視婦女的陳詞濫調，表明它們不僅是流行的社會觀念，而且是一種既定的傳統觀念。[43]

第三，對古希臘婦女地位的研究。一般在家庭中擁有更多經濟權利的人，其在家庭中的地位也就越高。對古希臘婦女地位的研究，無疑繞不開婦女在家庭中的經濟權利。國內學者目前很少專門從家庭經濟入手來闡釋影響婦女地位的根本原因。比較認同的觀點是，在男權社會中，古希臘婦女無論是在公共生活領域，還是在私人生活層面，既不可能享有完全公民權，也無法獨立擁有家庭財產權。此類相關研究如郝際陶、那志文1997年合寫的《古代雅典和斯巴達婦女》通過對雅典和斯巴達城邦婦女進行比較研究指出，儘管斯巴達婦女在社會上的地位和自由度要高於雅典婦女，但同樣受制於男人的世界。[44]裔昭印1999年發表的《從城邦特徵看古代雅典婦女的地位》一文從雅典城邦的特徵入手，探討雅典公民婦女與城邦的關係，從而從公共生活的層面研究雅典婦女的地位。[45]2000年裔昭印又發表《從家庭和私人生活看古雅典婦女的地位》，指出婦女在家庭和私人生活中的低下地位，是雅典的社會制度、經濟、政治、教育、結婚年齡和社會風尚等多種文化因素相互作用的結果。[46]裔昭印2001年發表的《古希臘婦女的宗教地位探析》一文，通過對古希臘婦女宗教活動和儀式的探討來研究古希臘婦女在宗教領域內的地位。[47]這些研究往往通過城邦社會來觸及個體家庭，雖然也可以概括婦女在家庭中的地位問題，但往往太過籠統。社會合力因素的影響固然重要，但根本原因還是取決於婦女家庭財產權利本身，這種財產權決定了她們在家庭中的價值和存在意義，並進而影響她們的社會地位。家庭是組成城邦的細胞，如果婦女在家庭中地位顯著，那麼社會地位也

---

43 郭小淩：《論古希臘人的婦女觀》，《學術研究》2007年第1期。
44 郝際陶、那志文：《古代雅典和斯巴達婦女》，《東北師大學報》（哲學社科版）1997年第4期。
45 裔昭印：《從城邦特徵看古代雅典婦女的地位》，《世界歷史》1999年第5期。
46 裔昭印：《從家庭和私人生活看古雅典婦女的地位》，《歷史研究》2000年第2期。
47 裔昭印：《古希臘婦女宗教地位探析》，《世界宗教研究》2001年第1期。

會相應地得以提升；反之亦然。

　　第四，對古希臘同性戀的研究：古希臘的同性戀對城邦社會、婚姻和家庭生活，無疑有很大影響。男人們通過奴隸或者同性伴侶尋求性和愛的感覺，這些行為有時會妨礙婚姻目的的實現。而在古希臘，婚姻的目的是為了家庭生育合法繼承人，也是為了城邦共同體生育公民。而同性戀既然對家庭生活有影響，顯然也會影響婦女在家庭中的地位和男女兩性之間的關係。復旦大學黃洋教授在其1998年發表的《從同性戀透視古代希臘社會——一項歷史學的分析》一文中指出，古希臘男性同性戀的流行並沒有從根本上改變家庭的結構和人們的家庭生活，它至多不過是家庭生活的一種補充。[48]但裔昭印2007年發表《論古希臘男人與少男之愛》一文，則認為古希臘婦女的低下地位尤其是女性公民與公共領域的隔絕、古希臘人對美和智慧的追求，是男人與少男之愛得以在古希臘社會長期盛行的原因。男人與少男之愛的流行對古希臘男女兩性的關係產生了某些消極的影響。[49] 裔昭印在其2009年發表《薩福與古希臘女同性戀》中指出愛情、婚姻與性生活是人類生活的重要方面，它從私人領域的視角反映了男女兩性的性別關係和社會文化的變遷。[50]另外許楓葉在其《由薩福及其詩歌看古希臘女子的同性戀》[51]一文和劉曉晨的《古希臘民族同性戀風習研究》一文[52]也從不同視角對古希臘的同性戀現象進行探討。

　　西方學者在對古希臘城邦、法律、宗教、家庭、婚姻以及婦女問題等方面的研究，付出了艱辛的努力。無論是在史料的挖掘上，還是在研究的視角和方法上，都取得了豐碩的成果。從最初對城邦制度、社會經濟和法律制度的研究，到宗教、文化以及家庭、婚姻方面的探討，再到對婦女、兒童基本權益的關注，以及從人口學、社會學、經濟學等整體視角來反觀古希臘婦女群體的生存狀況，其間各種學術流派

---

[48] 黃洋：《從同性戀透視古代希臘社會——一項歷史學的分析》，《世界歷史》1998年第5期。
[49] 裔昭印：《論古希臘男人與少男之愛》，《上海師範大學學報》（哲學社會科學版）2007年第1期。
[50] 裔昭印：《薩福與古希臘女同性戀》，《史林》2009年第3期。
[51] 許楓葉：《由薩福及其詩歌看古希臘女子的同性戀》，《四川大學學報》（哲學社會科學版）2004年增刊。
[52] 劉曉晨：《古希臘民族同性戀風習研究》，華東師大2010年碩士學位論文。

趨於細化，並嘗試用新的理論和方法進行重構和解讀。可以說，西方學者對於古希臘婦女在家庭和婚姻方面的研究，已經達到一個很高的水準。以往的這些成果為我們今天的研究提供了借鑒方法和模式。

綜觀國內對於古希臘婦女家庭婚姻方面的研究，由於起步較晚、條件所限，其研究的薄弱之處在所難免。儘管在某些方面無法做到與西方同步，但很多學者嘗試從不同的角度進行探究，也取得了可喜的成果。2001年商務印書館出版了裔昭印教授的《古希臘的婦女——文化視域中的研究》一書，該書無論是從史學理論和方法上，還是從史學新領域的開拓上，對於中國史學界來說都是一個很大的貢獻；2009年裔昭印又出版了《西方婦女史》一書，這本書也是我國學者在婦女史研究領域的一項新收穫。當然，除了以上與古希臘婦女家庭地位、財產權利和生活狀況相關的研究，國內還有一些研究，如有關古代中國婦女和古希臘婦女的比較研究，古希臘悲劇作品中的婦女研究，有關婦女與性別史的研究等等不一而足，但目前專門對古希臘婦女的家庭財產權利這一問題進行研究的學術成果尚未出現，筆者選擇這一問題作為我的博士畢業論文選題，一是出於本人對古希臘社會家庭和婦女問題抱有極大的興趣；二是有關古希臘婦女的家庭經濟問題尚有很大研究空間；三是基於以下幾點考慮：其一，拋開史學家、文學家的敘述，古希臘婦女自身對她們的生活、對自身命運和狀況是如何看待的？其二，婦女的這種財產權利對城邦社會的兩性關係有什麼作用和影響？其三，如何從希臘婦女自身的生命歷程去考慮她們的處境？這些問題都非常值得深思和探究。

四、研究難點和創新點

（一）研究難點

1. 史學界目前對古希臘婦女家庭、婚姻以及財產的研究，最大的困難是原始資料的匱乏。學者的研究主要集中於古典時代，研究對象也主要以雅典城邦的家庭為主。
2. 研究古希臘婦女問題，需要一定的希臘語和拉丁語基礎。古典時期家庭研究的相

關資料主要有文學作品、文獻資料、戲劇、演說辭、碑銘和陶瓶畫,以及一些考古學方面的實物資料。這就需要對古希臘語、拉丁語有一定的解讀能力。

3. 在史料運用方面,課題資料來源主要有洛布古典叢書(Loeb Classical Library)、《牛津古典辭書》(The Oxford Classical Dictionary)、荷馬史詩(Homer's Epics)、《格爾蒂法典》(The Law Code of Gortyn)、德摩斯梯尼(Demosthenes)和伊塞俄斯(Isaeus)等人的法庭演說辭和相關銘文,以及近現代國內外學者的研究成果。但目前除斯巴達和雅典之外的其他城邦的資料文獻非常罕見,與之相關的家庭財產方面的法律規定和家庭糾紛案例也都極其匱乏,即便有一些隻言片語的記載也相當零散,可資利用的現代學術成果也非常有限。

(二)創新點

1. 目前學界對古希臘婦女家庭財產權利的研究還不夠充分,相關專題性的研究成果尚為數不多,本文對古希臘婦女與不同家庭財產形式之間的關係進行具體分析,來反觀雅典和斯巴達婦女的生活狀態和社會風貌,就研究對象而言是一種新的嘗試。

2. 對古希臘婦女與土地之間的關係進行考察和闡述,目前國內學界對這一問題關注較少,相關成果也非常罕見。就研究內容而言也是一種嘗試。

3. 以往的婦女史研究,往往籠統地探討婦女的地位問題,實際上在人類歷史的不同階段,在不同歷史時期,在婦女的不同人生階段,以及她們在家庭中的不同身份和角色,都可能導致其家庭地位和生活處境的不同和變化。這種從靜態到動態的研究,從橫向到縱向的研究,也是筆者在研究方法方面的一種嘗試。

第一章　雅典和斯巴達婦女的家庭財產

第一節　公民家庭的組織原則

　　古希臘的家庭不同於現代意義上的家庭，希臘單詞 *oikos*[1]（家庭）包含著更廣泛的含義。一般來說，古希臘家庭中，通常由丈夫、妻子和孩子組成一個核心家庭，構成家庭的成員不僅包括直系血親也包括奴隸，只不過奴隸不是 *kyrios*[2]（家主，監護人）的親屬成員，但有時某些女奴會是 *kyrios* 的妾或情婦，她們也被當作家庭財產的一部分。[3] 此外家庭還包括各種動產和這個家庭所擁有的房屋、土地。每個家庭都擁有一塊份地（*klēros*）[4]，份地上有他們的房屋、神龕和墓地，直接或間接提供他們需要的一切。[5]西元前 5 世紀和西元前 4 世紀，個體家庭作為家族的一部分很少能夠完全獨立於家族，家族親屬群在家庭生活中扮演重要的角色。古希臘人視這些親屬群是家庭成年男女結婚伴侶

---

[1] *Oikos*(pl. *Oikoi*)——古希臘的家庭，它一般由父親傳給兒子，兒子繼承的不僅有家庭姓氏和財產，還有家庭宗教和祭祀儀式；*Oikos* 與現代意義上的家庭不同，它既包括家庭成員，也包括家庭各種財產，當然也包括奴隸。參見 Douglas M. MacDowell, *The Law in Classical Athens*, Cornell University Press, 1986, pp. 84-86.Aristotle, *Politics*. 1253b, 5-35, Translated by H. Rackham, M. A., Loeb Classical Library, Harvard University Press, 1959.

[2] *Kyrios*(pl. *Kyrioi*; fem. *Kyria*)，意為家主，監護人，即一家之主，他對家庭財產擁有合法處置權，對家庭未成年男性和家庭女性成員擁有監護權。參見 David M. Schaps, *Economic Rights of Women in Ancient Greece,* Edinburgh University Press, 1979, p. 153.

[3] Sarah B. Pomeroy, *Families in Classical and Hellenistic Greece,* Clarendon Press, 1997, p. 21.

[4] *klēros*，（複數形式為 *klēroi*）即祖傳的農田，一個村落或城鎮中的家族的主要收入皆來自於此。迄今我們不知道這些地最初是怎麼分的，早期史料表明，一塊新地（如海外殖民地）會被建立該地的「巴西琉斯」比較平均地分給新來的居民，但不平等現象仍然存在，有些家族佔有大量份地，有些家族則一份也沒有。參見薩拉·B.波默羅伊、斯坦利·M.伯斯坦、沃爾特·唐蘭、珍妮佛·托爾伯特·羅伯茨：《古希臘政治、社會和文化史》，傅潔瑩、龔萍、周平譯，上海三聯書店 2010 年版，第 82 頁。

[5] 郝際陶：《論古代雅典的商貿活動》，《東北師大學報》（哲學社會科學版），2000 年第 4 期，第 7 頁。

的提供者（同族結婚是古希臘的普遍現象和習俗）；同時也是婚禮、葬禮等家庭重要活動的參與者和實施血親復仇的法定承擔者。

一、公民家庭的組織原則

在古希臘的家庭中，一般父親是這個家庭的家主(kyrios)，他對妻子和孩子以及與他們一起生活的沒有其他監護人的近親屬（同如其姐妹或未成年的弟弟等）有監護權，並有義務為家中未出嫁的女性親屬置辦嫁妝，負責處理或解決由離婚所產生的財產糾紛等等。這裡的親屬(anchisteia)，既指直系血親，也指法律意義上的姻親，但通常是父系一方的同族親屬。此外父親作為一家之主還要負責支配家庭的所有財產，管理土地生產方面的收益，並在妻子協助下處理家庭重要事務和監管奴隸。作為家主他應該有能力維持家庭財產並逐漸積聚財富，為生活不時之需和整個家庭的未來提供經濟保障。[6]

按照亞里斯多德(Aristotle)的說法，家務管理應包含三種關係：主奴關係、夫妻關係和父子關係，[7]那麼一個男人在家庭事務中就相應的具備三種權威：主人權威、丈夫權威和父親權威，顯然古希臘單個家庭的結構是建立在家庭成員這種不平等關係之上的等級體系。一旦組成新的家庭，丈夫對妻子有教導和訓練她成為女主人的責任和義務，在談到夫妻之間應該如何合作才能增加家庭財富時，蘇格拉底(Socrates)認為：「如果羊病了，我們總是責備牧羊人；馬要是不好，我們總是責備馴馬師。對於妻子來說，如果她得到丈夫的正確教導而行為不好時，多半她應該受到責備；可是如果丈夫沒有教導他的妻子怎樣正確地做事，因而覺得她愚昧無知，丈夫自己不應該受到責備嗎？」[8]

可見丈夫的教導和訓練對妻子成為一個稱職的家庭女主人至關重要。雅典女性初婚年齡大約14歲，她成為新娘之時幾乎沒有任何實際生活經驗。丈夫要教會妻子

---

[6] Mary Harlow and Ray Laurence edited, *A Cultural History of Childhood and Family in Antiquity*, Volume 1, Oxford Berg Press, 2010, p. 14.
[7] Aristotle. *Politics*. 1253b. 5-10.
[8] 色諾芬：《經濟論——雅典的收入》，張伯建、陸大年譯，商務印書館2014年版，第12頁。

如何管理家務和保管財物，要帶她一起參加祭祀和祈禱活動。因此色諾芬(Xenophon)借蘇格拉底之口強調丈夫對待妻子的方式不同，對家庭財富的管理會有不同的結果。因為財產的收入大部分是丈夫辛勤勞作的結果，而家庭內部財產的支配則多半由妻子管理；如果夫妻很好的合作，財產就能增加；如果夫妻不能各盡本分，財產就會減少，丈夫對待妻子的不當行為甚至最終破壞他們的家庭。

所有階層的婦女都依靠她們的父親、丈夫或成年兒子謀生。下層婦女尤其寡婦可能會面臨嚴重的經濟困難，不得不為自己找一份工作。在《伊利亞特》中，荷馬提到「……像一位細心的寡婦為了供養孩子，提著秤桿為羊毛稱重，用辛勤的勞動換回些許收入」；[9]而赫西俄德(Hesiod)則建議佩爾賽斯(Perses)在夏末秋初，為了節省開支趕走一個雇工，挑選一名沒有孩子的女僕，因為有孩子的女僕要照看孩子，會帶來麻煩。[10]這種四處尋找女僕工作的婦女應該很多，例如在厄琉西斯(Eleusis)，女神德墨忒爾(Demeter)偽裝成一個貧窮的老年婦女，坐在一口井邊，詢問來到那裡的女孩們，問她們是否有家庭願意雇用她當保姆或管家。[11]當然，即使是有丈夫的女人也可能貧窮——赫西俄德提醒佩爾賽斯，不要讓自己墮落到有一天領著悲苦悽惶的妻子兒女在鄰居中乞討的境地。[12]

在古希臘，雖然上層階級的女性不能自由地與男性交往，但顯然她們並不是完全與世隔絕。佩涅羅珀(Penelope)在伊薩卡的宮殿上層有她自己的住處，在那裡她和她的奴隸們一起紡紗、編織和睡覺，甚至用餐。但是當男人們在大廳裡吃完飯後，她很可能也會露面。其他宮殿也是如此，例如在墨涅拉俄斯(Menelaus)的宮殿內，海倫就很自然地和丈夫一起會見奧德修斯(Odysseus)的兒子忒勒馬科斯(Telemachus)。[13]當然，她們都有

---

[9] Homer, *Iliad*, 12. 433-435, Translated by A. T. Murray, PH. D., Loeb Classical Library, Harvard University Press, 1923.

[10] Hesiod, *Works and Days*, 600-604. Translated by Hugh G. Evelyn-White, M. A., Loeb Classical Library, Harvard University Press, 2007.

[11] Homer, *Iliad*, 6. 378-384.

[12] Hesiod, *Works and Days*, 399-400.

[13] Homer, *Odyssey*, 4. 120-146, Translated by A. T. Murray, PH. D., Loeb Classical Library, Harvard University Press, 1945.

女僕和她們在一起，佩涅洛珀至少戴著面紗。女性也有一些外出活動的自由，不過總有奴隸陪伴。例如，安德羅瑪科(Andromache)會登上特洛伊巨大的塔樓觀看戰鬥進展情形，也可能會出去探親。[14]下層婦女對行動的限制會更少，如阿喀琉斯(Achilles)盾牌上描繪的城市景觀顯示了家庭主婦站在門口觀看婚禮，「……城內的民眾沒有屈服，他們武裝起來，準備伏殺，他們的愛妻和年幼的孩子站守在城牆上。」[15]

皇室女性在荷馬社會的政治結構中所扮演的角色，源於女性與男性統治階級成員的關係。到了古風時代後期，正如雅典阿爾克邁翁(Alcmaeonids)家族的女性成員保護了一些塞倫(Cylon)的支持者，最終使得塞倫成為僭主。統治階層貴族家庭中的女性可能偶爾會捲入男性政治陰謀，但即使古風時代早期，男性在社會和政治上也是佔據主導地位。在古風時代，隨著權力從皇室或貴族家庭移交給城邦的政治機構，女性在城邦政體中被認可的角色從有限降至幾乎不存在。當然本書主要研究普通公民婦女，皇室女性和某些擁有特殊地位的貴族婦女暫不討論。

古風時期社會發生巨大變革，城邦在形成和發展的過程中制定了各種法律，在此過程中也逐漸固化某些社會習俗，這決定了未來幾個世紀婦女的地位。遺憾的是，古風時期留存下來的相關文獻極為有限。或許我們可以從荷馬和赫西俄德的詩作中瞭解當時的大致情況。由於希臘詩歌的口頭特徵，即詩人必須創作能夠被當時大多數人所接受的作品，這一事實給我們提供了古風時期[16]社會生活的某種參考。不過對於荷馬時代的婦女生活，我們依賴的文獻資料大多來自於較晚的古典和後古典時期，且這些資料一般都是零碎雜亂的，很難勾勒出整個社會的脈絡。墓穴挖掘的考古證據某種程度上能更好地反映當時女性的真實生活，但它往往是相當隨機的，這些遺物雖然能向我們展示一些關於當時女性物質財富的資訊，卻不能由此來考察它們入土之前，曾經使用它們的人的行為、思想和感受。當然我們可以從女詩人薩福

---

[14] Homer, *Iliad*, 6. 372-380.
[15] Homer, *Iliad*, 18. 490-514.
[16] 不過荷馬所提到的實物又屬於不同的時期，如青銅劍，與特洛伊戰爭的時間相符，而荷馬所概述的社會結構，在很大程度上是存在於黑暗時代的結束和古風時代的開始。因此，荷馬社會的生活情景對今天的研究者來說，不可避免地伴隨著很多不確定性。

(Sappho)的詩作中，獲取些許來自女性視角的古風時代晚期婦女的相關資訊，但總體而言，這個時代的女性仍然是一個模糊的影子。

在雅典，妻子是丈夫家庭的一部分，妻子在家庭中的首要職責是為家庭生育合法繼承人；此外就是管理家務，為丈夫保管家庭財產，擔負儲存糧食、製作食物和縫製衣物的任務；並教會新來的女僕紡織裁衣，教他們按照主人的意願勞作並負責管理他們。[17]家庭是永久的，但家庭成員卻不會與此同存，老人會死去，嬰兒會出生；男孩會娶妻，女孩會嫁人。由於雅典女孩通常14歲就要嫁人，而男人卻要在大約30歲才娶妻，所以男女結婚之時，新郎的母親可能仍然健在，她會和這對新人一起生活直到去世，而新郎的父親未必在世；而且當丈夫去世之時，如果妻子仍然十分年輕，妻子完全可以再婚。即便她有兒子，只要她本人願意，兒子可以留在夫家，她自己帶著嫁妝改嫁他人。可見，組成家庭的人員在變化，家庭成員的角色也相應發生變化。在以男方家庭為中心的婚姻模式下，男人是較恆定的家庭元素，他同時扮演著父親、丈夫、兒子和家庭奴隸的主人等多重角色。相比之下，其妻子的身份表現的較不穩定而且要視她與她丈夫之間的關係而定。[18]

在斯巴達，呂庫古改革使得斯巴達的社會體系以公共生活和極權主義控制為中心，這樣一來，古希臘個體家庭所強調的婦女的單配偶制和財產傳遞給男性合法繼承人的原則被消解了，城邦從優生學的角度來指導和控制兩性活動，男人和女人被嚴格訓練以保衛和治理國家。婦女不必親自操作家務勞動，她們唯一重要的事情是為城邦生育戰士。穩定的婚姻家庭不足以培養勇士，所以國家負責統一教育和培養孩子。但實際上，斯巴達家庭仍然是希臘家庭的一般模式，斯巴達的財產繼承制度、女繼承人制度、嫁妝制度、收養和私人財產制度等也都是以家庭為背景而制定。

無論是雅典還是斯巴達，每個家庭都有自己的家庭宗教和祭祀儀式，他們每天聚集在位於家庭房屋中心的祭壇[19]前面，早晚禱告於家庭聖火（簡稱家火），以求神明的佑護和賜福。祭壇和祭台固定在土地上的圓形灶，彷彿是房屋紮根於大地的臍

---

[17] Xenophon, *Oeconomicus*, 7. 17-41. Translated by E. C. Marchant, Loeb Classical Library, Harvard University Press, 1979.
[18] Sarah B. Pomeroy, *Families in Classical and Hellenistic Greece,* p. 24.
[19] 祭祀女灶神赫斯提亞(Hestia)的地方。

帶。點燃灶火，預示著家庭中的婦女將會懷孕和生育。[20]希臘語表示家庭的單詞 ἐπίστιον，意為「環繞聖火的人」，由此可見，組成家庭的人就是那些被許可祭拜同一家庭聖火，並祭祀同一祖先的人。在居住屋舍的近旁，有他們的家族墓地，歷代祖先在此安息，生者定期祭拜逝者，祭奠乳酒或犧牲之肉，一個家庭只要祭祀的香火不滅，家庭就會世代延續。被收養的男子和嫁出的女兒不再屬於原來的 *oikos*，表明家庭的原則不只在於傳宗接代，而收養制度本身也暗示希臘家庭並非天然的親情關係，父親疼愛女兒，卻不能授以遺產。出生和親情都不是家庭維繫並延續下去的基礎，將古代家庭各個成員聯絡起來的，是一種比血緣親情更有力的紐帶，那就是對家庭聖火及祖先進行祭拜的宗教，這種宗教從心理認同上將家庭中的生者與死者結合為一個整體。女子通過複雜的婚禮儀式才能成為丈夫家庭的一員，被收養者不能再參加原來家庭的祭祀，繼嗣者雖無血緣關係，卻因加入養父家庭宗教，而成了家庭的真正成員。可以說，宗教是古代希臘家庭的組織和維繫的原則。[21]

二、公民婦女的家庭職責

在論述婦女的家庭職責之前，有必要對古希臘婦女的日常生活做一簡單介紹。有關古風時代婦女的家庭生活，我們可以參考荷馬在《奧德賽》中作過的詳細描述，從中可以一窺古風時代早期的家庭風貌。在貴族家庭中還有一部分人，他們作為 *oikos* 的一員，家庭能為他們提供生活保障，也能提供伴隨依附關係而來的心理歸屬和滿足感。然而這些人既非奴隸，也非農奴或契約奴，他們是家僕(*therapontes*)，用他們對貴族的服務來換取在家庭這一基本單位中的位置。總之，這樣的大貴族們將主要由女性組成的奴隸、各級家僕、幫工(*thetes*)結合起來，組建起極為龐大也極為有用的家庭人力團隊。這一時期的社會變化可能對女性的家庭角色產生新的觀念，但女性作為子女養育者和家務管理者的職責沒有改變。無論是上層社會的婦女，還

---

[20] 讓-皮埃爾·韋爾南：《希臘人的神話和思想——歷史心理分析研究》，黃豔紅譯，中國人民大學出版社，2007年版。第186頁。
[21] 庫朗熱(Fustel de Coulanges)，《古代城邦——古希臘羅馬祭祀、權利和政制研究》，譚立鑄等譯，華東師範大學出版社2006年版，第31-32頁。

是下層社會的婦女，她們一般都是盡自己所能維持整個家庭的運轉。

（一）為家庭生育合法繼承人

　　妻子作為丈夫家庭的重要組成部分，她在家庭中的首要職責是為家庭生育合法繼承人，同時照管家務和撫養孩子。但是，不同家庭的孩子會有不同的情形，富有家庭的孩子經常由乳母和保姆照看；窮人家的孩子很早就開始為生計奔忙。雅典男孩在很小的時候要接受教育，學習修辭、音樂、演講以及各種技藝；雅典女孩很少接受教育而是很早就結婚，她們的初婚年齡是14歲，而男人一般是30歲左右娶妻。[22]在斯巴達和格爾蒂，男孩年滿7歲就被帶離父母身邊，強制過一種集體的軍事訓練生活。相比之下，斯巴達女孩比雅典女孩享有更多自由，並有接受教育的權利。斯巴達家庭內一般只有成年女性和女孩，男人和男孩都在軍營內生活，家務勞動一般由黑勞士(helots)完成。男人在30歲之前很少回家。一個擁有財富和聲望的男人會有一個合法妻子為他生育合法繼承人；但也會有一個或多個妾或女奴為其生養私生子。私生子在古代雅典是一種普遍的社會現象，也是一個不可忽視的社會群體。

　　在雅典家庭，孩子出生後，在第十天要舉行一個名為「十日禮」的複雜儀式，即由接生婆抱著孩子圍繞爐灶轉一圈，將嬰兒的身軀放在地上──孩子與土地接觸，便抹去了在母親的鮮血和肚腹中出生的事實，表明他從此來到父親的世界上──這是法律上的誕生，因為只有父親承認親子關係，法律才承認父子關係。[23]只有父親承認，孩子才能被家庭承認，然後才能被胞族或德莫(deme)接納，最後才能被城邦接納成為公民。「十日禮」的重要意義在於，一是給孩子命名，二是讓一定數量的親友看看孩子。通過這個儀式，一個新生兒在證人面前得到其父親的承認，並得到其父親賜予的名字，這是男性家系的印記。第一胎出生的孩子有權用其祖父的名字。[24]當一個男人身份被懷疑時，「十日禮」當天在場的親友可作為證人證明自己是正常出生的；在遺

---

[22] Sarah B. Pomeroy, *Goddesses, Whores, Wives, and Slaves, Women in Classical Antiquity*, Schocken Books, New York, 1975, p. 64.

[23] Demosthenes, *Against Boeotus*, 39. 29.

[24] Demosthenes, *Against Boeotus*, 39. 27.

產糾紛時，十日禮是合法的、關鍵性的、特徵性證據，[25]同時也是將男性和女性個體納入城邦社會的第一步。[26]孩子進入胞族，是指由父親帶孩子在胞族申報孩子姓名，這要在有權威的胞族成員的監督之下進行，他有權對幼小候選人提出異議。[27]伊塞俄斯在其《論阿波羅多魯斯的財產》的演說中提到，「他（我父親）帶我到神壇去，將我引見給他的家族以及他的胞族成員。」當一個成員向他們引見他親生的或收養的孩子時，他應該將手放在獻祭的犧牲上發誓，說他引見的孩子是一個合法結婚的女公民所生。這個儀式既有宗教性質，又有政治性質，死後收養也是如此。父親宣誓後，其他成員要進行投票。如果決定贊成，就把孩子登記到正式的登記冊上。[28]只有經過父親宣誓和胞族成員投票，這個孩子才能進入胞族組織。胞族會重視每一個申請人的合法性，也重視直系親屬的公民資格，如果因為胞族成員的反對導致孩子沒有被胞族接納，這個孩子就要被城邦排除在外，而沒有公民身份。[29]

十日禮的獻祭和宴席，表明孩子被正式承認並納入父親的家系。該程式對新生兒非常重要，這是決定它能否成為未來公民的第一步，將來若有人懷疑他的合法子嗣身份，參加這次宴會和儀式的親友便能夠為他作證。這裡自始至終沒有提及孩子的母親，因為家庭合法子女是在家庭聖火的庇佑下孕育出生，彷彿直接來自灶神的「聖火」，而非一個用來生殖的「外來」婦女（妻子、母親相對於男性家系來說僅僅是用來生殖的「外來者」）。[30]埃斯庫羅斯在悲劇《歐墨尼德斯》(Euménides)中也提到，兒子血管裡流淌的絕不能是母親的血，因為「所謂兒子並不是母親生下的……生他的是具有生殖能力的男子，而母親作為『外來人』(ξενω ξενη)只是照看孩子」。[31]這裡也就容易理解古希臘「孤兒」的概念，但凡父親不在世的孩子都被稱為「孤兒」，而無

---

[25] Demosthenes, *Against Boeotus*, 39. 22.
[26] Isaeus, *On the Estate of Pyrrhus*, 3. 70.
[27] Isaeus, *On the Estate of Pyrrhus*, 3. 22.
[28] Isaeus, *On the Estate of Apollodorus*, 7. 16.
[29] Demosthenes, *Against Boeotus*, 39. 31, 34; *Against Boeotus*, 40. 10. 48.
[30] 讓-皮埃爾·韋爾南：《希臘人的神話和思想——歷史心理分析研究》，黃豔紅譯，中國人民大學出版社，2007年版。第167-168頁。
[31] Aeschylus, *Euménides*, 658-661, Translated by H. Weir Smyth, PH. D., Loeb Classical Library, Harvard University Press, 1922.

論他的母親是否在世；同時也就容易理解女繼承人可以繼承父親的遺產而妻子沒有繼承丈夫財產的權利。位於房屋中心的灶神保證了男性世系通過家庭祭祀維繫不輟，*oikos* 也因此得以綿延不絕。

另外，古希臘還有一種寄養的現象，就是一個男孩的成長和教育在其父母親的家庭之外進行，一般是在母系的外祖父，而不是父系的祖父家裡。通常情況下，外祖父往往自願承擔起撫養這個男孩的任務，如《伊利亞特》中伊菲達瑪斯(Iphidamas)就是在色雷斯其外祖父的家裡長大成人的。[32]尼奧普托列摩斯(Neoptolemos)在斯庫羅斯(Scyros)島阿喀琉斯的岳父呂克摩迪斯(Lykomedes)的宮廷內長大。[33]忒修斯(Theseus)被其外祖父皮透斯(Pittheus)在特洛曾(Troezen)養大。[34]總的說來，寄養發生在嬰兒期結束到成人期的開始，直到年輕的貴族為了青春期儀式（有時是授予公民權儀式）而回家。當一個國王沒有兒子時，他會把自己的外孫留在宮廷繼承王位。再如珀修斯(Perseus)通過妻子安德羅美達(Andromeda)把自己的兒子留給了她的父親凱培歐司(Kepheus)，因為凱培歐司沒有男性繼承人；[35]留基波斯(Leukippos)是西庫翁(Sicyon)的國王，遺贈王位給他的外孫拜拉托斯(Peratos)，因為他只有一個女兒。[36]在這些例子中，外孫很明顯被認為是其外公死後的王位繼承人。但在忒拜(Thebes)，卡德摩斯(Cadmus)在自己還活著時就把王位傳給了自己的外孫；而忒修斯也在其外公皮透斯還活著時就得到了特洛曾的王位。簡・布雷默(Jan Bremmer)認為這是母系氏族的殘留，[37]正如希羅多德(Herodotus)所提到的呂西亞人以母親的姓氏取

---

[32] Homer, *Iliad*, 2. 221f, Translated by A. T. Murray, PH. D., Loeb Classical Library, Harvard University Press, 1923.

[33] Homer, *Iliad*, 19. 327; Strabo, *Geography*, 9.5.16, Translated by Horace Leonard Jones, A. M., PH. D., Loeb Classical Library, Harvard University Press, 1960.

[34] Plutarch, *Theseus*. 4, Translated by Bernadotte Perrin, Loeb Classical Library, Harvard University Press, 1967; Pausanias, *Description of Greece*, 1. 27. 7, Translated by W. H. S. Jones, M. A., Loeb Classical Library, Harvard University Press, 1920.

[35] Herodotus, 7. 61, Translated by A. D. Godley, Loeb Classical Library, Harvard University Press, 1975.

[36] Pausanias. 2. 5. 7.

[37] Jan Bremmer, "The Importance of The Maternal Uncle and Grandfather in Archaic and Classical Greece and Early Byzantium", *Aeitschrift Für Papyrologie and Epigraphik*, Bd. 50(1983), pp. 173-186.

名,[38]在呂西亞(Lycia)即使一個婦女和奴隸同居所生的孩子也是合法的,同樣在格爾蒂一個女繼承人在某種情況下也能夠嫁給一個奴隸,並且這樣的後代也是合法的。允許一個女繼承人嫁給她的奴隸,或者在沒有合法繼承人的情況下允許一個奴隸繼承財產,應該是遠古時代的遺俗。通過婦女確認親屬關係的習俗不但在荷馬時代就已經有了,而且這種習俗一直延續到古典時代之後,比如某些家庭財產仍然傳給女兒而不是兒子。[39]

這種寄養現象的產生,主要源於兩種情況:一是古希臘的私生子一般寄養在外祖父家中,如上文所說的忒修斯,被其外祖父皮透斯在特洛曾(Troezen)養大,直到成年後才回到雅典繼承王位。因為私生子在古希臘如果不被其父親的家庭所接納,那他就不是父親家庭的成員,就無法繼承父親的頭銜、姓氏和財產;二是女繼承人制度,這種制度規定,一個婦女如果不想成為女繼承人,比如她已經結婚並為丈夫生下兒子,那麼她仍然有責任為娘家提供一位財產繼承人,這個人一般是她自己合法婚姻所生的兒子,這個兒子作為外祖父的養子可以繼承外祖父的家產。荷馬的詩歌中多次體現了女性對男性後代的牽掛和關心。當安德羅瑪科(Andromache)聽到丈夫去世的消息時,她立刻想到了她年幼的兒子在沒有父親保護的情況下將會承受怎樣的艱辛。相比對奧德修斯(Odysseus)的思念,佩涅羅珀(Penelope)更擔心兒子忒勒馬科斯(Telemachus)的安全,並為他的遭遇感到難過。關於母女關係的場景在詩歌中很少得到表現,可能它沒有引起詩人足夠的興趣。不過在荷馬史詩中難得地看到了這樣一幕——人們把哭泣的派特洛克羅斯(Patroclus)比作一個眼睛濕潤的小女孩,跑在母親後面,拉著她的衣衫,哭求著要她提抱。[40]

由以上可知,古希臘婦女的家庭職責,最主要的是為家庭生育合法繼承人,同時幫助丈夫照管家務,如監管奴隸勞作,儲藏和分配糧食和酒類,製作食物和衣物等等諸如此類的家庭事務。撫養孩子只是其職責的一部分,如果家中有女奴和保姆,

---

[38] Herodotus, 1. 173.

[39] A. S. F. Gow and D. S. Robertson edited, *The Early Age of Greece*, Volume 2, Cambridge University Press, 1931, p. 72.

[40] Homer, *Iliad*, 12. 7-9.

她們通常會幫女主人照看孩子；當孩子寄養在外祖父家中時，婦女幾乎不需要為孩子操心。而孩子的教育主要由家庭中的家主（如雅典）或城邦（如斯巴達）負責，孩子的成人禮和公民身份都需要家主來主持和承認。在孩子成長過程中，無論是斯巴達還是雅典，一般都是強調父親對孩子的引導和教育功能，而母親對孩子的影響和作用則往往不那麼重要。儘管如此，古希臘人對待成為母親的女人往往懷有一種崇敬之情。希臘婦女一旦成為人母，她便功成名就，她會因此獲得公認的、至高無上的兩項任務：掌管家務和撫育子女——女兒必須撫養到出嫁的那一天，男孩則必須撫養到他們在心靈上開始有了自我意識為止。[41]因此，婦女的生育功能對家庭至關重要，如每個家庭都只祭祀與其血緣有關的死者，梭倫法律禁止外人參與家祭，[42]有人在無意中踐踏了其他家庭祖先的墳墓，亦屬不敬之罪。對死者的祭祀也即對祖先的祭祀，無子之死者，便得不到供祭，他永遠忍饑挨餓。[43]因此生育子嗣對每一個男人都是生之大事，娶妻生子的意義不僅僅是組成一個新家庭，追求現世的幸福，更是對祖先祭祀的延續，以及對自己身後事的提前籌謀。

（二）管理家務和監督奴僕

在雅典，妻子作為丈夫家庭的重要組成部分，除了生育子女，雅典婦女最重要的職責就是管理家務，為丈夫保管家庭財產，擔負儲存糧食、製作食物和縫製衣物的任務；並教會新來的女僕紡織裁衣，教他們按照主人的意願勞作並負責管理他們。[44]對於上層階級的婦女來說，監管儲藏室和監督家庭奴隸是她們職責的重要部分；即使家裡的食物是由奴隸烹調的，如果沒有客人在場，妻子也可能會擔負上菜的工作。色諾芬在《經濟論》給我們傳達了很多這樣的資訊：

---

[41] 德·利齊德：《古希臘風化史》，林立生、陳加洛校，杜之、常鳴譯，遼寧教育出版社 2000 年版，第 19-20 頁。

[42] Plutarch, *Solon*, 21, Translated by Bernadotte Perrin, Loeb Classical Library, Harvard University Press, 1967; Demosthenes, *Against Macartatus*, 62-63, Translated by A. T. Murray, Loeb Classical Library, Harvard University Press, 1936；

[43] 法·庫朗熱(Fustel de Coulanges)：《古代城邦——古希臘羅馬祭祀、權利和政制研究》，劉小楓主編，譚立鑄等譯，華東師範大學出版社 2006 年版，第 24 頁。

[44] Xenophon, *Oeconomicus*, 7. 17-41. Translated by E. C. Marchant, Loeb Classical Library, Harvard University Press, 1979.

> 作為一個女主人，不要像奴隸似的總是坐著，應該常常站在織布機前，準備指導那些技術不如你的人，並向技術比你強的人學習。要照管烤麵包的女僕，要幫助管家婦分配口糧，要四處查看各種東西是不是放得各得其所。[45]
>
> 當給你送來毛布的時候，你必須叫人為那些需要斗篷的人縫製斗篷，你還必須照管乾的穀物使其不受損失以備製成食物。[46]
>
> ……照管不懂得管家和做事的女孩子，教育她使她可靠和能夠做事之後，發揮她的作用；你有權力獎勵家裡小心謹慎、穩妥行事的人，懲罰那些不服管教的人；不必擔心你老了之後在家庭裡不受重視，隨著年齡的增加，你越成為我的好夥伴，越成為孩子們的好家庭主婦，你就會越受到尊重。[47]

通常情況下，妻子的職責就是待在家裡，然後打發那些應該在外面工作的僕人出去工作（比如除了農田工作，還有去市場採購生活用品、出售家庭多餘的產品等等），監督家裡僕從在勞作時盡心盡力而不偷懶；收受家庭得到的財物，對必須支出的部分妥加分配，對應該貯存的部分善加照管；而且還要精打細算，不能在一月之中用光那些留備一年使用的物品。關於家庭用具的安排和使用，色諾芬用很大篇幅進行闡述，用行軍列隊嚴整有序和腓尼基商船上秩序井然的儲藏室，來說明家庭用具各得其所、安放整齊的重要意義。家庭祭祀用的器皿要收放一起，婦女和男人的節日服裝，婦女住處和男人住處的毯子，婦女和男人的鞋子，以及男人的軍服，這些要分門別類放在合適的位置；男人的武器、婦女的紡織工具和廚房烹調用具，以及洗滌用品、揉麵工具和餐具，這些要分成日常使用的和節日使用的兩大類，以方便收藏和使用。如：

> 把所有的東西都安放在適當的地方，然後讓僕人知道，他們每天要用的烤麵包、做菜、紡織用具放在什麼地方；把這些交給他們保管，責成他們不得損

---

[45] 色諾芬：《經濟論——雅典的收入》，張伯建、陸大年譯，商務印書館 2014 年版，第 38-39 頁。
[46] 色諾芬：《經濟論——雅典的收入》，第 28 頁。
[47] 色諾芬：《經濟論——雅典的收入》，第 29 頁。

壞。把節日、宴會期間才用的或者不常使用的東西交給管家婦，告訴她這些東西應存放何處，點清數目、列出清單，專人專管，使用後要歸還原處。[48] 儲藏室由於其位置安全，應該存放貴重的毯子和用具；乾燥的房間應該存放穀物；涼爽的房間存放酒；光線好的房間存放存放藝術品和器具。[49]

一般家庭之內，妻子要挑選一個可靠的管家婦來協助自己管理家務，其標準首先是要有節制的人，即她們不會因為貪吃、貪杯、貪睡而誤事；其次她們要聰明溫順，明白主人的意圖，能夠小心謹慎而不會怠忽職守，也不會盡力討好主人以獲得獎賞。妻子還要教導和訓練所選中的管家婦忠誠並聽命於主人，並給她灌輸正義感，告誡她忠誠、正直會得到主人的獎賞和獲得榮譽。

（三）紡織和縫製衣物

在荷馬史詩中，即便是身份貴為王后也會參與紡線和編織衣物的工作。如兩位皇室婦女，法伊阿基亞人(Fayiakia)國王阿爾基努斯(Alcinus)的王后阿瑞忒(Arete)和奧德修斯的王后佩涅羅珀，一眼就能夠識別出自己編織的布料，「……白臂膀的阿瑞忒首開話端，因她認出了奧德修斯身上的襯衣和披篷，絢美的衣服，由她親手織制……」[50]再如佩涅羅珀僅憑陌生人（此人奧德修斯裝扮而成）所描述的奧德修斯的羊毛披篷，就認出那是她親手為奧德修斯織成的衣服。[51]再如，「現在，侍女芙蘿把金質的線杆和白銀的筐籃搬了出來，放在海倫(Helen)身邊，滿裝精紡的毛線，線杆纏著紫藍色的羊毛，橫躺藍面……」[52]這表明海倫日常生活中也要紡線和編織。當忒勒馬科斯即將離開墨涅拉俄斯(Menelaus)的宮殿時，海倫送給他一件織袍，「海倫行至藏物的箱子，站定，裡面放著織工精緻的衫袍，由她親手製作。海倫，女人中的佼傑，提起一領織袍，精美、最大、織工最細，像星星一樣閃光，收藏在衫袍的底

---

[48] 色諾芬：《經濟論──雅典的收入》，第35頁。
[49] 色諾芬：《經濟論──雅典的收入》，第34頁。
[50] Homer, *Odyssey*, 7. 234-235.
[51] Homer, *Odyssey*, 19. 250-257.
[52] Homer, *Odyssey*, 4. 131-136.

層……」[53]忒勒馬科斯得到這件織袍，無疑是海倫親手所織。自荷馬時代以來，紡織是古希臘女性的傳統活動，也是典型的女性活動，對此赫西俄德、柏拉圖和色諾芬也都有過詳細描述，希臘陶瓶畫上也多以女子紡紗圖作為表現主題。

婦女對家庭的經濟活動也做出了重要貢獻，因為她們完全負責家庭成員使用的紡織品生產。在古代雅典，女性的生活被認為是以家庭活動為特徵的，這一點從考古出土的物品中可見一斑，在她們的墓穴中不僅有珠寶，還包括螺紋紡錘和烹飪鍋具等物品。[54]把羊毛紡成線，並編織縫製衣物，是一名婦女最基本的生活技能。雅典女性在很小的時候，就要學會紡線織布，縫製衣物和烹飪食物，為出嫁後的生活做準備。通常古希臘人總是希望他們的女兒們像大多數手工匠那樣，坐著幹活，安安靜靜地紡織羊毛。大多希臘婦女的日常活計就是紡紗、織布和縫製衣物。條件好的家庭裡，奴隸承擔了比較繁重的工作，而對於窮困的家庭，日常的家務活占去女性大量的時間。色諾芬曾建議，一名妻子應當做一些基本的家庭管理工作，可以和一和麵粉，揉一揉麵團，達到鍛煉身體的目的。[55]但在斯巴達，斯巴達人認為這樣坐著不動的女子，無論如何也生養不出結實強壯的孩子，因此，呂庫古(Lycurgus)規定女子應該像男人一樣鍛煉身體。[56]而紡紗織線的活計，斯巴達家庭中的女奴足以勝任。希羅多德說埃及婦女上市場買賣，男子則坐在家裡紡織。[57]相比於雅典婦女的管理家務和紡織羊毛，色雷斯(Thrace)婦女則和其他地方的奴隸一樣在田間地頭辛勤勞作。[58]對富裕的希臘家庭來說，他們會有奴隸照管家務，公民婦女就可以把全部時間用於羊毛紡織。因此可以說雅典等城邦中公民婦女最重要的家庭勞作就是紡織，然後縫製衣物。

---

[53] Homer, *Odyssey*, 15. 105-109.
[54] Sue Blundell, *Women in Ancient Greece*, Cambridge, Massachusetts: Harvard University Press, 1995, p. 72.
[55] 色諾芬：《經濟論——雅典的收入》，張伯建、陸大年譯，商務印書館 2014 年版，第 39 頁。
[56] Plutarch, *Lycurgus*, 14. 2-3, Translated by Bernadotte Perrin, Loeb Classical Library, Harvard University Press, 1967.
[57] Herodotus, *History*, II.35,Translated by A. D. Godley, Loeb Classical Library, Harvard University Press, 1975.
[58] 柏拉圖：《法律篇》，張智仁、何勤華譯，商務印書館 2016 年版，第 222 頁。

（四）照顧家庭中的老人或病人

　　尊重老人，在古希臘有著悠久傳統，柏拉圖在《法律篇》裡非常詳細地闡述了這一古老傳統和習俗——如果一個人不是由於精神錯亂而膽敢辱打自己的父母（或者祖父母、外祖父母），那麼碰見這一情況的人必須向受害人提供幫助。如果向受害者提供幫助的人是定居的外邦人，在城邦舉行比賽時，他將受邀請坐在賽場的前座；如果他沒有提供幫助，他必須永遠離境流放。如果一個奴隸向受害人提供了幫助，他將獲得自由，如果他沒有提供幫助，他必須被鞭打100下。每個路過的城邦公民，無論男女老幼，如果遇到這種辱打父母長輩的行為，都必須對打人者高喊：「你是邪惡的魔鬼！」並設法阻止他。如果目擊者沒有嘗試阻止他，那麼該目擊者將依法受到家庭守護神和雙親保護神宙斯的詛咒。如果一個人竟敢狂暴地毆打父母、長輩，說明他是一個無所敬畏的暴徒，他既不憚於眾神的譴責，也不顧忌地獄裡等待他的懲罰，這種行為必須得到極大的震懾。他將被永遠遣送出城，並且遭到一切聖地的拒絕接待。如果他敢於返還城市，他將被處以死刑；如果他敢於不避開聖地，他將受到鞭打或一切可能的懲罰。[59]

　　古希臘城邦不承擔照顧年老體弱者的責任，因此子女善待父母對於維持國家穩定具有重要意義。對親屬尤其是對父母的義務和尊敬，這在法律和道德上都有規定，它適用於所有男性，同樣也適用於所有女性。[60]赫西俄德在《工作與時日》中教育自己的弟弟，一個人忍心虐待孤兒、斥罵傷害年老少歡的父親，神靈會貶斥他這些惡行，宙斯定會對此大發雷霆，最終會對他施以嚴厲的懲罰。[61]梭倫曾立法規定，任何打罵父親或母親，或無法供養或贍養父母的人將被剝奪公民權。一個家庭中，兒子有責任贍養年邁的父母，在父母死後妥善安葬父母遺體，並照看他們的墳墓。公民在擔任官員以前，必須經過相關任職資格審查(Dokimasia)，其中包括審查受審人是

---

[59] 柏拉圖：《法律篇》，張智仁、何勤華譯，商務印書館2016年版，第308-309頁。
[60] Just, R., *Women in Athenian Law and Life*, London and New York, 1989, p. 24.
[61] 赫西俄德：《工作與時日》，張竹明、蔣平譯，商務印書館2016年版，第11頁。

否孝顺父母，以及是否定期修缮家人坟墓。[62]但在埃及，儿子除非出于自愿，他们没有抚养双亲的义务，但是女儿不管她们愿不愿意，都必须抚养双亲。[63]不过在雅典，梭伦还规定所有父母必须教儿子学会一样足以谋生的技艺，若该父母没有做到，儿子可在父母年老时不负担赡养义务。[64]除了这种情形，雅典人必须赡养父母，如果有谁不去赡养父母甚至没有埋葬他的父亲，他将会判处很多罚金，即使在监狱里其他罪犯也会因此疏远他。[65]因为不赡养父母被视为这个人有著糟糕的道德品行，雅典人往往认为人的品行是稳定不变的，既然品行恶劣，这足以证明他在起诉案中是有罪的，即使他为自己的辩护也会被陪审团认定为无效。

在马格尼西亚，一个被父亲宣布脱离父子关系的人，将不得不移居他国，他不仅被他的父亲，而且还被整个胞族拒绝接受。儿子如果想为自己辩护，他必须把父亲方面的所有亲戚和母亲方面的所有亲戚集合起来，儿子此时可以为自己辩护，但如果父亲坚持己见，并且赢得了半数以上亲戚的投票，那么父亲就有权断绝父子关系。[66]这对儿子来说将意味着丧失家庭继承权，甚至是公民身份。在斯巴达，吕库古改革要求斯巴达人尊重老年人，同时他要求老年人也不要忽视嘉德懿行。他对年迈的美德之人的关心令人钦羡，他规定元老们有权审判重大犯罪，并给予年龄老迈的人比年富力强的人更高的荣誉。[67]希罗多德提到，在希腊人当中只有拉凯戴孟人（即古代斯巴达人）和埃及人有同样的一种风俗，即年轻人遇到年长者时，要避到一旁让路，而当年长的人走近时，他们要从座位上站起来。[68]在雅典，敬重和赡养父母，与虔诚敬事诸神密切相关，人们把诸神赐予的恩惠和福祉与父母祖先遗留给自己的

---

[62] 萨拉・B.波默罗伊、斯坦利・M.伯斯坦等著：《古希腊政治、社会和文化史》，傅洁莹、龚萍等译，上海三联书店2010年版，第257页。
[63] Herodotus, *History*, II. 35.
[64] 萨拉・B.波默罗伊、斯坦利・M.伯斯坦等著：《古希腊政治、社会和文化史》，傅洁莹、龚萍等译，上海三联书店2010年版，第191页。
[65] 加加林、科恩编：《剑桥古希腊法律指南》，华东师范大学出版社2017年版，第138页。
[66] 柏拉图：《法律篇》，张智仁、何勤华译，商务印书馆2016年版，第366-367页。
[67] 刘晓枫、甘阳主编：《色诺芬〈斯巴达政制〉译笺》，陈戎女译笺，华东师范大学出版社2019年版，第178页。
[68] Herodotus, *History*, II. 80.

財產和地位對應起來——父母老人活著的時候，他們悉心照料；父母去世後，他們則負責修繕墳墓並定期祭祀先人。當俄狄浦斯(Oedipus)受到兒子們的侮辱時，他祈求降禍於他們。阿曼托爾(Amantol)同樣詛咒了自己的兒子費尼克斯(Phoenix)，忒修斯對兒子希波呂托斯(Hippolytus)同樣如此，希臘神話中眾神總是站在父母一邊反對孩子，那些粗暴傷害父母並得到父母詛咒的孩子，眾神就會對其降下災禍；而尊敬、善待父母的孩子，將獲得諸神恩寵，諸神則賜福於他們。即便拋開宗教觀念，從現實利益的角度考慮，家庭財產（尤其房屋、份地）的繼承和公民身份在氏族內得到的認可，對一個生活在古希臘城邦社會裡的人至關重要，因此很少有人會不事贍養或虐待老人。

在斯巴達，由於公民婦女的首要職責是生育子嗣，紡紗織布和照料病弱，以至於粗重的活計都由奴隸包攬，甚至可以推測有部分「女奴」是黑勞士。而在雅典，男人的活動領域是田間戶外以及參加城邦公共事務，而女性的活動領域則侷限於家庭之內，加上「受人尊敬的婦女應該待在家裡，只有輕佻的壞女人才到街上閒逛」的道德觀念，使得體面的公民婦女很少單獨離開家門，那麼照顧老人的責任就落在婦女的肩上。當然這名婦女可以是家庭女主人，也可以是男主人尚未出嫁的姐妹或其女兒。例如，在俄狄浦斯刺瞎雙眼自我放逐的過程中，他的兩個兒子拒絕給予援助，逼迫其離開王宮，待在俄狄浦斯身邊照顧他的，只有他的女兒安提戈涅(Antigone)。[69]如果一名婦女沒有盡心盡力照顧家中的老人，或者對父母掉以輕心，沒有滿足他們在各方面的希望和需求，受到這種對待的父母親可以由他（她）本人或通過使者，向三個最高法律維護者或負責婚姻的三名婦女彙報這一情況，那麼該婦女將要受到鞭打和監禁的懲罰。[70]如果用虐待的辦法不讓父母來控告，任何發現這一情況的人，無論自由民還是奴隸，都有責任提請城邦注意。如果該自由民沒有這樣做，他將被指控犯有傷害罪；如果告發者是奴隸，他將因此獲得自由。如果該奴隸的主人是加害或受害的一方，那麼由城邦宣佈他獲得自由。

---

[69] 施瓦布：《希臘神話和傳說》，楚圖南譯，人民文學出版社 2014 年版，第 180 頁。
[70] 柏拉圖：《法律篇》，張智仁、何勤華譯，商務印書館 2016 年版，第 370 頁。

除了照顧老人，家庭裡的病人，無論是男主人或者子女，都有不可推卸的重要職責，當然通常是由家庭裡的婦女來照管病人，除非她自己也生病了，這種情況則由另外一名女性親屬照顧。除了家庭成員中的老人和病人，家庭奴隸如果生病，女主人也要給予他們妥善安排。如《經濟論》中伊斯霍馬庫斯對他的妻子所說：「你所負擔的責任之一恐怕是不大合算的，你必須注意讓任何得病的僕人得到照顧。」[71]

（五）為男性沐浴和塗抹油膏

　　婦女還通過給男人洗澡和塗油膏來照顧他們，使他們身體舒適，這裡的油膏主要是橄欖油，橄欖油有保濕、增加皮膚光澤和彈性的功效，當然古希臘人在身體上塗抹橄欖油，還有放鬆身體，接風洗塵以及淨化靈魂的功用。荷馬史詩裡為男性實施沐浴的女性都不是奴隸，當然也不是該男性的性伴侶。如《奧德賽》中，當忒勒馬科斯(Telemachus)參觀涅斯托爾(Nestor)的宮殿後，則由涅斯托爾最小的未婚女兒波魯卡絲特(Polycaste)，「替忒勒馬科斯洗淨身子，她浴畢來客，替他抹上舒滑的橄欖油，穿好衣衫，搭上絢麗的披篷……」[72]再如，特洛伊戰爭期間，奧德修斯偽裝成乞丐混進特洛伊城內，正是海倫為其沐浴風塵，塗抹橄欖油，並發誓不洩露奧德修斯的身份。[73]雅典法律禁止奴隸去做那些本該是自由人做的事情，比如奴隸是不能給自己塗油膏的。[74]至於奴隸能否給自由人或自己的主人塗抹油膏，限於資料，目前沒有發現相關文獻記載。

　　古希臘宗教認為神明厭惡污染，如果某人曾經接觸過死亡或分娩，那麼他將在一段時間內禁止參加祭祀活動，不能夠進入神廟。[75]女人的懷孕、生孩子和月經現

---

[71] 色諾芬：《經濟論——雅典的收入》，張伯建、陸大年譯，商務印書館 2014 年版，第 28 頁。
[72] Homer, *Odyssey*, 3. 464-467.
[73] Homer, *Odyssey*, 4. 250-254.
[74] Aeschines I, *Timarchos*, 136-138, Translated by C. D. Adams, Loeb Classical Library, Harvard University Press, 1919.
[75] Robert Parker, *Miasma: Pollution and Purification in Early Greek Religion*, Oxford: Clarendon Press, 1983, pp.32-53.

象，都和污染有關。赫西俄德在《工作與時日》中強調，「不要在黎明後不洗手便給宙斯澆奠芳冽的美酒，同樣也不要給其他不朽的神靈奠酒；否則他們不聽你的禱告，反而唾棄禱告者。」[76]受過污染或被潛在污染的人，需要用清水沖洗全身，以求得到淨化。例如俄瑞斯忒斯(Orestes)弒母為父報仇之後，受復仇女神的追逐，後來在雅典娜女神的指引下來到位於陶里斯(Tauris)的阿爾忒彌斯神廟，遇見身為女祭司的姐姐伊菲革涅亞(Iphigenia)，姐弟倆相認後，伊菲革涅亞請求國王許可自己為俄瑞斯忒斯和皮拉得斯淨化身體，她甚至對國王說，「如果我在海邊待得太久，請你不要著急，畢竟我們要從俘虜身上洗掉的乃是一種滔天大罪。」[77]古希臘人相信海水是清潔的，是可以淨化各種污染的。

人的正常死亡也能帶來污染與不潔，古希臘人葬禮上對死者的身體進行淨化，是一項必不可少的程式。而清洗死者的身體必須由死者的女性親屬來完成，死者的男性親屬不能參與。屍體清洗過後，還要在死者全身上下塗抹油膏，油膏一般是橄欖油和一種草藥製成的藥膏。無論死亡在哪裡發生，死者都要被運回死者家裡。在死者房子外面，會放有一種特殊的盛水容器，以供進出房間的死者親屬淨化身體。容器中的水是從鄰居家取來的，因為死者家裡的水已經受到污染。[78]對死者的淨化儀式同婚禮前對新娘的淨化儀式相仿，先是梳洗打扮，然後給身體塗油並穿戴精美的服飾，這是一種能夠滌淨污染的過渡儀式。此外，停放屍體的地方和接觸屍體的哀悼者都需要進行淨化，屍體抬出去的那天早晨，死者的房間被打掃，然後再用海水噴灑房間以淨化污染。死者房間裡的垃圾以及死者生前使用的物品都會被清理出去，可能會被帶到墳墓上，這些儀式之後，死亡所帶來的污染才得以淨化。[79]通過這種淨化之後，與神的聯繫通過在灶臺上的祭品又重新建立起來。那些因參與葬禮受到污染的人們也需要通過沐浴更衣來淨化自己。

---

[76] Hesiod, *Works and Days*, 723-726.
[77] 施瓦布：《希臘神話和傳說》，楚圖南譯，人民文學出版社 2014 年版，第 500 頁。
[78] 簡‧艾倫‧赫麗生：《希臘宗教研究導論》，謝世堅譯，廣西師範大學出版社 2006 年版，第 22 頁。
[79] Robert Parker, *Miasma: Pollution and Purification in Early Greek Religion,* Oxford University Press, 2001, p.35.

三、公民婦女與家庭近親屬之間的利益關係

一般來說，一個家庭中的親屬關係，通常由丈夫一方的親屬關係和妻子一方的親屬關係構成。在財產繼承和分配方面，男方親屬關係優先於女方親屬關係。在古希臘，一個男人如果兒子死去，無論他有沒有女兒，其財產只能由其家族內的親屬（男性）來繼承；排在兒子繼承順序後的是這個男人家族的近親屬，而不是其妻子、女兒或家中的其他女性。如《伊利亞特》(Iliad)中當法伊諾普斯(Phaenops)在特洛伊(Troy)戰場痛失二子之後，史詩寫道：「……他們的父親已邁入淒慘的暮年，已不能續生子嗣繼承財產……遠親們將瓜分他的家產。」[80]只有當丈夫的家庭沒有這些近親屬時，才能由女方的親屬來繼承，當然這也許要經過一系列複雜的法律程式（如通過聯姻或死後收養的方式）。一旦丈夫去世或者離婚的情況發生，妻子如果再嫁要帶走自己的嫁妝，這筆財產務必從丈夫財產中析出而原數奉還於妻子原來的家主。因此在處理丈夫遺產的過程中，必然會在妻子和丈夫的親屬成員之間產生某種糾紛。這些基於現實利益的衝突，家庭中的妻子與丈夫近親屬或者丈夫私生子之間，在牽涉到對家庭財產的繼承、分配、處置和使用方面，不可避免地存在某種相互競爭和排斥的複雜關係。

（一）公民婦女與家庭近親屬

我們對古希臘家庭親屬關係的瞭解，主要通過財產繼承法中所規定的繼承順序。在遠古的阿提卡和阿卡狄亞，是通過女性世系來計算，一妻多夫制和女性繼承原則一直延續到埃斯庫羅斯(Aeschylus)和伊塞俄斯(Isaeus)的時代，[81]根據阿提卡法律，在西元前5到西元前4世紀，一個男人可以與同父異母的姐妹結婚，卻被禁止與同母異父的姐妹結婚。這個風俗顯然表明親屬關係是以母系來計算世系，而不是以父系。據說雅典建城之初，在凱克羅普斯(Cecrops)的統治時期，從地下冒出來雙重奇跡，在一個地方長出了一棵橄欖樹而另一個地方冒出一池海水，國王派人去德爾斐詢求

---

[80] Homer, *Iliad,* 5. 151-160, Translated by A. T. Murray, PH.D., Loeb Classical Library, Harvard University Press, 1928.
[81] A. S. F. Gow and D. S. Robertson edited, *The Early Age of Greece*, Volume 2, p. 61.

神諭，神告訴他們橄欖樹代表著雅典娜、而水則代表波塞冬；應由民眾決定新城的保護神，之後會以所選擇的神名來命名新城。凱克羅普斯於是召集包括所有男人和女人的公民大會（當時是允許婦女參與公共集會的）。男人投票波塞冬，女人投票雅典娜，由於婦女人數多於男人，雅典娜獲勝了，波塞冬於此非常憤怒，隨即用海水淹沒了雅典所有的土地。為了平息神怒，男人們發現有必要強加給自己的妻子三條懲罰：1.她們將失去投票權；2.孩子不再以母系命名；3.她們從此不再被稱為雅典公民。[82]

據蘇達辭書(Suidas)給出的版本，凱克羅普斯制定一個法律，婦女在還是處女的情況下要嫁給一個男人為妻，因為之前她們像動物一樣混亂，即可以和任何她們喜歡的男人一起生活。[83]可見早期雅典人也是通過婦女來計算血統的，但隨著社會的發展，男性世系逐漸取代了女性世系。在雅典，如果一個男人沒有合法婚姻所產生的子嗣，其最近的親屬將認領其財產。至於誰才是最近的親屬，可參考下面繼承時的優先順序：兄弟（或同父異母的弟弟），和兄弟的後代；姐妹（或同父異母的姐妹），和她們的後代；父親一方的其他親屬「遠到堂兄弟姐妹的孩子」；同母異父的兄弟，和他們的後代；同母異父的姐妹，和她們的後代；母親一方的其他親屬「遠到表兄弟姐妹的孩子」。[84]以上這些就是家庭的近親屬，如果在這些範圍內仍然沒有親屬，那麼父親一方更遠的親戚將會認領財產，同等程度的關係範圍內，男性優先於女性；但在其他方面，如果同等程度的關係中有兩個或者更多的認領者，他們將平等地分享財產。死去男人的妻子無權繼承也不能成為其財產的女繼承人。

至於他的長輩（父母，祖父母）是否被排除在外，這一點是很有爭議的。[85]如果他最近的親屬是其姐妹（沒有兄弟及其後代），她兄弟的死亡可能會使她成為一個女繼承人繼承其父親的家產，以至於她可能會被最近的男性親屬認領而與之結婚。西元前

---

[82] Herodotus, 8. 55.
[83] A. S. F. Gow and D. S. Robertson edited, *The Early Age of Greece*, Volume 2, p. 63.
[84] Douglas M. MacDowell, *The Law in Classical Athens*, Cornell University Press, 1986, p. 98.
[85] 哈里森(A. R. W. Harrison)認為很有可能他們是被排除在繼承權之外。參見 A. R. W. Harrison, *The Law of Athens: The Family and Property*, Oxford: Clarendon Press, 1968, pp.138-142.

403/2 年的一項法律把私生子排除在近親屬之外。[86]德摩斯梯尼(Demosthenes)提到在歐克萊德斯(Eucleides)[87]執政的時代，當一個男人沒有立下遺囑而死去，如果他留有女兒，他的財產將隨她們一起，但是如果沒有女兒，他的同父兄弟，以及其兄弟合法出生的孩子，他們將分得相應份額；但如果沒有這些人，將按如下順序繼承財產：男性和男性的兒子享有優先權，只要他們是同一個祖先，哪怕他們是較遠的親屬。但私生子無論男女都無權繼承財產和家族宗教儀式或者公民特權。[88]

另外，古希臘的葬禮、婚禮和血親復仇都是家庭生活中的大事件，一般都需要家族內有血緣關係的親屬來共同參與，甚至孩子出生的「十日禮」、有關財產繼承糾紛等等，這些都需要這些親屬成員的出席和見證。死亡是一個關係到死者家庭其他成員的重大事情，古希臘不同城邦和不同時期，喪葬習俗也會有所不同，但對死者的哀悼和唱誦挽歌卻是必不可少的葬禮內容。在雅典城邦的家庭葬禮儀式上，哀悼和挽歌是死者家庭中女性親屬和男性親屬一起對死者的悼念活動。死者的女性親屬在葬禮活動中的主要內容包括清洗屍身，塗抹香油，為死者戴上花冠以及穿上特製的白色衣服，然後為死者守靈。在送葬過程中，男性親屬一般步行在遊行隊伍之前，婦女跟隨其後；不是家庭成員的婦女也可以參與其中，但超過 60 歲的除外。可見家庭葬禮活動的舉行及其整個過程都離不開死者眾多親屬成員的參與。古希臘的婚姻是希臘人生活中的大事，一個 30 歲左右的成年男子以及 14 歲以上的女性如果不結婚，便被認為可能忤逆祖先的神靈，這會給他/她本人和家庭帶來災難。婚姻的主要目的是為了繁衍後代，結婚是一項複雜而隆重的活動，訂婚和婚禮只是一段婚姻的開始。訂婚是一種男女雙方家長（或女方家長和新郎）訂立結婚契約的儀式，它是婚姻合法性的前提。婚禮一般伴隨著宗教祭祀活動，包括給新人沐浴、裝扮和祭祀神靈、喜宴、婚禮遊行等流程。在整個結婚的過程中，不僅僅新娘新郎雙方的家庭

---

[86] Isaeus, *On the Estate of Dicaeogenes*, 6. 47, Translated by Edward Seymour Forster, M. A., Loeb Classical Library, Harvard University Press, 1943; Demosthenes, *Against Macartatus*, 43. 51. Translated by A. T. Murray, PH. D., LL. D., Loeb Classical Library, Harvard University Press, 1936.
[87] Eucleides，西元前 5 世紀末的雅典執政官。
[88] Demosthenes, *Against Macartatus*, 43. 51.

成員要參加，雙方的親朋視親疏遠近一般也都會出席婚禮並給新人贈送賀禮。

德拉古(Draco)法律大多涉及殺人罪的懲罰。之前希臘人認為過失殺人和故意殺人都是「血罪」，兩者之間並無區別，受害人家屬通常自行採取手段進行報復。被指控的殺人犯通常會躲在某個神廟內，同時與被害人家屬斡旋以求和解，通常包括金錢賠償。德拉古把這些爭端交給城邦，在被害者胞族的支持下，殺人者的近親屬可能會受到指控，但最終刑罰由行政長官共同裁定。梭倫沿用了德拉古關於謀殺部分的法律。如果一個人不是死於自然原因或者自殺，而是被人殺死，無論是過失殺人還是蓄謀殺人，那麼其家庭成員就有責任為其復仇。復仇是死者本身的要求，只有通過懲罰殺人者才能彌補死者遭受的不公正待遇。如果他在垂死之際寬恕了殺人者，那就等於給殺人者一個合法赦免權，殺人者將免於被起訴和懲罰；但是誰也無權代表受害人去原諒一個殺人者。[89]荷馬時代一個殺人者通過向受害者家庭支付賠償金來為自己的行為贖罪，但在雅典沒有什麼能夠償還「血債」，因為是受害者本人要求血債血償，而不是他的家庭要求補償。[90]至於淨化的要求，是因為殺人被認為會導致污染，污染是一種超自然的感染，傾向於從殺人者傳染給其他與殺人者一起的人，甚至整個社區，所以必須儘快採取措施將殺人犯繩之以法。一個被污染的人被認為有可能遭遇疾病、毀滅或由神靈發出的其他災難。懲罰殺人犯的古老法律在西元前4世紀的雅典依然生效，這也是德拉古法律中唯一沒有被梭倫法律取代的條款。遠至表親、堂兄弟、堂兄弟的孩子和女婿以及繼父，直至所有宗族成員都有權利和義務為死者實施血親復仇。受害者如此廣泛的親屬圈都有責任採取措施對抗殺人者，當然實際上也許只有最近的成年男性親屬對此積極主動，而其他人如果有必要也會給予支援。如果受害者是奴隸，那他的主人則有責任採取行動為其復仇。

古風時期雅典中小家庭面對貪婪同族的蠶食和較大地主的傾軋，很難保持個體家庭的延續和經濟獨立。西元前590年梭倫立法到西元前508/7年克

---

[89] Demosthenes, *Against Pantaenetus,* 37. 59.
[90] Douglas M. MacDowell, *The Law in Classical Athens*, Cornell University Press, 1986, p. 110.

里斯提尼(Cleisthenes)改革[91]，雖然打亂了舊有的親緣及義務關係，一定程度上遏制了貴族權力，但並沒有改變單個家庭的模式。因此荷馬(Homer)時代的家庭結構，[92]到古風時期的雅典，基本上沒有太大變化，即一個擁有財富和聲望的男人會有一個合法妻子為他生育合法繼承人；但也會有一個或多個妾和女奴為其生養私生子。雅典家庭通常由一夫一妻和他們的孩子組成一個核心家庭，不過單個家庭很少自治，它是家族親屬群的一部分。親屬群在單個家庭的生活中扮演著重要角色：如親屬群通常是家族內部婚姻對象的提供者（雅典通常是族內結婚）；親屬群還會分擔和參與一個家庭的婚慶和喪葬活動；在家庭財產繼承以及女繼承人的婚姻方面，親屬群有某種約定俗成的合法權利和義務；當然親屬群也是家族實施血親復仇的法定人選。[93]

在古典時期的希臘社會，家庭血統的延續依靠兒子，對一對夫妻來說，至少要有一個兒子來繼承家庭的姓氏和祭祀儀式並保持家庭的延續。如果沒有兒子或僅有一個女兒將面臨家庭的滅絕。所以城邦實施一些措施以確保家庭的存在和延續。[94]如梭倫有關性別和婚姻的法律，女繼承人制度和收養制度，以及遺囑法[95]對財產分割和繼承的規定，其目的既是為了對家庭進行合理保護和管制，使單個家庭得到有序經營和傳承，這樣才會有新的公民不斷產生以充實城邦人口；同時也是為了避免

---

[91] 克裡斯提尼改革主要內容即設立「三一區」和「五百人議事會」，三一區：克裡斯提尼把阿提卡分為三個地區——城區、海岸區、內陸區，每一地區的居民人數大抵相等。然後從三大區各取一個，將三者合為一個部落，如此一來，每個部落均由三個「三分區」組成。以此弱化之前的家族關係。五百人議事會：在十部落的分區基礎上產生，該五百人每年從十個部落中抽籤產生，各部落 50 個名額，按每個村社的公民人數按比例分配。見 N. G. L. 哈蒙德著，朱龍華譯：《希臘史——迄至西元前 322 年》，商務印書館 2014 年版，第 290-295 頁。

[92] 晏紹祥認為，在荷馬時代，當一個父親健在時，已婚子女仍然住在父親家裡。只有當父親死後才會分家。貴族家庭一般都有隨從和奴隸，他們也是家庭的組成部分。參見晏紹祥：《荷馬社會研究》，上海三聯書店 2006 年版，第 268-267 頁。

[93] Sue Blundell, *Women in Ancient Greece*, Harvard University Press, 1995, pp. 116-117; Mary Harlow and Ray Laurence edited, *A Cultural History of Childhood and Family in Antiquity*, Volume 1, Oxford Berg Press, 2010, p. 14.

[94] Mary Harlow and Ray Laurence edited, *A Cultural History of Childhood and Family in Antiquity*, Volume 1, Oxford Berg Press, 2010, p. 14.

[95] 梭倫規定無子女者可按自己意願將遺產遺贈給他人——此前這類人死後其遺產自動轉給近親屬。參見 Plutarch, *Solon*, 21. 2.

財富和權力過多落入少數統治家族手中，造成公民家庭的數目減少，從而擾亂城邦發展計畫。家庭是城邦的基本組成單位，家庭成員的利益往往牽涉到基於家庭血親和姻親的近親屬關係網。家庭矛盾一般產生於財產的分配和繼承，家庭內部與家族之間有關財產的紛爭也是城邦社會不穩定的重要因素。因此，不同城邦會制定不同的法律對家庭財產進行規制。

（二）公民婦女與丈夫的私生子

在古風時期，希臘家庭結構基本上延續荷馬時代的模式，即一個擁有財富和聲望的男人會有一個妻子為他生育合法繼承人，也會有一個或多個妾或女奴為其生養私生子。妾可以是外邦女人，也可以是雅典女子。這些外邦女人有的是戰俘，有的是定居城邦的手工業者或商人的女兒，當然更多時候是被買來的。直到西元前 5 世紀的雅典，在阿提卡民間婚姻中買妻現象仍然經常發生，這在色雷斯(Thrace)的土著部落裡也是通常習俗。[96]在希臘各地納妾是合法的，庶出的孩子雖然是合法出生的，但是這個孩子可能會被其母親或其母親的家庭撫養和照管，只有當他被其父親的家庭正式收養時，才能有合法繼承權。[97]這種由「妾」所生的孩子一般被稱為「私生子」。私生子群體的存在對雅典社會的婚姻家庭、財產繼承以及雅典公民權等造成一定程度的衝擊。私生子一旦擁有繼承權，也就很有可能擁有公民權，這種繼承權不僅僅是對其父親頭銜和姓氏的承襲，也包括對其父親家庭財產的繼承。私生子這種潛在的財產繼承權也就與公民婦女的家庭財產權存在著某種矛盾和衝突，公民妻子很可能會排斥丈夫私生子的繼承權以維護自己所生合法子嗣的利益。

雅典公民妻子是唯一能為城邦生育雅典公民的女性，也是唯一能為家庭生養合法繼承人的女性，她作為家庭女主人因此被抬高到一個不可挑戰的位置，儘管她在法律上和經濟上從屬於她的丈夫。[98]女主人在丈夫允許的情況下，可以管理家庭經

---

[96] A. S. F. Gow and D. S. Robertson edited, *The Early Age of Greece*, Volume 2, Cambridge University Press, 1931, p. 65.
[97] Cynthia B. Patterson, "Those Athenian Bastards", p. 42.
[98] Cynthia B. Patterson, "Those Athenian Bastards", p. 56.

濟，並處置家庭財產，雖說她們不能簽訂價值超過 1 蒲耳式大麥的合同，但在丈夫許可和授權的情況下，她們對家庭經濟有著很大的處理許可權。那麼，私生子在繼承家庭財產時，最大的障礙，首先是私生子父親的合法妻子，她自然不希望自己親生子女的利益受到任何損害，雖然她在家庭中處於從屬地位，但丈夫死去，她的兒子會成為家庭的 kyrios，她儘管不能自作主張分配丈夫的遺產，但總會有辦法影響兒子的決策；其次是家庭女主人所生的合法子嗣，他們繼承財產是天經地義的，也無人提出異議。他們一般不願意和私生子分享家產；最後是私生子父親的家庭近親屬，當一個雅典男人沒有合法子嗣且沒有立下遺囑，那他的財產就只能在近親屬之間分配。私生子的存在恰恰打破這種形勢，因為死者無論在血緣上還是在感情上往往會傾向於私生子，他很可能會把財產轉移給私生子，而使其近親屬的潛在利益受損。私生子這種名不正言不順的非合法身份，使得家庭女主人和家庭近親屬通常對其懷有某種戒備和排斥，他們當然不希望私生子染指並繼承家產。

　　梭倫關於私生子的立法，是有關雅典私生子最有爭議的問題之一。普魯塔克也提到梭倫規定非婚生子完全沒有贍養父親的必要，因為一個人既不要婚姻的莊嚴儀式，他和這個女人的結合顯然是為了尋歡作樂而不是為了生孩子，那麼他應得的後果就是無權責備這個兒子置他於不顧。[99]私生子既然沒有贍養義務，也就沒有相應的權利，那他就與父親的財產無關，這也等於正式把私生子排除在家庭財產繼承之外。不過梭倫有關遺囑的法令，允許沒有子女的人可以把財產贈與自己屬意的人，這種規定在某種程度上，顯然也是對私生子的繼承權網開一面，因為既然無子女（指沒有合法婚姻所產生的合法子嗣）的雅典男人可以把財產按自己的意願贈給他所屬意的人，那麼他當然可以贈給自己的私生子。當然這種贈與，只限於那些不在疾病、藥物或監禁的影響之下，不在受迫無奈之下，或不在妻子勸誘之下所作的贈與。[100]雅典男人既然可以通過這種途徑贈與私生子，那家庭女主人和合法繼承者的利益無疑會受到損害，我們在法庭演說辭裡可以找到

---

[99] Plutarch, *Solon*, 22. 4. Translated by Bernadotte Perrin, Loeb Classical Library, Harvard University Press, 1967.
[100] Plutarch, *Solon*, 21. 2. 3.

很多類似的家庭糾紛和矛盾。不過，儘管法律允許一個男人把財產遺贈給自己的私生子，但是其提供的財產不能超過一定數額。[101]這種規定可以視為對私生子繼承權的限制，[102]可能也是對家庭女主人和家庭近親屬權益的一種維護和保障。

（三）私生子的繼承權

如果一個父親不承認私生子為自己的孩子，那這個孩子不光被剝奪繼承權和公民權，還會受到更多的歧視。[103]在荷馬史詩《奧德賽》中，當奧德修斯回答牧豬人歐邁俄斯(Eumaeus)的問話時，他說自己的母親是被父親卡斯托爾(Kastor)買來的女人，但他卻和父親的嫡子一樣，受到父親鍾愛，只不過在父親死後，他只分得極少的一份家產。[104]可見在荷馬社會，庶出的兒子不能和婚生子平等繼承父親的家產。《奧德賽》中荷馬還提到墨涅拉俄斯從斯巴達迎來阿勒克托爾(Alector)的女兒，為自己的私生子墨伽彭塞斯(Megapenthes)（墨涅拉俄斯與一個女奴所生）婚配，[105]顯然這位私生子既獲得了自由又擁有了繼承權。不過史詩專門提到海倫在生下一個美貌的女兒之後，神明便不再使其孕育。這說明如果妻子不能為丈夫生下兒子，那麼丈夫可以把其私生子視作合法繼承人。在雅典神話中，忒修斯的父親埃勾斯(Aegeus)是雅典國王，但忒修斯的母親是外邦人，忒修斯作為埃勾斯的私生子無權繼承其王位，而埃勾斯的侄子——埃勾斯之弟帕拉斯(Pallas)的兒子則有權成為其叔父的合法繼承人。[106]

古風時期的雅典，在各種動盪不安的因素下，荷馬時代的傳統家庭模式遭受各種危機和壓力。中小家庭面對貪婪同族的蠶食和較大地主的傾軋，很難保持個體家庭的延續和經濟獨立。梭倫廢除債務奴隸，制定有關收養與遺囑的法律，以及對私生子繼承權的限制，既是為了保護單個家庭的延續和完整，也是為了維護城

---

[101] Douglas M. MacDowell, *The Law in Classical Athens*, P. 101.
[102] Isaeus. *On the Estate of Pyrrhus*, 3. 45.
[103] 安德列‧比爾基埃、瑪律蒂娜‧雪伽蓮等主編：《家庭史——遙遠的世界；古老的世界》，袁樹仁、姚靜等譯，三聯書店出版社1998年版，第246頁。
[104] Homer, *Odyssey,* 24. 203-210. Translated by A. T. Murray, Loeb Classical Library, 1945.
[105] Homer, *Odyssey,* 4. 12-15,
[106] A. S. F. Gow and D. S. Robertson edited, *The Early Age of Greece*, Volume 2, Cambridge University Press, 1931, p. 65.

邦的經濟秩序和社會穩定。早期的雅典法律規定，當一個男人死去且沒有立下遺囑，如果他沒有合法子嗣繼承其家產，其財產將由與他同一個父親的兄弟繼承，如果其兄弟不在世，則由這個兄弟合法出生的兒子，得到他們父親的份額。[107]這表明死者的全部財產必須留給他的家族。死者的私生子無論性別，他們既無權繼承家產，也無權延續其家庭宗教儀式或承襲其公民特權。[108]在雅典家庭中，如果有婚生子女和近親屬，那麼非婚生子女在繼承財產時是被排除在外的。[109]家庭成員只有被胞族接受才能成為雅典公民，從梭倫時代開始，只有那些由合法婚姻產生的子嗣才能成為胞族成員。根據雅典城邦的家庭結構，一個人在其父親家庭親屬群體中的成員資格，是其作為城邦成員資格的基礎，私生子顯然被排除在這種體制之外。[110]因此，那些由妾所生的孩子，無論其父親有沒有合法子嗣存在，他們首先不是父親家族的近親屬成員，也不是父親胞族的成員，自然也被排除在家庭繼承和城邦參與之外。

成為一個完整意義的公民，首先是被父親的家庭接受並能夠擔負延續家族香火和祭祀的使命，然後才能繼承家庭財產，並通過參與城邦公共活動從而實現個人價值。通常一個男人與妾所生的孩子不被當作公民，也不能繼承父親的財產。[111]例如伯里克利(Pericles)的妻子阿斯帕西婭(Aspasia)是米利都(Miletus)人，伯里克利要求公民大會更改法案使得他與阿斯帕西婭所生的兒子成為雅典公民，作為伯里克利唯一在世的兒子，只有這樣他才能承襲伯里克利的姓氏，才能取得伯里克利的財產繼承權。當然，這要視具體情況而論，因為在雅典不同時期的不同階段，私生子的公民權不一而論。

我們知道，雅典婚姻一般是在家族內部婚配，這樣就會出現兩種可能，其一，

---

[107] Plutarch, *Solon*, 21. 2. 3.
[108] Demosthenes, *Against Macartatus*, 43. 51. Translated by A. T. Murray, PH. D., LL. D., Loeb Classical Library, 1978.
[109] Demosthenes, *Against Eubulides,* 57. 51-54.
[110] Cynthia B. Patterson, "Those Athenian Bastards", p. 46.
[111] Sarah B. Pomeroy, *Goddesses, Whores, Wives, and Slaves, Women in Classical Antiquity*, Schocken Books, New York, 1975, p. 91.

雅典女子被家主嫁給指定的近親屬。這種結合是法律意義上的合法婚姻，這裡不作討論；其二，未婚男女私自結合，這種是非合法婚姻，所生的孩子也是私生子。梭倫時代這種未婚男女私下結合一旦敗露，雙方都會遭受家主的懲罰，如失貞女子被賣身為奴；男方也會被冠以誘姦或通姦的罪名接受處罰，要麼被當場打死，要麼交一筆罰金贖罪。然而到伯里克利時代，由於有關公民權的法律的公佈，未婚失貞女子很少再被家主賣為奴隸，因為她們能夠為城邦生育公民，不是她們本身的地位有多重要，而是她們作為雅典公民的身份對城邦有著重要意義。所以家主往往退而求其次，一般選擇成全這對年輕男女結成合法婚姻，所以近親結婚的現象在古希臘社會非常普遍。私生子一般被排除在家庭祭祀、財產繼承和城邦政治之外，但如果一個父親沒有合法子嗣，且他又不願意把自己的財產拱手讓與近親屬，那麼他完全可以設法讓私生子繼承其財產。那麼對公民婦女而言，如果她自己不能為丈夫生下兒子（無論她有沒有生下女兒），丈夫的私生子就很可能和家庭財產發生關係；而且一旦丈夫去世，如果丈夫的財產被私生子繼承，她很可能會處於這名私生子的監護之下，尤其是當她已經年老，不可能帶著嫁妝再嫁他人的情況下。私生子對家庭財產的繼承顯然會影響到這名婦女的財產權。所以私生子與雅典家庭的女主人以及家庭近親屬之間，通常存在潛在的利益衝突和複雜的矛盾關係。

第二節　雅典和斯巴達婦女的家庭財產類型

在雅典家庭中由地位最高的人是 kyrios，他既是家庭成員的監護人，也是家庭所有財產的監管人。西元前4世紀的法律條款本身仍然是古老觀念的反映，如一個男人的財產只能留給其合法的兒子[112]，否則他既不能立遺囑也不能再收養孩子。丈夫在家庭中的地位衍生了他對財產的權利，家庭財產主要有房屋、土地和奴隸，另外也包括牲畜、車船或其他交通工具，以及傢俱、衣物、珠寶、金銀或其他金屬等。大約西元前6世紀開始，古希臘出現了使財產更容易轉讓的鑄幣。由於古代希臘婦

---

[112] Demosthenes, *Against Stephanus*, 46. 14.

女不能擁有完全的個人權利，也不能成為不受限制的財產所有人，即便女繼承人(ἐπίκληρος)，她也只是一種傳遞祖傳財產的載體。那麼一個婦女的財產類型和財產獲得途徑都包括哪些內容呢？

一、公民婦女不同人生階段的財產

（一）未婚女子的財產

在雅典，女孩七歲之前的啟蒙道德教化是由父母雙方來進行的，母親要教會女兒紡織和縫製衣物，以及婦女必備的受人尊敬的道德行為。未婚少女(parthenoi)不需要像成年女性那樣戴面紗，但她們會是家族中關注的熱點，每一個擁有未婚女兒的父親都會期待用女兒的婚姻作為家族聯盟的紐帶。少女時代的女孩擁有的財產主要是父母或別的親屬給予的禮物，如一些飾品或衣物。雅典婦女很少親自離開家門去市場上購買日常用品，因為家中開支和所需之物的採購都由男人掌管和負責。我們不清楚家庭中的女孩能否擁有自己的零用錢，但從她們結婚時除了嫁妝之外再無他物，而且無論是柏拉圖、亞里斯多德還是德摩斯梯尼等演說家都沒有提及未婚少女能否擁有私房錢，可見父母和親屬給予她們的禮物中不包括零用錢。即便富裕家庭的女兒有少許零錢，也是屬於她的父親或者家庭的家主，而不可能由她們自由支配，而且這少許零錢也很可能在她們出嫁的時候成為嫁妝的一部分。如果一個雅典少女成為女繼承人，那她更不可能自由處理父親的財產，因為她本人就是財產的一部分。如果有符合條件的男性近親屬認領她，那這名近親屬就會成為她的丈夫（或未來的丈夫），在她結婚之前她的所有日常必需品都會由這名丈夫負責，更不用說財產的收益和管理。

在斯巴達，情況稍有不同，斯巴達女性和男性一樣可以繼承財產，也可以擁有土地。斯巴達少女擁有更多的自由，她們可以接受體育鍛煉，並能和男孩一樣接受教育，男女性關係唯一需要遵循的只有優生學原理。[113]斯巴達有殺死羸弱男嬰的習俗，所以很多家

---

[113] 薩拉·B.波梅默羅伊、斯坦利·M.伯斯坦等著：《古希臘政治、社會和文化史》，傅潔瑩、龔萍等譯，上海三聯書店2010年版，第179頁。

庭可能只有女兒而沒有兒子，因為很少有殺死女嬰的證據。格爾蒂少女可以擁有自己的財產，如果她的母親死亡，她的父親無權處置她母親留給她的財產，除非經過她的同意，但她的父親能夠代她管理和收益；反之如果她的父親死亡，她的母親也不能處置她的父親留給她的財產。若該少女是一名女繼承人，則她有權不和父親近親屬中指定的男人結婚，但要分割部分財產給予這名指定的近親屬；如果這名女孩未及成年，則由她父系的近親屬幫助管理財產，而分給她財產收益數額的一半。[114]

（二）已婚女子的財產

一個婦女只要其父親在世，父親作為家主就要給她置辦一份嫁妝，並有權通過ἐγγύη（訂婚，婚約）給她找一個丈夫，並有權終結她的婚姻；這種情況下，婦女的嫁妝雖然名義上是該名婦女的個人財產，但實質上嫁妝作為一筆財產在婚姻締結和解除的過程中，始終不由婦女本人支配，它只是婦女在生活變遷中的一種保障，而本質上是在不同家庭的家主之間的轉移和讓渡。德摩斯梯尼46引用的法律是：「一個婦女的合法婚約得是由其父親、或與其同父的某個兄弟、或其爺爺訂立，她的孩子才是合法的。」[115]這個負責訂立婚約的人作為婦女的家主，也有義務為這名婦女提供一份嫁妝，這筆嫁妝作為婦女名義上的個人財產將是婦女一生的基本生活保障。法律具體規定的那些有權主宰女性婚姻的人，也是為她們置辦嫁妝的人，嫁妝的價值越大，這名婦女在丈夫家的經濟權利也將越大，嫁妝豐厚的妻子甚至可以主導家中的經濟生活。一個貧窮的男人選擇結婚並接受妻子帶來的一筆財產，他是把自己嫁了出去，而非是在娶她。[116]「即使他是自由的，他也是婚床的奴隸，他已經把身體出賣給了嫁妝。」[117]因為如果離婚情況發生，丈夫必須歸還嫁妝，當丈夫的個人財產抵不過嫁妝的價值，嫁妝的歸還根本無法償還。[118]那麼這個男人所能做的也許

---

[114] R. F. Willetts translated and edited, *The Law Code of Gortyn*, De Gruyter Press, 1967, p. 46.
[115] Demosthenes, *Against Stephanus*, ii. 18.
[116] Plutarch, *Moralia,* 13f.
[117] Euripides, *Fr, Nauck*, 775.
[118] Wolff, RE, 137; Isaeus, *On the Estate of Pyrrhus,* 3. 35.

只有通過取悅妻子來避免使自己破產。

　　古希臘人認為嫁妝是妻子對家庭財產的貢獻，所以擁有一大筆嫁妝的女性會吸引許多男性娶這名女子為妻，現實中嫁妝多於丈夫財產的女人在家庭中往往有著明顯的經濟地位。丈夫作為婦女的家主對她的嫁妝有著主宰權利和管理義務。如果一名婦女有屬於自己的財產，那麼她們在什麼情況下或者什麼程度上能掌控自己的財產？首先是禮物，禮物一般是在婚禮上由新娘的丈夫或親屬給予新娘的、有別於嫁妝的，並且從某種意義上說是屬於這名婦女個人的財產。其次是無遺囑繼承，一個雅典女孩如果她有兄弟，她的兄弟們將分享父親的遺產，她本人無權繼承，但也許他的兄弟會從這筆遺產中拿出一定數額作為她的嫁妝，否則到她結婚的時候，他的兄弟將從自己的財產中為她置辦嫁妝。[119]當然女繼承人和財產的聯繫要比其他任何階層的婦女更為密切，她的監護人取決於她的婚姻，且她再婚的近親屬丈夫在女繼承人兒子成年之前將掌控這筆財產的收益。一個婦女的嫁妝名義上是屬於她的，但婦女的監護人往往同時監管著她們的財產。在雅典，一個婦女所進行的任何有關財產的重要交易都要通過她的監護人，或者經過其監護人的同意才能實施。這表明雅典婦女實際上並沒有真正屬於自己的財產，她們在家庭生活中對家庭財產幾乎沒有任何處置權，更不用說合同性的簽訂任何經濟交易。[120]婦女在財產處理上必須經過其家主的同意，這在西元前4世紀未必是一種法律規定，但看起來這很可能是一種慣例，並一直保留下來。這種財產處理許可權通常在很大程度上一方面取決於這名婦女的性格能力，另一方面取決於其監護人本身。

（三）作為母親的財產

　　色諾芬在其《經濟論》中認為男人和女人結合在一起，主要是為了使他們結成完美的合作關係，互相幫助。因為這種結合首先是生兒育女的本能；其次是養兒防老的

---

[119] A. R. W. Harrison, *The Law of Athens: The Family and Property*, 1968, p. 48.
[120] Deborah Lyons, "Dangerous Gifts: Ideologies of Marriage and Exchange in Ancient Greece", *Classical Antiquity,* Vol. 22, No. 1(2003), p. 104.

需要。[121]對古希臘婦女來說，能夠生育一個合法子嗣將會提高一名婦女的家庭地位，孩子在某種程度上是一名女性最大的資本和財產。例如一對夫妻因為丈夫的死亡而解除婚姻，這名丈夫並沒有對妻子的去向進行安置，如果這名妻子已經懷孕，她將能夠留在她丈夫的房子中，而且她將處於腹中孩子的監護人的監護之下，她的孩子一旦成年他就能繼承其父親的遺產；如果她已經有兒子且兒子已經成年，她也可以選擇留在丈夫家裡並在其兒子的監護之下生活，這種情況她的嫁妝不必從丈夫遺產中析出。一個死去丈夫的婦女的最終去向，某種程度上取決於她有沒有兒子。如果沒有兒子，她和她的嫁妝也就很自然地回到當初提供嫁妝的家主的掌控和監護之下。[122]

由上可知，一個女人生育了兒子，她就有資格如丈夫一樣在年老時受兒子的贍養，她的財產權也就得到了某種保障，她的生活也就有了依靠。因為她的孩子要為她提供住宿和食物，[123]她的兒子如果對她有虐待行為，任何人都可以就此控告。[124]她處於執政官的特殊保護之下，如果她是外邦人，則是處於軍事執政官的特殊保護之下。[125]根據埃斯奇尼斯(Aeschines)援引的一部法律，任何人不得毆打其父親或母親，並且必須贍養父母，為他們提供生活保障。[126]埃斯奇尼斯還指責提馬埃庫斯(Timaechus)因浪費了本可以養活（以及為之送終）母親的財產而違反了這部法律。[127]一個女人在她老年時會受到城邦和家庭的尊敬和保護。事實上，父母一旦把財產交給兒子，很可能會導致他們自己陷入困境和被動的境地。所以法律會強制子女必須對年老的父母盡到贍養義務。執政官的保護也延伸至孤兒、女繼承人、以及留在丈夫家中的懷孕的寡婦，總之，這種保護延伸至所有容易被其家主或監護人虐待的人。埃

---

[121] Xenophon, *Oeconomicus*, 7. 17-22, Translated by E. C. Marchant, Loeb Classical Library, Harvard University Press, 1979.

[122] Demosthenes, *Against Boeotus*, 40. ii. 6f; Demosthenes, *Against Stephanus*, 46. ii. 18.

[123] Aeschines, *Against Timarchus*, 1. 28.

[124] Aristotle, *Athenian Constitution*, 56. 6, Translated by H. Rackham, M. A., Loeb Classical Library, Harvard University Press, 1959.

[125] Aristotle, *Athenian Constitution*, 58. 3, Demosthenes, *Against Lacritus*, 35. 48.

[126] Aeschines, *Against Timarchus*, 1. 28, Translated by Charles Darwin Adams, PH. D., Loeb Classical Library, Harvard University Press, 1958.

[127] Aeschines, *Against Timarchus*, 1. 99.

斯奇尼斯描寫提馬埃庫斯的母親「懇求兒子不要賣掉土地」，說明瞭作為父母在年老時失去財產而無能為力的情形。當然這只是很少的一部分現象，因為在雅典，虐待父母是極惡劣的罪行之一，會受到嚴厲的懲罰。如果一個雅典婦女有兒子，那她終其一生都有被贍養的權利，這還包括她死亡之後享受葬禮和墓前儀式的權利。[128]至於沒有孩子的女人，她們大概會仍留在其監護人的家裡，生活孤獨無依，因為她無權從親戚那裡獲得生計，[129]她也不能依賴於親戚的捐助來養活自己。對於這類女人，由於資料所限，很多方面不得而知。

二、公民婦女的財產類型

（一）土地

　　古代社會的土地是家庭最重要的財產類型，土地上可以建造房子和種植穀物，一個擁有土地的人，完全具有經濟獨立性。相比於斯巴達婦女可以擁有土地，雅典婦女卻沒有土地所有權。在德摩斯梯尼和伊塞俄斯的法庭演說辭中，都沒有提到女性作為土地主人的情況，如斯特托克萊(Stratocle)的女兒被特奧豐(Theophon)收養，成為價值兩塔蘭特(talent，古希臘的一種計量單位，可用來記重量或作為貨幣單位)土地的女繼承人。[130]但是在她未成年時，斯特托克萊是這片土地的監護人；[131]在她結婚時，這種監護權就到了她丈夫那裡。年輕的菲洛馬科(Phylomache)曾是哈格尼阿斯(Hagnias)的不動產的女繼承人[132]，但是她丈夫是她的家主，他很可能也因此成為這片地產的監護人。[133]在一些有關不動產訴訟的碑刻中，也沒有出現女性。在阿提卡(Attica)的抵押石上雖然出現了女性的名字，這只能表明所提到的土地是她們嫁妝的擔保，

---

[128] Demosthenes, *Against Timocrates,* 24. 107, Xenophon, *Memorabilia*, 2. 2. 13.
[129] Isaeus, *On the Estate of Ciron*, 8. 32.
[130] Isaeus, *On the Estate of Hagnias*, 11.41. Translated by Edward Seymour Forster, M. A., Loeb Classical Library, Harvard University Press, 1943.
[131] Isaeus, *On the Estate of Hagnias*, 11.42.
[132] Demosthenes, *Against Macartatus*, 43. 31.
[133] Demosthenes, *Against Macartatus*, 43. 32.

即土地保證了離婚時丈夫要向女方娘家支付一定的經濟補償。[134]

在斯巴達，就像亞里斯多德所說的，幾近五分之二的土地屬於女性。[135]斯巴達婦女和男性擁有幾乎一樣多的土地，她們在很多地方要比在雅典擁有更多的不動產，並且幾乎是獨立擁有這些財產。在格爾蒂(Gortyn)，女性既可以擁有地產，也可以擁有動產。[136]而且格爾蒂婦女一旦離婚，除了帶走自己的財產，還將收到「她自己財產孳息的一半」，該條款明顯指的是農業產品。[137]格爾蒂的財產法把家庭的每個成員都看作社會上的獨立成員，每個人都擁有自己的權利和個人財產，比如丈夫掌管和支配家庭財產，妻子只能支配自己的財產；丈夫不能處置妻子的財產，兒子也不能過問母親的財產。斯巴達和格爾蒂的財產制度，嚴重削弱了家庭對成員的控制。在婚姻存續期間，古希臘夫妻之間的土地所有權可能不太明確，一旦牽涉到離婚案件，嫁妝要歸還給女方原來的家主，土地往往是歸還嫁妝的擔保。希臘家庭有兩個或更多個體共同擁有財產的情況，如兄弟可能共同擁有從父親那裡繼承來的土地，或者商人合夥擁有一條船或一個手工作坊。德摩斯梯尼提到「一個單身漢放棄他的一份財產以成全一個在父親房舍中居住的兄弟，他自己到別處去生活的情形」[138]，「一個兒子也可以在父親還在世時在父親住所中結婚」，[139]「一對帶孩子的夫妻也可以與幾個收養的兄弟共同擁有一所房子」[140]。這在生活資料匱乏的古代社會，也是一種資源分享的折衷方式。

（二）房屋

在古希臘，婦女一般沒有資格繼承父親的房產，如雅典婦女，她們在有兄弟存在的情況下，根本無權繼承父親的財產，更不要說土地和房屋；除非她是女繼承人，雅典婦女只有成為女繼承人才能繼承父親的財產，但是女繼承人和家庭財產是一個

---

[134] A. R. W. Harrison, *The Law of Athens: The Family and Property*, Oxford: Clarendon Press, 1968, pp. 55-57.
[135] Aristotle. *Politics*. 1270a 23-5.
[136] R. F. Willetts translated and edited, *The Law Code of Gortyn*, De Gruyter Press, 1967, p. 42.
[137] David M. Schaps, *Economic Rights of Women in Ancient Greece,* Edinburgh University Press, 1979, p. 6.
[138] Demosthenes, *Against Leochares*, 44.10,18
[139] Demosthenes, *Against Boeotus,* 40.50.
[140] Demosthenes, *Against Theocrines*, 57.

不可分割的整體；女繼承人本身並不是這筆財產的主人，她和近親屬結婚所生的兒子才是這筆財產的主人。對於多利安人婦女來說，比如斯巴達和格爾蒂婦女，她們在家庭中有兄弟存在的情況下，房產一般也是由其兄弟繼承,對於房產之外的財產，將在她們與其兄弟之間分割，分割的標準是女兒所占份額是兒子份額的一半。[141]但有時斯巴達和格爾蒂婦女也可以繼承家庭的房屋，如《格爾蒂法典》[142]第IV欄中，「如果除房產外別無其他財產，女兒們將按上述規定得到一份」，[143]也即在這種情況下女兒也會參與父親房產的分割，所得份額是其兄弟的一半。房屋在古希臘人心目中意義重大，無論是古代法律還是現代法律，對那些進入別人房屋中的犯罪或不法行為都被認為是對房屋主人的嚴重侵犯,法律都會根據情節嚴重程度作出相應懲罰。再如《格爾蒂法典》第II欄規定:「與女自由人通姦者，若在其父親的、兄弟的或其丈夫的房中被捉，罰其一百斯塔第阿；若在其他房中被捉，罰五十斯塔第阿。」[144]

另外，從《格爾蒂法典》我們還看出另外一種情況，即一個孩子出生時的身份，取決於其父母雙方中擁有房屋的那一方的身份。如法典規定:「若奴隸到自由人婦女的房子裡與之結婚,他們的孩子將是自由人；若自由人婦女到奴隸的房子裡與其結婚,其孩子將是奴隸。」在斯巴達和克里特，離婚獨居的婦女如果生了孩子，她要當著三位見證人的面，把孩子送到丈夫的房子裡，如果丈夫不接受這個孩子，這名婦女可以

---

[141] 郝際陶譯：《格爾蒂法典》，〈古史新譯，第二卷〉，高等教育出版社 1992 年版，第 19 頁。
[142] 《格爾蒂法典》是古希臘保留下來唯一的一部較為完整的法律文獻。其內容多涉及家庭婚姻、財產繼承以及婦女權利和子女監護等問題，在一定程度上反映了歷史時期克裡特的社會家庭風貌。1884 年，由義大利考古學家哈爾布赫和德國歷史學家法布裡修斯率領的團隊完成了對「格爾蒂法典」的基本發掘工作。次年，相關研究即以義大利語出版問世，即 Federico Halbherr, Ernst Fabricius, & Domenico Comparetti, *Leggi Antiche Della Città di Gortyna in Creta*. Firenze (Torino, Roma) : Loescher, 1885，這也是目前有關該法典最早的整理研究成果。此後，各種校本、譯本和評注本陸續問世。1967 年威利茨(R. F. Willetts)重新校訂，並譯成英文，參見 R. F. Willetts translated and edited, *The Law Code of Gortyn*, De Gruyter Press, 1967；1989 年，郝際陶結合威利茨 1967 年文本和梅裡安姆(A. C. Merriam)在《美國考古雜誌》上發表的法典譯文(見 A. C. Merriam, "Law Code of The Kretan Gortyna", *American Journal of Archaeology and of The History of The Fine Arts*, Vol. 1, 1985, and Vol. 2, 1986)，將法典翻譯成中文，這是國內最早有關該法典的漢譯本。參考郝際陶譯：《格爾蒂法典》（古史新譯第二卷），高等教育出版社 1992 年版。
[143] 郝際陶譯：《格爾蒂法典》，第 19 頁。
[144] 郝際陶譯：《格爾蒂法典》，第 9 頁。

自行決定撫養或者遺棄這個孩子。如果她在按規定送交孩子之前遺棄其子，她要受到懲罰；如果這名丈夫沒有房子可容納她送來的孩子或她送孩子來時確實沒見到丈夫本人，則她遺棄孩子無罪。[145]由此可見，房屋在古希臘人心目中的地位和意義。

(三) 奴隸

古希臘家庭中的奴隸，是一般家庭不可缺少的組成部分。赫西俄德(Hesiod)在《工作與時日》中勸說他的弟弟，「首先要有一所房屋、一個女人和一頭耕牛。這裡的女人指的是女奴，不是妻子，她也可以趕牛耕地。」[146]可見，奴隸作為「會喘氣的工具」和耕牛一起是一個家庭的基本生產資料。古代社會的農業勞動單憑個人是無法按時完成耕種和收穫的。奴隸一般是買來的，或者戰爭俘虜甚至劫掠來的，家生奴隸很少見。胡慶鈞在其《早期奴隸制社會比較研究》中認為家生奴隸乃奴隸的主要來源，[147]但是晏紹祥指出，家生奴隸即使存在，數量也不會太大，因為單身是荷馬時代奴隸的通例。[148]而到古風時期，債務奴隸逐漸成為奴隸的主要來源，梭倫改革廢除債務奴隸之後，雅典的奴隸來源便以購買為主。而且買來的奴隸中又多以女性為主。古希臘買賣和劫掠人口自古以來就是一個普遍存在的社會現象，荷馬史詩《伊利亞特》中提到阿喀琉斯(Achilles)把劫掠的普里阿莫斯(Priamos)的私生子魯卡昂(Lukaon)賣到萊姆諾斯(Lemnos)，換得一百頭牛。[149]在《奧德賽》中也提到奧德修斯在歸途中「憑恃他們的蠻力，突襲埃及人的田莊，劫掠女人和孩童，殺死男人，哀嚎遍野。」[150]古典時期的雅典，大部分奴隸是外國俘虜或他們的後代，一個人在戰爭中被敵人俘獲，他的親屬或朋友需要支付一定贖金使他自由，否則他就

---

[145] 郝際陶譯：《格爾蒂法典》，第 15-17 頁。
[146] Hesiod, *Works and Days*, 405-406. Translated by Hugh G. Evelyn-White, M. A., Loeb Classical Library, Harvard University Press, 1920.
[147] 胡慶鈞主編：《早期奴隸制社會比較研究》，中國社會科學出版社 1996 年版，第 217 頁。
[148] 晏紹祥：《荷馬社會研究》上海三聯書店 2006 年版，第 263-264 頁。
[149] Homer, *Iliad*, 21, 77-79, Translated by A. T. Murray, PH. D., Loeb Classical Library, Harvard University Press, 1928.
[150] Homer, *Odyssey*, 14, 262-265, Translated by A. T. Murray, PH. D., Loeb Classical Library, Harvard University Press, 1945.

會成為俘獲者的奴隸，這在古希臘是一個被認可的慣例。[151]古希臘大多數城邦對一個罪犯的懲罰往往是使其成為奴隸。普魯塔克(Plutarch)提到一些雅典人把自己的女兒或姐妹賣為奴隸，直到梭倫(Solon)立法對此嚴加禁止，但未婚失貞的少女則可以被她的家主賣身為奴。[152]但到西元前5和西元前4世紀，很少有雅典父親賣掉自己失貞的女兒，這一方面是由於戰爭使得雅典公民人口下降，另一方面也與伯里克利(Pericles)西元前451年關於公民權的規定，即「父母雙方都是雅典人的子嗣才擁有公民身份，並禁止雅典人與外邦人結婚」有關。這項規定表明只有雅典婦女才能生育雅典公民，這無形中提升了雅典婦女的地位和價值。

奴隸在家中的地位，因為與主人的關係不同而各有差異。漂亮的年輕女性奴隸常常會成為主人的妾或沒有名分的性伴侶，她們是主人的財產，由主人隨意處置。一個家庭的奴隸，或買或賣，或殺或罰，或遺贈他人或被他人雇傭，皆由他的主人做主。而且雅典法律規定，一個人如果要賣掉一個奴隸，他必須宣告這個奴隸身體上沒有任何疾病和缺陷，否則，如果買方發現賣方所言與事實不符，則買方有權退回奴隸並拿回自己支付的金錢。[153]主人一般提供給奴隸食物和衣服，也可能會允許奴隸擁有自己的勞動所得，但奴隸所擁有的一切包括奴隸本人都是主人的財產。梭倫改革廢除債務奴隸，使得一部分由於無法還清債務而淪為奴隸並被賣到境外的阿提卡窮人，重新成為雅典自由民。

斯巴達奴隸分為國有奴隸和私人奴隸兩部分，私人奴隸與希臘其他地方的奴隸大同小異。但國有奴隸主要是黑勞士，[154]黑勞士制度是斯巴達的特色，黑勞士儘管沒有自由，但他們不屬於個人所有，而是隸屬於城邦。黑勞士以家庭為單位共同居住，依靠分配給他們耕作的農田生活，他們不能用於買賣，但必須為土地的主

---

[151] Douglas M. MacDowell, *The Law in Classical Athens*, Cornell University Press, 1986, p. 79.

[152] Plutarch, *Solon*, 23. 2, Translated by Bernadotte Perrin, Loeb Classical Library, Harvard University Press, 1967.

[153] Douglas M. MacDowell, *The Law in Classical Athens*, p. 80.

[154] 斯巴達佔領拉哥尼亞後，把該地區的土著民降為「黑勞士」，強迫他們世代為斯巴達人服役。參見薩拉·B.波默羅伊、斯坦利·M.伯斯坦等著：《古希臘政治、社會和文化史》，傅潔瑩、龔萍等譯，上海三聯書店2010年版，第158頁。

人提供糧食，必須為斯巴達軍隊服務，還必須為死去的國王和官員服喪。此外他們對主人並無特殊義務。另外有一些城邦有公共奴隸，如公共建築的看管人，還有一些遵照政府命令執行員警職責的弓箭手等，以及公共硬幣檢測者，[155]如阿哥拉(Agora)等地。

在雅典，如果某人父母雙方都是奴隸，其身份就是奴隸。自由人如果喪失自由人身份也將成為奴隸。如果母親是公民而父親是奴隸，則他是自由人而不是公民；如果父親是公民而母親是奴隸，則他很有可能擁有公民身份。在梭倫之前的雅典，自由人淪為奴隸是相當常見的現象。他們可能是被父母賣為奴隸；也可能是以人身作抵押的債務奴隸。梭倫立法之後禁止以上這些行為，西元前6世紀早期雅典公民不會再淪為奴隸。[156]僅有以下幾個例外：其一，如果雅典人為戰爭中被俘獲的朋友支付贖金，而後者沒有歸還他相應的金錢，被支付贖金的人將成為贖金支付者的奴隸；[157]其二是劫掠，有時也是戰爭俘獲，雖然有觀點認為在西元前4世紀，雅典人不會奴役雅典人，[158]但雅典法律並沒有明確禁止把別的希臘城邦的公民變成奴隸；其三，某些對違法的外邦人的懲罰是把他們變為奴隸，但違法的雅典公民除外。雖然奴隸被排除在某些宗教節日和廟宇之外，但他們能夠被介紹進入埃琉息斯秘儀(*eleusinian mysteries*)並能夠舉行某種秘密儀式。[159]雅典奴隸被排除在公民體育場和角鬥場之外，他們不能招攬自由人男孩發生同性戀關係，不能取有哈默迪奧斯(Harmodios)和亞里斯托蓋頓(Aristogeiton)[160]的名字，也不能參加某種宗教節日。[161]通常情況下一個奴隸不能作為原告出現在法庭上，他的人身和財產也不能得到法律的保護；奴隸更不能在法庭上作為證人，因為其證詞被認為是無效的。

---

[155] Douglas M. MacDowell, *The Law in Classical Athens*, Cornell University Press, 1986, p. 79-83；p. 158.
[156] Aristotle. *Politics*, 2. 2, 4. 5, 6. 1, 9. 1; Plutarch, *Solon*, 15.
[157] A. R. W. Harrison, *The Law of Athens: The Family and Property*, Oxford: Clarendon Press, 1968, pp. 164-165.
[158] Plato, *Republic*, 469b, Translated by Paul Shorey, PH. D., LL. D., Litt. D, Loeb Classical Library, Harvard University Press, 1937.
[159] Isaeus, *On the Estate of Philoctemon,* 6. 48; Demosthenes, *Against Neaeram,* 59. 21.
[160] 西元前6世紀兩個傑出的雅典公民的名字。
[161] Demosthenes, *Against Timocrates,* 24. 167; Demosthenes, *Against Androtion*, 22. 55.

在希臘有些地方的女性能夠買賣奴隸或者給奴隸自由，而不必經過男性的允許或須有男性在場。[162]如德摩斯梯尼(Demosthenes)提到尼卡萊特(Nicarete)是一個自由民，她能夠購買奴隸並在科林斯賣掉他們，[163]另一個自由民尼阿拉(Neaera)，在一群雅典公斷人的證實下判定她所買來的奴隸歸她所有。[164]一般而言，一個奴隸被釋放，可以由男主人釋放，也可由經過男主人同意的女主人來釋放，或是男女主人共同釋放，希臘不同地區情況各有不同。雅典婦女對其奴隸的權利遠遠比不上斯巴達和格爾蒂婦女對奴隸的權利。一個年輕雅典婦女的私人侍從實際上可能要陪伴其一生，其侍從或奴隸仍在法律上附屬於這個家庭和家庭的家主，而不是她們服務的女主人。

（四）動產

古希臘婦女對奴隸的法律權利有時不太明確，但在對家庭動產的所有權上，比如一個女性對她的衣物、飾品等則有實際擁有權。在一些動產如牲畜、傢俱、食物、鍋碗瓢盆等，只要婚姻關係存續，這些都是歸夫妻雙方共同所有。在法庭演說辭中，幾乎所有由女人「擁有」的動產都屬於「衣物珠寶」。德摩斯梯尼提到，佐庇阿(Zobia)是一個外邦人，除了8德拉克馬之外，還能夠向阿里斯托蓋頓(Aristogeiton)提供「一件短袍和一件斗篷」，以助他逃跑。[165]尼阿拉從菲利尼奧(Phrynio)的房子裡帶走兩名奴隸，公斷人允許她保留她帶走的東西。[166]另外，有兩處演說辭提到了傢俱，如特奧多特(Theodote)是一個妓女，她擁有奢華的服裝和眾多僕人，連蘇格拉底都驚歎於她的「房屋通體裝飾華麗。」[167]另一個女性稱她房屋的傢俱「歸她所有，因為那是她嫁妝的一部分」。[168]對一個女人來說，「衣物和珠寶」一般是新娘帶到丈夫房子裡

---

[162] David M. Schaps, *Economic Rights of Women in Ancient Greece*, p. 7.
[163] Demosthenes, *Against Neaeram*, 59. 18.
[164] Demosthenes, *Against Stephanus*, 46.
[165] Demosthenes, *Against Aristogeiton*, 25. 56.
[166] Demosthenes, *Against Neaeram*, 59. 35, 46.
[167] Xenophon, *Memorabilia*, 3. 11. 4.
[168] Demosthenes, *Against Evergus*, 47. 57.

的個人財物。這些衣物有時屬於嫁妝，有時則不是。如果屬於嫁妝，那麼一旦離婚或女方因沒有子女而死亡時，這些衣物要歸還給女方家庭；如果不是嫁妝，在離婚時則無需歸還。但是一個妻子往往很清楚自己的嫁妝是什麼，都包括哪些物品。如三十僭主(Thirty Tyrants)從珀萊馬庫斯(Polemarchus)的妻子那裡拿走「金耳環」，這對金耳環是她結婚時陪嫁的個人財物。[169]在珀萊馬庫斯彌留之際回憶了這場婚禮，他指出耳環確實屬於他妻子，而非是一件他盡力防止財產被沒收而送出的禮物。[170]然而三十僭主認為這對耳環屬於珀萊馬庫斯從而加以沒收。

伊塞俄斯(Isaeus)2 中的演說者企圖證明其母親與邁乃克萊斯(Menecles)是和平離婚：「邁乃克萊斯歸還了她的嫁妝……她嫁給他時她所擁有的衣物，還有珠寶。」[171]他把她的嫁妝歸還給她原來的家主，而僅僅把她的衣物和珠寶給她本人，雖然在結婚的時候他接收了這兩類物品。在帕西歐(Pasio)的遺囑中：「我把我的妻子阿基珀(Archippe)給佛米歐(Phormio)，在派帕萊圖斯(Peparethus)有人欠我 1 塔蘭特，我把這 1 塔蘭特作為其嫁妝，另外有價值 100 穆納的公共住宅，女僕，珠寶，以及她在我房子裡擁有的所有東西，全部贈給阿基珀」。[172]可見只要婚姻關係存續，嫁妝就只屬於丈夫所有，而其他沒有被認作是嫁妝的東西，都永久屬於丈夫並且在妻子死亡或雙方離婚時都不可能歸還。如果不是和平離婚，女方新的家主必須花錢買這些東西，但最終仍是給女方。如斯普蒂阿斯(Spudias)的妻子在離開前夫時，她還帶走一些珠寶和衣物，她的家主珀利艾烏圖斯(Polyeutus)為這些衣物和珠寶支付超過 1000 德拉克馬(drachma)。[173]

在雅典，一個離婚婦女實際上所能提出的合法索賠非常有限，在離婚或她因未生育子女而死亡的情況下，其丈夫或其繼承人僅僅歸還她的嫁妝，此外再無任何補

---

[169] Lysias, *Against Eratosthenes*, 12. 19, Translated by W. R. M. Lamb, M. A., Loeb Classical Library, Harvard University Press, 1967.
[170] Lysias, *Against Eratosthenes*, 12. 19.
[171] Isaeus, *On the Estate of Menecles*, 2. 9.
[172] Demosthenes, *Against Stephanus,* 45. 28.
[173] Demosthenes, *Against Spudias,* 41. 27.

償。即使婚前她擁有財產，但是婚後這些財產也不再屬於她，而是屬於她丈夫，她在這個家庭中獲得的其他財產可能也是如此。如果她非法佔有這些不屬於嫁妝的財物，那麼接納她的那個家主就要為此付錢。可見，除了衣物和珠寶，已婚女性也不可能再擁有其他東西，雖然傢俱可能包含在嫁妝之內。如果男女雙方是一種非婚姻的關係，例如尼阿拉(Neaera)是一個自由民，與費利尼歐(Phrynio)同居，她離開他的時候，從他的房子裡她帶走了她的「衣物珠寶(即她在與費利尼歐確立關係之前她所擁有的)，和男方為她個人使用而置辦的傢俱，以及兩名女僕特拉塔(Thratta)和寇卡琳(Coccaline)」。[174]而費利尼歐聲稱她無權從他的家裡帶走任何東西，包括個人物品。這件事情被提交到了法庭，公斷人判定她可以持有「為她本人所購買的衣服、珠寶、和僕人」。[175]這是因為他們之間不存在婚姻關係，尼阿拉的財產也就獨立於費利尼歐的財產之外，所以他無權要回他買給她做禮物的任何東西。況且無論他買了什麼，她都沒有監護人來賠償他，因為尼阿拉不是公民妻子，她也沒有家主去歸還費利尼歐的那些財物。如果一個丈夫急於擺脫自己的妻子，他在允許妻子帶走屬於她自己的財物時，還會附贈一些東西或者女奴。[176]總之，一個雅典婦女雖然擁有某些動產的實際權利，但是一個離婚婦女在離開夫家時卻無權帶走這些財產；正是因為這樣，很少有體面女性除了私人物品以外能積累很多財富。

斯巴達和格爾蒂婦女的財產屬於她們自己，無論是已婚女性還是未婚女性、她們都能擁有數額不同的財產或金錢。相反，雅典婦女無權擁有財產，當然也不會擁有金錢。但實際生活中，法律並沒有規定一對夫妻的一般具體事務：如誰來做出財產決定、誰買日常百貨、誰有儲藏室的鑰匙，這些問題的解決和實施都依賴於這對夫妻的性情、所要處理事情的性質、習慣、習俗等。雅典已婚婦女的財產通常屬於其丈夫，只要婚姻存續，財產就屬於家庭。只要丈夫允許，妻子可以支配小部分家庭財產。如珀利艾烏科圖斯(Polyeuctus)死亡的時候，他的一個女兒（已婚）為其支

---

[174] Demosthenes, *Against Neaeram*, 59. 35.
[175] Demosthenes, *Against Neaeram*, 59. 46.
[176] David M. Schaps, *Economic Rights of Women in Ancient Greece*, Edinburgh University Press, 1979, p. 12.

付喪葬費；但是這個女兒的丈夫在法庭上要求珀利艾烏科圖斯的另一個女兒的丈夫支付他們的份額。[177]

對於雅典富有人家的妻子而言，管理家庭預算是相當普遍的事情，柏拉圖(Plato)把雅典這種習俗描述為「所集之物，聚於一屋，交於女人，經營財富」。[178]在雅典的一些家庭中，食品貯藏室一般是鎖著的，婦女可以管理穀物、油、酒等一些東西，但不能私自偷拿，因為男人隨身攜帶鑰匙。[179]色諾芬在《經濟論》中建議把所有的家務都移交給妻子去做。也許不同的家庭婦女會有不同的財產管理許可權，實際生活中既有丈夫用「拉柯尼亞鎖」鎖住食物貯藏室的例子，[180]也有一些家庭中的家主，如色諾芬《經濟論》中的主人翁伊斯霍馬庫斯(Ischomachus)，他們都放心地讓妻子去管理家務。[181]另外還有一些主人不在的家庭，或者主人剛剛死亡的家庭，婦女事實上已經在管理家庭事務。阿波羅多魯斯(Apollodorus)身為戰艦司令官時，抱怨政治事務纏身，他的妻子和母親就不得不在家中管理所有家庭財務。[182]一個家庭如果父親去世，母親則會擔負管理家務和財產的職責。[183]雅典婦女在法律意義上不可能擁有金錢，因為處理女性犯罪的法律不是通過罰款來執行的。例如禁止姦婦佩戴珠寶或參加公共儀式，如果她違反法律，她的衣物會被撕破，珠寶飾品會被扯掉，她本人還會遭到鞭打，[184]不過，所有的懲罰都不包括罰款。再如與異邦女性結婚的男性會被罰 1000 德拉克馬；而與異邦男性結婚的女性公民則不會被罰款。[185]總之，雅典女性可能管理一部分或相當數量的財產，但這些財產都不屬於她個人而是屬於她的家庭。

---

[177] Demosthenes, *Against Spudias,* 41. 11.
[178] Demosthenes, *Against Neaeram,* 59. 122.
[179] David M. Schaps, *Economic Rights of Women in Ancient Greece,* p. 15.
[180] Xenophon, *Oeconomicus,* 3. 12.
[181] Xenophon, *Oeconomicus,* 7. 3.
[182] Demosthenes, *Against Polycles,* 50. 60-61.
[183] Aeschines, *Against Timarchus,* 1. 170, Translated by Charles Darwin Adams, PH. D., Loeb Classical Library, Harvard University Press, 1958.
[184] Aeschines, *Against Timarchus,* 1. 183.
[185] Demosthenes, *Against Neaeram,* 59. 16.

三、公民婦女財產的獲得途徑

在古希臘獲得財產的通常方式是繼承，雖然梭倫立法准許雅典男人把自己的財產遺贈給他人，但這種遺贈受到嚴格限制，如一個沒有子嗣的男人不能用遺囑的方式把自己的財產遺贈給另一個人，除非通過收養此人使之成為他的養子。另外，法律雖然允許一個男人把自己的財產遺贈給其私生子，但所遺贈的財產不能超過一定數額。[186]未成年人不能處置自己的財產，婦女也不能處置所擁有的財產，其許可權僅限於處理價值不超過 1 麥鬥（medimnos，古希臘度量單位）的大麥；且共同擁有的財產要雙方共同處理等等。一個人能交換或處置財產並不表明其擁有財產權。比如一個妻子購買食材，一個廚師烹飪食物，其中妻子和廚師並不因此獲得財產權。如果整個家庭沒有獲得財產的方式，就有面臨饑餓的危險；如果這個家庭的女主人沒有獲得財產的方式，她則依賴於丈夫。如果女性沒有獨立獲取財產的能力，那她也就沒有獨立的人格甚至喪失獨立存活的能力。古代希臘婦女通常都是依附於丈夫而不可能獨立於家庭之外。

（一）勞動所得和禮物

一個家庭的女主人通常情況下是為家庭成員編織或縫製衣物。在古希臘，女性出售其製作出來的產品（主要是衣物），大都是為解家庭燃眉之急，而不是以盈利為目的。如歐克斯透斯(Euxitheus)認為，他母親作為乳母，雖然貧窮，但是並不妨礙她的公民權，「因為如我所聞，許多女性公民成為了乳母、織布工、以及收割莊稼的人——而且許多以前貧窮的女性現在都富有了」。[187]還有，在底比斯(Thebes)的某地，「我看著密基盧斯(Micyllus)梳羊毛，他妻子幫他一起梳——貧窮的奴隸以此擺脫令人不光彩的貧困。」[188]當然富裕家庭的婦女不需要做這些工作。伊斯霍馬

---

[186] Douglas M. MacDowell, *The Law in Classical Athens*, Cornell University Press, 1986, p.101.
[187] Demosthenes, *Against Theocrines,* 57. 45.
[188] Plutarch, *Moralia,* 830c.

庫斯催促他的妻子打起精神，管理僕人，而非整天閒坐著。[189]三十僭主統治期間，阿里斯塔庫斯(Aristarchus)的房子成為了他的姐妹、侄女、堂姐妹的避難所，大約14個自由人與他生活在一起，而且他的房地產收入來源已經被切斷了。「現在，蘇格拉底(Socrates)，」他抱怨道，「親戚們破產，我們很難忽視，但是也不可能在這樣的時候養活這麼多人。」然而他並沒考慮讓這些女性去工作。在古希臘，並非工作可恥，而是有這種衝動是可恥的。如阿里斯塔庫斯的親戚都知道如何準備食物和衣服，[190]伊斯霍馬庫斯的妻子知道如何編織，[191]她們也可能偶爾賣掉自己的產品，但是不會全職工作以期賺取生活費用，因為這種勞動只配奴隸來做。[192]除了家庭婦女偶爾為之的紡織或編制工作，還有一些全職工作的女性，這些人中的大多數可能都是羊毛工(*talasiourgoi*)。每一位家庭主婦都起碼是一位熟練的羊毛工；就羊毛編織這項勞動而言，很符合自由女性的情況，也適合於公民和外邦人。這些人不可能受訓成為勞動者，但是她們知道如何紡紗織布，這是她們最可能的職業，除非她們能通過從事小生意來養活自己。總之，古希臘的許多女性是為了謀生而工作（指那種「女性的工作」），她們這樣做僅僅是為了生存所需，而非為了變得富有。通過這種勞動，她們能夠養活自己，甚至能養活自己的家庭。

在一個家庭裡，丈夫給予妻子的禮物不可能有法律效力；只要丈夫仍是這個家庭的家主，他就是這份財產的「主人」，當他把這些物品（主要是食物和衣服）給予其家眷時，將被視為他扶養她的責任的一部分，而不是贈品。只要家庭仍然存在，如土地或金錢這樣價值貴重的財產形式就不會作為禮物而贈與。因婚姻、死亡或離婚等家庭變動引起的禮物贈送，會受到社會風俗和法律的某種約束，其確切的形式則因地區不同而不同。所以在一些城邦中，嫁妝是給妻子而非其丈夫的禮物；有時候按法律她要繼承財產，有時候只是死者給予的特殊禮物，或根本不是禮物。

---

[189] Xenophon, *Oeconomicus*, 10. 10-11.
[190] Xenophon, *Memorabilia*, 2. 7. 5.
[191] Xenophon, *Oeconomicus*, 7. 41.
[192] Xenophon, *Memorabilia*, 2. 7. 6.

（二）嫁妝的獲得

早期雅典嫁妝制度的歷史我們並不清楚，在新娘父親和新郎之間的禮物交換可以追溯到英雄時代，它本身可能是購買式婚姻的某種發展。嫁妝本質上是給新郎的禮物，然而西元前 4 世紀雅典的嫁妝更像是一筆存款，而不僅僅是一筆財產。某種程度上可以說，嫁妝是通過婚姻轉移給新郎家庭的一筆股份，這筆股份將成為新娘最基本的經濟保障。嫁妝可以是任何類型的財產，包括金錢、動產、土地或債權。嫁妝一般要經由新娘的家主以 ἐγγύη[193]（訂婚，婚約）的方式在訂婚儀式中全部或部分移交給新郎，這份財產在被轉讓時是被估價的，因為在離婚時要由這名丈夫歸還給當初為妻子提供嫁妝的家主。很顯然一個妻子的妝奩、珠寶和衣物等僅是嫁妝的一部分。在帕西翁[194]的遺囑裡，在嫁妝和給予他奴隸身份的妻子的禮物以及黃金飾品和家庭用品之間有明顯的區分，嫁妝由每份 1 塔蘭特(talent)的兩個債權和 1 塔蘭特的房子組成。[195]在伊塞俄斯 2 中，邁乃克萊斯(Menecles)在同意解除他的婚姻之後，及時向他妻子的新丈夫移交她的嫁妝，並把她結婚時帶來的衣物和珠寶作為禮物贈送給她。[196]

通常情況下嫁妝的贈與是由婦女的家主來實施，同時家主也是操辦其婚姻的人。西元前 4 世紀的法律規定，步兵階層、騎士階層或五百麥鬥階層[197]的婦女結婚時都要由其家主提供一份嫁妝，如果父親死亡則由其兄弟為其提供嫁妝；如果沒有兄弟，她將成為女繼承人，那麼他父親的遺產將代替她的嫁妝。如果她屬於 thetic（傭工）階層，她父親的近親屬將有權娶她為妻，如果近親屬不願意娶她則要為她提供

---

[193] ἐγγύη 指伴隨著莊嚴許諾的一種「擔保品」（如嫁妝），一個雅典父親只有通過這種方式給他的女兒訂婚，才是合法的正式婚姻不可缺少的儀式和程式。參見 A. R. W. Harrison, *The Law of Athens: The Family and Property*, Oxford: Clarendon Press, 1968. pp. 3-8。
[194] 西元前 4 世紀的古希臘奴隸。
[195] A. R. W. Harrison, *The Law of Athens: The Family and Property*, Oxford: Clarendon Press, 1968, p. 47.
[196] Isaeus, *On the Estate of Menecles*, 2. 9.
[197] 梭倫按財富多寡把雅典居民劃分為四個等級，即第一等級為五百麥鬥階層，第二等級為騎士階層，第三等級為步兵階層，第四等級為傭工階層。參見 N. G. L.哈蒙德著，朱龍華譯：《希臘史——迄至西元前 322 年》，商務印書館 2016 年版，第 244-245 頁。

一份嫁妝把她嫁給別的男人。很顯然這種規定不是為了保護這個女孩的利益，而是為了確保這個家庭不被滅絕以及財產不被侵吞。有時一份嫁妝在訂婚時新郎和新娘的家主雙方取得一致意見，但當時未必交付，或者僅僅交付一部分。在婚姻存續期間，嫁妝是妻子的財產，但丈夫有絕對的處置權。在婚姻存續期間丈夫就是這筆嫁妝的監管人，當婚姻關係解除之時，雅典法律規定丈夫必須歸還嫁妝，且離婚時歸還嫁妝的原則與這對配偶誰先發起離婚無關，也與他們表現的行為無關，伊塞俄斯 3 和德摩斯梯尼 40 都提到類似的案例。例如法律要求一個和妻子離婚的男人，歸還其嫁妝或者支付嫁妝產生的利息。離婚歸還嫁妝的法律規定，毫無疑問是對婦女的一種保護。[198]再如一個貧窮的女孩嫁給一個富有的男人，這個女孩的地位將由其丈夫提供的一筆虛構的嫁妝來保護，如果該男人與其離婚他將會支付一筆罰金。[199]

關於斯巴達婦女的嫁妝，現有資料非常有限，但從多利安人的傳統習俗和《格爾蒂法典》可以推測，斯巴達的情況與格爾蒂大同小異，即婦女的嫁妝可以是金錢，也可以是金錢和土地，或者單單一塊土地也可以作為其結婚時的嫁妝。格爾蒂婦女的嫁妝就是她分得的財產份額，當她從父親那裡收到嫁妝（包括土地），她就沒有權利再索要財產；財產被分割以後，她得到了嫁妝的份額，不能再從兄弟那裡索取嫁妝。[200]亞里斯多德認為斯巴達盛行奩贈習俗，不利於男子的財產繼承，這也是斯巴達戶籍中軍籍衰減的主要原因。[201]很可能斯巴達和格爾蒂一樣，在女兒結婚時得到的財產份額，是作為一種財產「死前繼承」的形式。[202]

---

[198] Demosthenes, *Against Neaeram,* 59. 52.
[199] Isaeus, *On the Estate of Pyrrhus,* 3. 36.
[200] David M. Schaps, *Economic Rights of Women in Ancient Greece,* p. 86.
[201] Aristotle, *Politics*, 1270a.20-26, Translated by H. Rackham, M. A., Loeb Classical Library, Harvard University Press, 1959.
[202] S. Hodkinson, "Inheritance, Marriage and Demography: Perspectives upon the Success and Decline of Classical Sparta", in A. Powell (1989) *Classical Sparta: techniques behind her success*, Routledge, p. 82.

（三）財產繼承

在斯巴達，男人可以自由地把財產給予任何他願意給的人；而在格爾蒂，法律則禁止遺囑繼承發生改變。在雅典，梭倫成為執政官後，雖然規定雅典人有自由遺贈的權利，[203]但是只限制於符合條件的男性，如「任何沒有被收養的人，沒有婚生子的男性，或那些不在疾病、藥物或監禁的影響之下，不再受迫無奈之下，或不在妻子勸誘之下的人，都予以依意願遺贈個人財產。」[204]這些條款給現實中的遺囑受到挑戰留下了很大的空間，事實上法庭並不歡迎根據遺囑要求權利的訴訟。[205]可以想像受益人為女性的遺囑會被懷疑受了該女性的影響才確立的，當然這種情況並不罕見。雅典的遺囑大都屬於遺囑收養，一般都是收養男性作為養子，當然收養女孩的現象也時有發生。在雅典，指定某個女性是某人全部財產的繼承人非同尋常，為家庭的某個女性立一份遺囑更是非同尋常。[206]儘管法律規定一個男人只有在沒有婚生子的情況下才能訂立遺囑，[207]但事實並不完全如此。德摩斯梯尼的父親有婚生子，留下一份遺囑，其中他提供 80 穆納(mnai)的嫁妝給妻子，1 塔蘭特(talent)給女兒，70 穆納的收益歸他指定的三個監護人。[208]德摩斯梯尼在後來申請收回這份財產的訴訟中，沒有對他父親遺贈金錢的權利提出質疑。再如迪奧多圖斯(Diodotus)去了戰場，他留下一份遺囑給他的兄弟迪奧根頓(Diogeiton)，並命令他，「若我有不測，贈給我妻子 1 塔蘭特的嫁妝，然後把我房子裡的屬於她的東西給她，再拿 1 塔蘭特給我女兒作為嫁妝。」此外，他還給她妻子 20 穆納和 30 枚金幣。[209]這份遺囑似乎沒有受到任何質疑，雖然迪奧多圖斯有兩個婚生子。[210]在格爾蒂，丈夫仍可在不經其繼

---

[203] Plutarch, *Solon*, 21. 3-4; Aristotle. *Politics*, 35. 2.
[204] Aristotle. *Politics*, 1270a. 21.
[205] Isaeus, *On the Estate of Apollodorus*, 7. 9.
[206] David M. Schaps, *Economic Rights of Women in Ancient Greece,* p. 21.
[207] Demosthenes, *Against Stephanus*, 46. 24-5; Demosthenes, *Against Stephanus*, 45. 28.
[208] Demosthenes, *Against Aphobus*, 27. 5; Demosthenes, *Against Aphobus*, 29. 43.
[209] Lysias, *Against Diogeiton,* 32. 5-6. Translated by W. R. M. Lamb, M. A., Loeb Classical Library, Harvard University Press, 1967.
[210] Lysias, *Against Diogeiton,* 4.

承人的同意下留給妻子高達 100 枚金幣的財產。[211]很明顯，有子嗣的男人能夠遺贈大筆錢財給其他人，但他不能指定一個不是他兒子的繼承人繼承其財產，[212]斯巴達與此情況相同。

立一份排除兒子的遺囑，可能對女性有益，因為妻子和女兒一般被排除在無遺囑繼承之外，但是彌留之際的男人對於這些女性的安置卻非常在意。之前提到的帕西歐、迪奧多圖斯和德摩斯梯尼的父親的遺囑也是如此。雅典這類法律條款，可能採取嫁妝的形式，將財產給與丈夫，或是以遺贈的形式直接給予該女性。而迪奧多圖斯的遺囑，不是把嫁妝給一個準丈夫，而是命令遺囑執行人迪奧根頓這樣做；這樣一來，儘管事實是迪奧多圖斯沒有為她們選定丈夫，但他仍能確保這個女人的未來無憂，其中「房子裡」的物品是直接給他妻子的，當然也會隨著他妻子改嫁而到她的新丈夫那裡；另一方面，20 穆納和 30 枚金幣，在遺囑中直接給予其妻子，而無需經過迪奧根頓，也不依賴於其婚姻。[213]在這份遺囑中，不難發現雅典男性在自身亡故後為妻子、女兒所做的各種安排。

在希臘當一個父親沒有或不能立下遺囑時，或者當遺囑被法庭宣佈無效，其財產就會轉為無遺囑繼承。這些規定的具體細節依地區不同而不同，但其本質上大同小異。在雅典，一般家庭財產由兒子繼承；如果沒有兒子，則女兒成為女繼承人。當然伴隨條件是這筆財產最終由她的兒子來繼承；如果一個男人無子無女，則由立遺囑人的父系親屬來繼承：依次為兄弟（或兄弟的孩子），姐妹，叔伯，曾叔伯和曾姑母。如果沒有父系親屬，則依照母系親屬繼承：兄弟，姐妹等等。如果也無母系親屬，則由相對較近的父系親屬繼承——以此類推。在格爾蒂，如果一個男人有兒子，其女兒仍然可以參與繼承，雖然繼承份額不等份；此外，順序一樣，即兒子優先於女兒。在希臘其他地方的財產繼承順序一般為：依次是兒子，女兒，兄弟，即有兒子為繼承人時直接排除女兒的繼承權，雖無兒子但有女

---

[211] Lysias, *On the Property of Aristophanes: Against the Treasury,* 19. 39-40,
[212] David M. Schaps, *Economic Rights of Women in Ancient Greece,* p. 22.
[213] R. F. Willetts translated and edited, *The Law Code of Gortyn*, De Gruyter Press, 1967, pp. 18-20.

兒時死者的兄弟無權繼承。[214]還有一些地方當死者沒有子女時，死者的父系妹妹對地產就有繼承權。[215]

雖然格爾蒂婦女能夠合法繼承財產，一般情況下，男人都有權從其父親的財產中獲得繼承份額，只有那些沒有兄弟的婦女才有可能繼承父親的財產。某種程度上說，嫁妝是對婦女不能繼承財產所做出的一種補償。在格爾蒂，對於父親的遺產，女兒有權分得等同於兒子份額一半的財產，但市鎮住宅、鄉下房子裡的物品和牛等則必須由兒子繼承。而雅典婦女即便能夠繼承財產，其家主也會隨之成為這筆財產的監護人，家主有權處置並有責任管理該財產，而她本人卻不能。

第三節 雅典和斯巴達婦女的財產繼承

通常在古希臘家庭中，「所有合法子女每人有均等的一份祖傳遺產」，[216]但是「法律將繼承權首先歸於兄弟及父親一方的侄子，因為這是死者最近的親屬。如果沒有這些人，第二順位繼承人是父親的姐妹以及她們的子女。其次是父親一方的堂兄弟直到堂兄弟的子女繼承財產。再其次，法律將指定死者母親一方的親屬根據同樣規則作為財產的主人。」[217]一個男性成年公民自由處置其財產的權利要受制於兩個條件：第一，他在沒有合法出生的兒子的情況下才可以立遺囑；第二，如果他沒有兒子但是有女兒，通過遺囑本身轉移的就包括其女兒。他「必須同時安排她們。」[218]可見，一個合法出生的女兒，其本身不是一份財產的潛在接受者，而是遺產的一部分。雅典和斯巴達婦女的財產和繼承，可以從以下兩個方面瞭解：

一、公民婦女的無遺囑繼承

雅典婦女在其父親有兒子的情況下，除了其嫁妝，她是沒有財產繼承權的，

---

[214] 如在納烏派克圖斯(Naupactus)的碑文上記載的土地分割就有如此明確的規定。
[215] 例如在西元前 4 世紀早期的埃伊納島(Aegina)，即是這種情況。
[216] Isaeus, *On the Estate of Philoctemon*, 6. 25.
[217] Isaeus, *On the Estate of Hagnias*, 11. 1-2.
[218] Isaeus, *On the Estate of Pyrrhus*, 3. 68.

除非她是女繼承人。在繼承順序上，男性遠遠優先於女性，有男性繼承人存在，女性是沒有繼承權的。一般堂兄的孩子要比堂妹的孩子繼承順序優先。「堂兄的孩子」指父親堂兄的兒子。[219]關於死者無男性後代的繼承，既關係到父親一方的親屬，也關係到母親一方的親屬。不過，男性及男性的後代優先於女性及其後代。在雅典，轉讓財產一度受到嚴格限制，如西元前 4 世紀，當有合法兒子存在時是不能通過遺囑把財產轉移給別人的。土地的所有權是和這塊土地上房子的所有權在一起的，私人擁有土地的下面礦藏的所有權的歸屬問題，一直存在爭議。[220]早期可繼承的「財產」指祖先的土地份額和與祖產一起的日常用品，諸如房屋、農具和牲畜，以及最初可以代代傳承的物品。到了古典時期，財產繼承似乎已經包括所有家庭財產，動產和不動產，以及與家庭相關的債權債務。[221]雅典男人繼承的財產和他本人增加的財產之間會有區別，一旦無遺囑死亡發生，這種區分是有法律意義的。這兩類財產都是死者合法子嗣財產認領和繼承的組成部分，然而，無論是從習俗還是法規來說，一個自由人對於自己所繼承的財產和自己所增加的財產，他更有權通過遺囑處置自己所增加的那部分財產。

而對於繼承的債權、債務問題，債務是財產本身的首要負擔。但是一旦一個（或多個）繼承人被確定，如果他（他們，則按比例分配）繼承的遺產不足以償還債務，他（他們）將拿自己的財產來清償債務。在德摩斯梯尼 35 中，這裡起訴人安德勞克萊斯(Androkles)聲稱阿特蒙(Artemon)在船舶抵押貸款中欠一筆錢，阿特蒙已經死亡卻沒有償還債務，阿特蒙的兄弟拉克里托斯(Lakritos)，既沒有和安德勞克萊斯訂立合同也沒有直接作擔保，而安德勞克萊斯卻起訴作為阿特蒙繼承人的拉克里托斯。安德勞克萊斯駁斥拉克里托斯放棄遺產的特別聲明，事實證明拉

---

[219] Isaeus, *On the Estate of Aristarchus*, 10. 8, 10.
[220] A. R. W. Harrison, *The Law of Athens: The Family and Property*, Oxford: Clarendon Press, 1968, p. 202.
[221] A. R. W. Harrison, *The Law of Athens: The Family and Property*, Oxford: Clarendon Press, 1968, p. 124.

克里托斯將對阿特蒙的潛在債務負責,即使這筆財產不足以償債。[222]當這筆遺產有可能是破產而無力清償其債務時,有人認為實際上直系後代能夠拒絕這筆財產,如納烏西馬庫斯(Nausimachos)和色諾派提斯(Xenopeithes)起訴阿里斯塔克摩斯(Aristaichmos)的兒子,根據阿里斯塔克摩斯作為其兒子監護人所積攢的欠他們父親的債務,應該向他們償還這筆錢。也有人指出如果債務人的子嗣不能賣掉債務人的遺產而清償債務,那就應該宣佈放棄他們對遺產的繼承。[223]可見,如果潛在的繼承人放棄了繼承財產,那麼也必然意味著他們在法律上有權放棄他們父親的債務。還有一種觀點認為,直系後代包括養子,是無權拒絕繼承死者的遺產的,[224]無論這筆遺產是否包括債權或是債務。

在公共債務和私人債務之間,一般學者認為,兒子要對其亡父所欠城邦的債務負責,但這只是國家在照顧城邦本身的利益,不應該被視為推定的證據,即兒子也要對私人債務負責。[225]德摩斯梯尼演說辭中的一些章節表明,一般來說,兒子作為其父親的繼承人,對由其父親對抗城邦所招致的、未清償的處罰負有義務。因此,德摩斯梯尼告訴法庭,其監護人聲稱他的祖父是城邦債務人,且這筆債務仍未還清,試圖以此為他們處理德摩斯梯尼的父親遺產的行為開脫。另外一個例子,一個演說者假設城邦通常的做法是起訴一個三列槳艦長的兒子,這名已經死去的艦長被指控欠一艘三列槳艦船的設備款。[226]這裡可以看出,一個直系後代,當他也是一個債務人的繼承人時,他應該對債務人的公共債務承擔義務,且他不能通過棄權而規避這種債務;如果他們的父親死亡,則這筆債務傳給其孫子,債務人的兒子推定對這筆債務負責而不能棄權。此外,某種情況下該債務能夠通過債務人的一個女兒傳給其外孫。這種責任是專門針對公共

---

[222] Demosthenes, *Against Lacritus,* 35. 3 f.
[223] Demosthenes, *Against Nausimachus,* 38. 7.
[224] A. R. W. Harrison, *The Law of Athens: The Family and Property*, Oxford: Clarendon Press, 1968, p. 127.
[225] A. R. W. Harrison, *The Law of Athens: The Family and Property*, p. 127.
[226] Demosthenes, *Against Aphobus,* 28. ii. 1.

債務而規定的，它沒有延伸到私人債務，因此，死者的直系後裔可以通過不繼承遺產來規避對這些債務的責任。這種情況下，債權人將不能主張超出死者遺產數額的債權。然而，有一些證據表明，一個直系後代有時不能宣佈棄權，如德摩斯梯尼 46 中有一些法律條款規定，這些人有權制定遺囑，但是它排除養子繼承養父債權債務的義務，而對非養子的合法繼承人來說，他既不能放棄遺產繼承，也不能通過法庭程式提出索賠要求。[227]繼承一個男人的財產，也包括繼承其家庭宗教義務，參與聖禮是確認繼承關係的重要證明，這種繼承關係可能指家庭祭祀儀式和個人財產。而不履行家庭宗教義務的養子，法庭會剝奪其財產合法繼承人的身份。

二、公民婦女的遺囑繼承

　　無論遺囑繼承還是無遺囑繼承，一般財產繼承順序首先由合法的兒子繼承，所有兒子平等地分割財產。如果兒子先於其父親而死，那麼其繼承份額將在兒子的兒子中間平分。收養的兒子和在收養之後出生的親生兒子之間平等地分割財產。雖然父親在實際中可能會通過遺囑給予某個特別喜歡的兒子以某種特殊利益。正是由於沒有長子繼承制和限制一個父親在這方面的權力，才能一方面保存家庭使其不因缺乏後代而滅絕；另一方面也使所有兒子都能繼承祖產份額而得以維持生計。[228]無論是已婚還是未婚的兒子，都要平均分配繼承份額。當一個父親仍然在世時，無論兒子還是女兒都沒有繼承其財產的權利。

　　關於死者的長輩能否繼承其財產，這個話題存在爭議，但很有可能長輩被排除在繼承之外。在德摩斯梯尼 43 中，在死者的繼承人中間沒有提到其長輩能否繼承其財產，因為這部法律也沒有提到兒子和他們的後代。不過值得注意的是，這部法律處理的是無遺囑繼承的案例，它沒有提到兒子是因為根據嚴格的

---

[227] A. R. W. Harrison, *The Law of Athens: The Family and Property*, Oxford: Clarendon Press, 1968, p. 130.
[228] A. R. W. Harrison, *The Law of Athens: The Family and Property*, Oxford: Clarendon Press, 1968, p. 131.

法律條文，有兒子的情況下是不能立遺囑的。然而一個父親仍然在世的男人如果能夠通過遺囑把自己的財產遺贈給他的父親，無論何時按規定的繼承順序在這部法律中應該會被提到。既然一個父親讓兒子給自己養老的要求是被法律承認的，那麼如果他的兒子先於他死亡，他索求兒子的財產也應該被法律認可。但是從這種論斷中得來的邏輯推理是，一個男人不僅在有兒子存在時，而且在其父親存在時，他不能訂立遺囑處理自己的財產，但實際上雅典法律中似乎沒有這種規定。[229]除了死者的長輩和後代，還有關於旁系親屬的繼承，這一類親屬也有權繼承死者的遺產，他們與死者的關係，要麼是其父系一方的親屬，要麼是其母系一方的親屬，下傳至堂兄或表兄的兒子，或者也可能是下傳至第二代堂兄或表兄的後代。一個男人的繼承人可以是他父系的叔伯乃至其母系的舅舅，卻不包括他的父親，這種繼承順序看似是不合理的，卻很可能是無可辯駁的事實。這種情況很有可能是，一個家庭當父親在世時，家庭聖火便不可分，家庭財產亦不可分，因此，一個男人只有當其父親去世後他才能繼承財產，而當他去世時他的父親早已不在人世，故其處理財產需要立下遺囑時不必考慮父親。

　　由於資料的匱乏，我們對於斯巴達婦女的財產和繼承情況知之甚少。在遺產繼承上，斯巴達婦女可以直接繼承父親的財產，父親可以憑自己意願分配遺產給子女。通常的推測認為斯巴達婦女在有兄弟的情況下無權繼承父母的財產，但事實並非如此。一個斯巴達公民家庭的女兒很可能通過由雙方家庭安排的婚姻協定，得到一大筆父母的財產，即使她有兄弟，並不影響她對這筆財產的佔有或繼承。[230]布倫戴爾(Sue Blundell)指出，斯巴達公民的女兒如果沒有親生兄弟或收養的兄弟，她將完全繼承父親的財產，包括所有動產和不動產；如果她有兄弟，她也能繼承一份財產——份額也許是其兄弟份額的一半，就如格爾蒂婦女一樣。[231]

---

[229] A. R. W. Harrison, *The Law of Athens: The Family and Property*, Oxford: Clarendon Press, 1968, p. 139.

[230] Stephen Hodkinson, "Land Tenure and Inheritance in Classical Sparta", *The Classical Quarterly*, Vol. 36, No. 2(1986), p. 403.

[231] Sue Blundell, *Women in Ancient Greece,* Harvard University Press, 1995, pp. 155-156.

第二章 雅典和斯巴達婦女的家庭財產權利

第一節 古希臘父權制和家庭祭祀的繼承權

一、古希臘的父權制

古希臘的核心家庭一般包含父親、母親、子女和奴隸,但家庭主權並非歸父親,而是家內宗教。希臘人將灶火的主人稱作「灶主」('εστία δέποινα),對於這種家神的信仰才是人們心中無可置疑的權威,這也是家庭中固定的秩序。[1]在希臘宗教中,家庭聖火(簡稱家火)乃神聖之物,人們感恩家火的庇佑,向家火祈求健康、財富等。[2]從軍的將士回家第一件事就是祭拜家火,感謝神明保佑自己平安歸來。如從特洛伊(Troy)歸來的阿伽門農(Agamemnon)一到家中就向家庭聖火獻上供品以示謝意。[3]家火及對祖先的祭祀傳男不傳女,未婚少女可作為父親的助手參與祭禮,成年女性只有通過正式婚禮才有資格協助丈夫參與家庭祭祀。[4]同一個人不能祭祀兩個家庭的聖火或兩個家族的祖先,因此一個少女成為新娘之前,要先舉行拜別家火的儀式。儀式結束新娘就不再受父親家神的保佑。當新娘通過婚禮遊行等一系列程式進入新郎家時,會被手持火把的婆婆正式帶到新郎家住宅中心的祭壇旁,這時還會舉行一些

---

[1] 法·古朗士:《古代城市——希臘羅馬宗教、法律及制度研究》,吳曉群譯,上海世紀出版集團 2006 年版,第 114 頁。
[2] 庫朗熱(Fustel de Coulanges),《古代城邦——古希臘羅馬祭祀、權利和政制研究》,譚立鑄等譯,華東師範大學出版社 2006 年版,第 16 頁。
[3] Aeschylus, *Agamemnon*, 851-853, Translated by Herbert Weir Smyth, PH. D., Loeb Classical Library, Harvard University Press, 1922.
[4] 庫朗熱(Fustel de Coulanges):《古代城邦——古希臘羅馬祭祀、權利和政制研究》,第 32 頁。

程式性的儀式[5]，以期促進豐產、增加財富，使新婚夫婦早日生兒育女。[6]新郎新娘在灶台祭壇前完成儀式，意味著新娘被丈夫家庭所接納，從此成為丈夫家庭的一員，此時所有參加婚禮宴會的家族成員都是婚姻形成的見證者，也是合法妻子的見證人。這種情況下，他們所生的孩子才是家庭的合法繼承人。

父親是家內聖火的祭司，在家庭所有宗教活動中，父親的職務是最高的，他屠宰犧牲、誦讀禱文、主持家內各種宗教儀式。家庭和祭祀通過父親而永存不滅，他上承祖先，下啟子孫，他死亡後也就成為後代家祭中的祖先神。在家庭宗教活動中，妻子可以參加宗教活動，但她需要一個祭司，正如在世俗生活中，她需要一個監護人一樣。丈夫對於妻子的權威，以及父親對於兒子的權威，其原則和條件皆源於家內祭祀。未經正式婚禮，未在家庭祭祀中結合，夫妻關係便不成立。婚禮使妻子服從丈夫，亦使妻子體面和尊貴；只要父親在世，家庭聖火便不可分，家庭財產亦不可分，兒子必須圍繞在父親的家火前，服從父親的權威。非婚生子與其父之間未經家火前的宗教祭祀洗禮，不存在父子關係，可見親子關係本身並不能證明父子關係。

父親作為家庭宗教的最高首領，肩負家庭祭祀永存不滅的責任，由此衍生出一系列權利。歸納起來體現在以下幾個方面：

第一，承認初生子之權。兒子若未與家庭宗教發生關係，則與其父無干。新生兒在其出生的第 10 天前後要舉行一個向家庭女灶神赫斯提亞(Hestia)獻祭的「十日禮」(Amphidromies)，該儀式一是給嬰兒命名，二是讓家庭的親友看到孩子。[7]向灶神獻祭的爐灶和祭台，位於房屋正中央；固定在土地上的圓形灶，彷彿是房屋紮根

---

[5] 這些儀式如賓客們會向新郎和新娘的頭頂拋撒各種象徵著繁榮的堅果和乾果；此外還要挑選一個父母都健在的男孩，扛著一個裝滿麵包、有刺的果實或橡果的籃子，在賓客中間走來走去地分發麵包，同時說一些儀式性的套語，如「我擺脫了壞的，我找到了更好的」——橡子和麵包象徵著從天然食物到馴化食物的轉變，並暗示了農業和婚姻在從野蠻到文明的過程中所扮演的雙重角色。參見 Sue Blundell, *Women in Ancient Greece,* Harvard University Press, 1995, p. 123。

[6] 簡・艾倫・赫麗生：《希臘宗教研究導論》，謝世堅譯，廣西師範大學出版社 2006 年版，第 488-489 頁。

[7] Macdowell, D. M., *The Law in Classical Athens,* London, 1978, p. 91; 安德列・比爾基埃、克莉絲蒂娜・克拉比什—朱伯爾等主編：《家庭史》，第一卷《遙遠的世界；古老的世界》上冊，三聯書店出版社 1998 年，第 247-248 頁。

于大地的臍帶。點燃灶火，預示著家庭中的婦女將會懷孕和生育。[8]在一些把新生兒比作父親灶中燒焦的木柴的神話[9]中，孩子被認為來自照管灶火的貞女懷中跳動的火星。德摩斯梯尼演說辭提到，「任何人都不會為一個他並不視為自己的合法子女的孩子作十日禮」。[10]十日禮是一種宗教慶祝活動，不是法律要求，但父親的承認對孩子至關重要，意味著孩子出生來到父親的世界中，這是法律意義上的誕生，因為希臘時期從父親承認親子關係開始法律才認可親子關係。[11]因此，一個新生兒只有先被家庭承認和接納，才能被城邦承認和接納，而成為父親所在的胞族成員是獲得雅典完全公民身份的步驟之一，[12]在此過程中，位於家庭房屋中心的灶台，成為一個關鍵場所，也是一個人成為城邦未來公民的最先被見證的重要地點。

第二，為妻子及其子女指定監護人的權利。德摩斯梯尼的關於離婚案件的演說辭裡有個男人，他為了娶一位女繼承人而與自己的妻子離婚，同時給前妻找到一個新丈夫。[13]通常一個婦女是由其父親或兄弟為其挑選新丈夫，但有時這名婦女的現任丈夫在尋找其繼任者方面同樣扮演著重要角色。[14]在帕西歐(Pasio)的遺囑中：「我把我的妻子阿基珀(Archippe)給佛米歐(Phormio)，在派帕萊圖斯(Peparethus)有人欠

---

[8] 讓-皮埃爾・韋爾南：《希臘人的神話和思想——歷史心理分析研究》，黃豔紅譯，中國人民大學出版社，2007 年版。第 186 頁。

[9] 卡呂冬國的王后阿勒泰亞生下小王子墨勒阿格羅斯時，命運三女神預言：「你兒子生命將如爐子裡的木柴一樣，直到這塊木柴燒完為止。」王后連忙把木柴從火中抽出來用水澆滅，然後小心翼翼地藏在一個盒子裡。許多年過去了，王子長大成人，在狩獵時殺死了自己的兩個舅舅，王后在憤怒中兄弟的情誼戰勝了母愛，她拿出那根木柴扔入爐灶，隨著木頭慢慢燃盡，墨勒阿格羅斯的生命之火也逐漸熄滅。王后得知兒子死去的消息，看著木柴成為灰燼，遂自刎身亡。參閱古斯塔夫・施瓦布：《希臘古典神話》，曹乃雲譯，譯林出版社 1995 年版，第 98-101 頁。

[10] Demosthenes, *Against Boeotus,* 40, 1. 22, Translated by A. T. Murray, Loeb Classical Library, Harvard University Press, 1939.

[11] 安德列・比爾基埃、克莉絲蒂娜・克拉比什—朱伯爾等主編：《家庭史》，第一卷《遙遠的世界・古老的世界》上冊，三聯書店出版社 1998 年，第 248-251 頁。

[12] 薩拉・B.波默羅伊、斯坦利・M.伯斯坦等著：《古希臘政治、社會和文化史》，傅潔瑩、龔萍等譯，上海三聯書店 2010 年，第 254 頁。

[13] Demosthenes, *Against Aphobus,* 27. 4-6. Translated by A. T. Murray, Loeb Classical Library, 1939

[14] Wesley E. Thompson, "Athenian Marriage Patterns: Remarriage", *California Studies in Classical Antiquity,* Vol. 5(1972), p. 224.

我 1 塔蘭特，我把這 1 塔蘭特作為其嫁妝，另外有價值 100 穆納的公共住宅、女僕、珠寶以及她在我房子裡擁有的所有東西，全部贈給阿基珀。」[15]在古典時期法庭演說辭中有很多類似的案例，如某位丈夫在出征或臨終前會為妻子做一些非常周到的安排，或為妻子尋找新的丈夫，[16]或贈與妻子一筆再婚的嫁妝。

第三，休妻的權利。一般丈夫休妻無需理由，而只隨丈夫的意願發生，休逐自己的妻子，只需返還嫁妝。最有可能導致休妻的兩種情況是，當妻子不能生育時，丈夫可休掉妻子，家庭不可因沒有子嗣而中斷；當妻子與他人通姦時，亦須休妻，因為家庭及後代的血統應該是純正的。德摩斯梯尼的演說辭還提到對通姦後果的規定，即丈夫不能繼續和通姦的妻子一起生活，否則他將失去公民權；被通姦的婦女將不能參加公共獻祭。[17]

第四，嫁女的權利。也即將女兒的監護權轉讓給他人的權利。在古代雅典，婚姻一般是父親及其女兒的未來丈夫之間的交易，它的主要目的是傳播社會身份和地位，維持以親屬為基礎的社會網路的延續，並通過生育子女來提供繼承人。[18]雅典男女公民之間通過契約形式產生的合法婚姻叫 *engue* （訂婚之意），意即父親把女兒和她的那份財產交到未來女婿的手中。[19]米南德戲劇《割髮》中所描述的：

> 派特科斯(Pataecus)：你說的非常好，現在你聽聽我想說什麼。我現在把女兒交給你，讓你和她生育合法的子女。
>
> 波勒蒙(Polemon)：我接受。
>
> 派特科斯：還有三塔蘭特和嫁妝。
>
> 波勒蒙：你太慷慨了！[20]

在訂婚儀式中，父親將女兒的監護權轉移到了女婿手中。德摩斯梯尼的演說辭

---

[15] Demosthenes, *Against Stephanus,* 45. 28.

[16] Demosthenes, *Against Aphobus,* 27. 5, *Against Stephanus,* 45. 28.

[17] Demosthenes. *Against Neaera,* 59. 87. Demosthenes, Translated by N. W. De Witt and N. J. De Witt, Loeb Classical Library, Harvard University Press, 1949.

[18] Thomas K. Hubbard, *A Companion to Greek and Roman Sexualities,* Wiley Blackwell, 2014, p. 70.

[19] A. R. W. Harrison, *The Law of Athens：The Family and Property,* Oxford Clarendon Press, 1968, pp.3-8.

[20] Menander, *Perkeromene,* 1010-1015, Translated by Francis G. Allinson, Loeb Classical Library, Harvard University Press, 1921.

中提到，如果一個婦女是由父親、兄弟、父親的同胞兄弟或其祖父經過訂婚儀式所婚配，她所生的孩子是合法的，他們便是合法的繼承人。[21]

第五，既然父親肩負家庭和宗教祭祀不滅的責任，那麼除了上述權利，他最重要的權利就是為兒子婚配的權利，因為兒子的婚姻與家庭的永續有關。還有出繼兒子的權利，即將某個兒子排除在家庭及祭祀之外。柏拉圖的《法律篇》提到：「財產所有人始終應該從他的孩子中選出一個繼承人去繼承他的財產，這個兒子將繼承他並給家庭和國家的祖先以應有的崇拜，至於其他孩子，如果不止一個，那麼家主應該依照規定把女孩嫁出去，把男性孩子送給那些沒有自己孩子的公民當養子。」[22]如果沒有兒子，父親還有收養一個養子的權利，即將某一個陌生人引入家內祭祀，以延續家庭和祭祀。

古希臘的家庭財產權並非屬於父親一人，而是整個家庭所有，柏拉圖和古代立法家都曾指出，財產從根本上是屬於祖先和後代的。家庭財產不可分割，全由父親掌管，妻子及其子女都無權參與其中。兒子在家中地位與母親一樣，也沒有任何屬於自己的東西，他的勞動成果、買賣所得收益都歸整個家庭所有，父親可以買賣子女，子女被視為家庭財產的一部分。妻子、兒子以及奴隸是沒有完全意義上屬於自己的財產的，因此婦女與兒子既不能作原告，也不能作被告，既不能作起訴人也不能作被告人和證人。整個家庭只有父親才能代表家庭整體利益或者家庭成員出現在法庭上。

二、家庭祭祀的繼承權

一個家庭的聖火不能熄滅，家族墓地不能離棄，家內祭祀也不能滅絕。誰繼承家庭財產，誰就要承擔祭祀祖先神靈的責任。一個雅典人在一樁遺產案中為自己辯護時，請求法官考慮一下，究竟是演說者本人還是他的對手應該繼承菲洛克特

---

[21] Demosthenes, *Against Stephanus*, II. 18.
[22] 柏拉圖：《法律篇》第二版，張智仁、何勤華譯，商務印書館 2016 年版，第 150 頁。

蒙(Philoctemon)的遺產，並在墓地為他舉行祭禮。[23]家內宗教祭祀如家庭財產一樣，也是在男性子孫中傳承。父親無需立下遺囑，兒子就是其遺產的天然的全權繼承者，家庭產業（包括債務）和祭祀的延續對兒子而言是一種義務，他不存在接受與否的問題。

（一）男性繼承權和長子繼承權

既然家內祭祀的主持權只在男性中傳遞，那麼對財產繼承的要求也是隨祭祀而定。女兒沒有資格延續父親的宗教，在她出嫁時拜別父親家火的那一刻也就意味著拋棄了父親的家內宗教，因此她無權繼承財產。德摩斯梯尼和呂西阿斯演說辭中經常提到女兒不能繼承父親的財產。[24]呂西阿斯演說辭 XVI 中演說者有兩個姐妹，而他給她們 30*minae*（穆納，古希臘等地的貨幣單位和重量單位）以充嫁資。家內宗教禁止女兒享有繼承父親遺產的天然權利，不過如果死者留下一兒一女，雖然法律規定遺產由兒子獨自繼承，但他須為其姐妹準備嫁妝；如果他們並非一母所生，則兒子可選擇要麼娶其姐妹為妻，要麼為她準備嫁妝。[25]法律並不允許同母異父的兄妹結合，也不允許女子嫁給已從父家出繼的兒子。如果死者只有一個女兒，那麼她會成為女繼承人。若此女子已經結婚，那她就要與丈夫離婚而與父親血緣最近的親屬結婚，該近親屬本人如果也已婚，這種情況下他也必須離婚以便能娶女繼承人。[26]

古代宗教在長子與其他兄弟之間有所區分，長子在父親死後有權主持一切家內祭祀，並向祖先供奉祭品。誦讀禱文的權利也屬於家庭最早降生的兒子。長子因此成為家庭宗教的首領，由此便產生一條法律，長子獨自繼承遺產。斯巴達的長子繼承權，保存的比其他希臘城邦都要長久，斯巴達人的長子完全繼承遺產，次子及以下諸子無權繼承。[27]每個家庭都有自己的宗教、神靈和祭司，也都有各

---

[23] Isaeus, *On the Estate of Philoctemon*, VI. 51.
[24] Demosthenes, *Against Boeotus*; Isaeus, *On the Estate of Aristarchus*, X. 4; Lysias, *In Defence of Mantitheus at His Scrutiny*, XVI. 10.
[25] Demosthenes, *Against Eubulides*, 21; Isaeus, *On the Estate of Aristarchus*, X. 4.
[26] Isaeus, *On the Estate of Pyrrhus*, 64; *On the Estate of Aristarchus*, 5; Demosthenes, *Against Eubulides*, 41.
[27] 法·古朗士：《古代城市——希臘羅馬宗教、法律及制度研究》，第 111 頁。

自的財產,即與家庭合而為一的一塊份地,家內宗教不允其分割。界石之神守衛著份地的四周,祖先的靈魂則眷顧著這塊土地。各家田產的獨立是十分必要的,兩塊份地不能相連,其間必須隔著一道土坎,作為雙方不可侵犯的中間地帶。城邦要嚴格保證份地的數量不變,只有實行長子繼承制才能排除在兄弟間分割地產的可能性,從而確保家庭的數量不得改變。古典時期的雅典仍然存在「長子特權」,即在分家時,長子除了他的份額外還獨得父親的住宅,因為父親的住宅內保留著歷代相傳的家火。長子獨自擁有父親傳下來的家火以及祖先的墳墓,而其餘兄弟則離家另起新火。也只有長子才能保留父姓。[28]幼弟可以過繼給另一個家庭,或是娶一個女繼承人,甚至前往殖民城邦重新為自己掙一分產業。

(二) 同輩繼承

一個家庭如果沒有合法繼承人,家庭祭祀和祖傳遺產會轉移給他的男系最近親屬,即兄弟及兄弟的後代。如果沒有最近的親屬,遺產可能重新收歸城邦。不存在妻子繼承丈夫財產的情況。母親的財產歸於她的兒子,沒有兒子的婦女,其嫁妝回歸其娘家。古希臘家庭內父系親屬之間為親屬關係,他們有著共同的祭祀儀式,共同的家火以及共同的祖先。同母所生不為親戚,宗教不容許以母系親屬來延續親戚關係,因此兩姐妹或兩兄妹的孩子,他們之間並無親戚關係,因為他們既不屬於同一個家庭也不屬於同一個家內宗教。這種宗教原則規定了財產繼承順序:如果某人的子女死在他之前,僅留下了孫輩,那麼他死後其遺產應是由他兒子的兒子來繼承,而非由她女兒的兒子來繼承。若無後代者,則以其兄弟為繼承人,而非姐妹;或以兄弟之子,而非姐妹之子為繼承人。若無兄弟、侄子的,就必須上溯到死者的男性祖先那裡,直到找到該家庭的旁支為止,然後再從該旁支中的男性成員往下數,直至現在還活著的那一人,便是死者的繼承人了。雅典法律中提到:「如果某人死後無子,則其繼承人就是死者的兄弟,只要證明他與死者是血親弟兄就行;若無血親弟兄,則由其弟兄之子繼承。因為繼承權永歸男子及男子的後代。」[29]

---

[28] Demosthenes, *Against Boeotus*.
[29] Demosthenes, *Against Macartatus*; *Against Leochares*; Isaeus, *On the Estate of Apollodorus*, 20.

（三）收養繼承

收養是供養一個從他原來的家轉到收養人的家的男孩，這帶來兩種後果：1.被收養人獲得了相當於合法子嗣的地位，同時與原來的家庭斷絕聯繫，並喪失繼承權；2.收養人死後，被收養人不能離開收養人的家而回歸到自己原來的家，除非他在收養人家中留下一個合法的兒子。實際上，如果收養人死後沒有留下合法的後代，被收養人的財產會轉歸收養人的親屬。收養會使一個人的祭祀對象發生變化，被收養者先脫離生父的家內祭祀，然後進入另一個家庭的宗教之中。被收養者被排除在父親的祭禮之外，他也就失去了繼承生父遺產的權利。被收養者加入收養者的家庭祭祀活動中，成為該家庭的養子，他將繼續此祭祀，也將繼承其產業。被收養者不能同時繼承養父和生父家庭的財產，除非他被收養的家庭拋棄才能夠重回原來的家庭。他只有在兩種情況之下才可以脫離收養他的家庭：一是他放棄養父家庭的繼承權；二是脫離養父家庭的宗教；為使收養他的目的不至於因其棄權而中止，他必須為該家庭留下一個兒子以代替他。但他與其子之間不再有繼承關係。[30]

（四）家庭男性的無遺囑繼承

家庭祭祀是在家內宗教中一代一代世襲的，而且家內宗教和財產不屬於個人，屬於整個家庭，個人並非因其勞作而得此財產，而是經由家內祭祀而獲得。財產與家庭密不可分，它由死者傳給生者，不以死者意願來決定，而是由宗教所創立的家庭組織原則而定，因此，立遺囑是與家內宗教原則相悖的。梭倫時代之前沒人能立遺囑，死者的全部財產必須留給自己的家族，但梭倫卻允許那些沒有兒女的人以遺囑的形式把財產給予自己最屬意的人。[31]柏拉圖在其《法律篇》中假設一個垂死的人想要立遺囑，他大叫，「神啊，如果我不被允許把我的財產給予我喜歡或不喜歡的人，那是一件多麼可怕的事情！當我生病、年老或者我有其他各種不幸的時候，他們對我是好還是壞都表現的淋漓盡致，非常容易鑒別。」立法家回答說，「你只是世間的

---

[30] Isaeus, *On the Estate of Aristarchus*.

[31] Plutarch, *Solon*, 21. 2.

一個過客而已，你既不是財產的主人，也不是你自己的主人。你和你的財產以及所有的這些東西都是屬於你的家庭的，也就是屬於你的祖先和你的後人的。我的立法是出於對你的家庭和整個國家的好意，把個人利益放到第二位，因為這是唯一正確的做法。當你死後，我們會照料你身後的事務，以最大的關注來保衛你的利益，包括那些最細小的事情。」[32]

在斯巴達，很長一個時期都是禁止立遺囑的，或從無遺囑制度，只是在伯羅奔尼薩戰爭後才允許立遺囑的。

第二節　雅典婦女的家庭財產權利

在古典時期的雅典社會，家庭血統的延續依靠兒子，一對夫妻至少要有一個兒子來繼承家庭份地和祖先祭祀儀式。如果沒有兒子將面臨家庭的滅絕。所以城邦制定一些法律確保個體家庭的存在和延續。[33]如梭倫有關性別和婚姻的法律，女繼承人制度和收養制度，以及遺囑法[34]對財產分割和繼承的規定，其目的既是為了對家庭進行合理保護和管制，使單個家庭得到有序經營和傳承，這樣才會不斷產生新的公民以充實城邦人口；同時也是為了避免財富和權力過多落入少數統治家族手中，造成公民家庭的數目減少，從而擾亂城邦發展計畫。家庭是城邦的基本組成單位，家庭成員的利益往往牽涉到基於家庭血親和姻親的近親屬關係網。家庭矛盾一般產生於財產的分配和繼承，家庭內部以及家族之間有關財產的紛爭也是城邦社會不穩定的重要因素。雅典婦女雖然擁有公民身份，但在法律領域，雅典女性被視為沒有能力決定自己事務的人，她們終其一生都在男性監護人的監護之下。那麼，雅典對

---

[32] Plato, *Laws*, XI.譯本參考柏拉圖：《法律篇》第二版，張智仁、何勤華譯，商務印書館 2016 年版，第 359-360 頁。
[33] Mary Harlow and Ray Laurence edited, *A Cultural History of Childhood and Family in Antiquity*, Volume 1, Oxford Berg Press, 2010, p. 14.
[34] 梭倫規定無子女者可按自己意願將遺產遺贈給他人——此前這類人死後其遺產自動轉給近親屬。參見 Plutarch, *Solon*, 21. 2.

婦女財產權又是如何規定的？婦女對家庭的哪些財產擁有使用權和管理權，又對哪些財產擁有所有權和處置權？

一、房屋

柏拉圖在描述一個 oikos 的組織和家庭內的男女分工時，他指出神從一開始就使女人的性情適宜於室內工作，而使男人的性情適宜於室外的工作，色諾芬借伊斯霍馬科斯(Ischomachos)之口對他的妻子說：

> ……人類不能像獸類那樣生活在露天地裡，而顯然需要一個遮風避雨的房屋。然而，人們如果想要取得生活必需品以充實它們的住所，就得有人去從事露天的工作；因為耕耘、播種、栽植、放牧都是這種露天的工作，而這種工作提供人類所必需的食物。而且，這些東西一旦存入住所之後，就得有人保管它，並做一些必須在室內做的事情。哺育嬰兒需要有房屋，把穀物製成麵包需要有房屋，用毛布縫製衣服也同樣需要有房屋。[35]

在這個實例中，「房屋」這個詞是 stegai，它在這段話中反覆出現，表示有保護的、有屋頂的地方，既有保護弱者（婦孺老幼）並給他們安全感的「家」的象徵性作用，同時也有把來自鄉村的農產品被保存、加工和儲存起來的房屋的功能性作用。隨著古典時期雅典經濟的發展，各種手工作坊的興起和繁榮，對住房的需求可能變得更加強烈，在商業和各種金融活動的刺激下，房屋也參與了資金交易。房子作為一個公民 oikos 的核心，有時甚至比土地財產更重要。伊塞俄斯的一段話明確地表明這種現象：一位監護人迪凱奧奇斯(Dikaiogenes)賣掉了他所監護的孤兒的祖傳房屋，陪審員們認為這是他所能犯下的最惡劣的行為。[36]

房屋在古希臘人心目中意義重大，比如誘姦罪在習慣上比強姦罪判決更為嚴厲，因為強姦僅僅是屈服於一次突然的性欲，而誘姦則是誘姦者得到了這個妻子的信任，

---

[35] Xenophon, *Oeconomicus*, 7. 19-21.
[36] Isaeus, *On the Estate of Dicaeogenes*, 5. 11.

誘姦者可借此信任進入「整個房子」，從而侵佔這個丈夫的儲藏物和財產，也會導致這個妻子所生孩子的父親身份的混淆。[37]當家庭財富的完整性與一個妻子對其丈夫的忠誠度緊密聯繫在一起時，婦女的財產權利就以各種各樣的方式被限制。如在雅典的一些家庭中，食品貯藏室一般是鎖著的，婦女可以管理穀物、油、酒等一些東西，但不能私自偷拿，因為男人隨身攜帶鑰匙。[38]新的家庭一旦組成，妻子就被期望生養子女、生產紡織物並照管丈夫的財產。只有當她生下孩子之後，才能得到丈夫的信任從而擁有更多管理家務的權力。生養孩子與婦女的家庭權利聯繫起來並不是偶然的，在一個以男性世系計算血統的社會，最重要的是生下一個男性繼承人，而這個繼承人血緣上必須是其父親的親生兒子。這種對繼承人血統合法性的焦慮，以不同形式在希臘文獻中反覆出現，也表現在某種觀念上——即一個不忠誠的妻子，必須交出家庭儲藏室的鑰匙。按照亞里斯多德的說法，每一筆財產都是謀生所用的一件工具，家庭財產就是所有工具的總和，那麼財產在作為「工具」的意義上，被誰所用也就等於被誰所有。[39]但實際上並不如此，如上面所說的房屋財產，我們不能因為一個婦女居住在一所房子裡，對這個房子有使用權，而認為她們對房子就有所有權。亞里斯多德所謂「財產作為工具被誰使用就為誰所有」的說法是針對家庭的家主而言，而婦女無論如何不可能成為一個家庭的家主，所以，她們即便能夠使用房屋，也不能算是對房屋擁有所有權。

二、奴隸

奴隸自始至終是古希臘人社會生活的一部分，奴隸制的盛行使得普通家庭畜養奴隸也很常見。與妻子和小孩一樣，奴隸也屬於家庭財產的一部分並且聽命於一家之長的權威。奴隸被認為是物品，因此他們可以被雇傭和買賣。有些窮苦的家庭只

---

[37] Deborah Lyons, "Dangerous Gifts: Ideologies of Marriage and Exchange in Ancient Greece", *Classical Antiquity*, Vol. 22, No. 1(2003), p. 103.
[38] David M. Schaps, *Economic Rights of Women in Ancient Greece*, p. 15.
[39] 此處參考亞裡斯多德：《政治學》，吳壽彭譯，商務印書館 2017 年版，第 13 頁；Aristotle. *Politics*, 1254a, 8-10.

能依靠家庭成員自己的勞動過活，但大部分家庭都有一兩名女奴，她們承擔了大部分家務勞動。[40]雅典婦女對奴隸有管理權和使用權，有時也有處置權。雅典婦女對奴隸的處置需要經過丈夫的同意，一個雅典婦女的私人侍從可能要陪伴其一生。擁有大量嫁妝的婦女，在私人侍從問題上仍要受制於其丈夫。在有愛奧尼亞(Ionian)傳統的雅典，家庭奴隸在法律上附屬於這個家庭和家庭的家主，而不是他們所服務的女主人。奴隸可以由雅典公民將其釋放，如「哲學家斐多曾是一名奴隸妓女，在蘇格拉底的勸說下，阿西比德(Alsibiades)或克力同(Crito)帶著其他朋友們一起購買了她的自由。」[41]對於家庭奴隸，無疑只有家主才有權利將其釋放，因為一個家庭父親作為家主的權威，使得婦女無權單獨釋放奴隸，除非她的貼身女僕是作為嫁妝的一部分，從娘家帶到夫家，那麼她也許可以單獨給予其自由。

奴隸可以被以某種方式釋放，一般涉及主人的私人行為，被釋放的奴隸獲得自由但沒有公民權。如果他選擇留在他原來的城邦，他就被置於雅典的外邦人或定居的外來人之列。對於被釋放的家庭奴隸需要承擔何種責任和義務，被釋奴與他們的前主人是否仍然保持某種聯繫，我們不得而知。但釋放行為很可能包含著條款，責成被釋放的奴隸為他原來的主人做某些特定的工作。德摩斯梯尼的奴隸米利阿斯(Milias)，是德摩斯梯尼的父親在臨死前通過口頭遺囑的形式釋放的。但是，這種口頭遺囑的效力大大低於書面遺囑，所以，德摩斯梯尼在證明米利阿斯的自由時，不得不讓自身本無權上法庭作證的母親和家內女奴出庭，以佐證他的言論的真實性。[42]在希臘，釋放奴隸有兩種方式，世俗的和宗教的，選擇哪一種，大概取決於地區。世俗的解放通過公告和登記完成（通常由奴隸向他的主人支付款項）。宗教的解放又有兩種從屬形式，一種形式如多伊洛斯(Doilos)將他的奴隸安德里克斯(Andrikos)獻給眾神之王宙斯和特洛豐尼烏斯(Trophonios)，但不能立刻生效，安德里克斯還須做奴隸服侍多伊洛斯的母親十年。[43]另外一種形式是前主人並非將奴隸奉獻給神明，而是

---

[40] Sarah B. Pomeroy, *Families in Classical and Hellenistic Greece,* Clarendon Press, 1997, p. 21.
[41] 第歐根尼·拉爾修：《名哲言行錄》，徐開來、溥林譯，廣西師範大學出版社 2010 年，第 114 頁。
[42] 李芸：《古希臘被釋奴與城邦社會關係研究》，魯東大學學術碩士 2023 年學位論文，第 17 頁。
[43] 加加林、科恩編：《劍橋古希臘法律指南》，鄒麗、葉友珍等譯，華東師範大學出版社 2017 年

「賣」給神明，買價不是由神明而是由奴隸自己來支付，他同時買回自己的自由。只是奴隸被釋放後地位極不穩定，再次淪為奴隸的可能性很大。

三、土地

雅典民主政治中的捐助制度和陶片放逐法都反映了土地私有制的存在。成為捐助者的必要條件就是在雅典擁有土地和房產，同時還是有合法子女的公民，而且年齡不超過五十歲才能任命為三層槳戰艦的捐助者。當一個雅典公民遭陶片放逐法放逐時，他必須離開雅典及其盟邦，到其他城邦居住十年，這期間他仍然是自己土地的所有者，並擁有其收穫。梭倫的遺囑法使得個人獲得了對他自己財產的所有權。[44] 梭倫制定的財產等級制度與土地私有制也是密不可分的。等級劃分的標準是以個人佔有的土地上收穫物的數量為基礎，等級越低政治權利也越少。也即個人的社會政治地位取決於他的田產。既然如此，公民不會輕易放棄自己的土地，這實際上禁止了土地的買賣。一個公民會因此儘量避免出賣田產，甚至在家庭財產繼承中儘量不使土地財產遭到分割而變少。雅典婦女沒有真正屬於自己的財產（包括金錢），由於土地和房屋作為家庭經濟最重要的不動產，是由家庭男性繼承人繼承，女性是沒有資格繼承土地的。而土地作為最重要的家庭經濟來源之一，是家庭不可分割的重要財產形式，雅典婦女的嫁妝是不包括土地的。西元前 403 年前後，雅典約 4/5 的公民或多或少擁有一些土地，而且他們中的大部分是小土地所有者，所擁有的土地只能維持生計，因此更不可能在嫁女時分割土地當作婦女嫁妝的一部分。雅典婦女顯然不能獨立經營和管理土地財產的收入和支出。

四、嫁妝

一般雅典婦女的父親死後，如果有相應的男性近親屬，她就不能參與遺產的分割。女性對遺產的分配有時只是結婚時的嫁妝。遺產的價值取決於家庭的經濟條件，

版，第 86-88 頁。
[44] Plutarch, *Solon*, 21. 2.

可得到父親財產的 5%至 25%不等。嫁妝通常由金錢、傢俱和其他動產組成。嫁妝是一個婦女最基本的生活保障，雅典婦女的嫁妝名義上是婦女的個人財產，但丈夫對其嫁妝有絕對支配權。不過丈夫不能任意揮霍嫁妝，因為離婚時他必須向嫁妝的提供者歸還這筆財產，這也是對丈夫權利的唯一法律限制。[45]如果妻子沒有生下一個孩子而死去，這份嫁妝也要歸還她原來的家庭；如果她生前生下一個兒子，那麼就不必歸還嫁妝，嫁妝由其兒子繼承。事實上當嫁妝完全或是部分由金錢組成時，很難看出妻子的所有物意味著什麼；這些金錢一般被作為本金使用，婚姻存續期間丈夫就是這筆財產的監管人。雅典婦女本人不能使用嫁妝作為生產性投資，但丈夫在把嫁妝作為本金進行投資時，完全不必徵得妻子的同意。有關嫁妝的數額，是未來新郎和新娘父親在達成一致意見之前討價還價的焦點。[46]古代立法者傾向於限定嫁妝為金錢和服裝，任何地方都禁止轉移不動產。[47]雅典婦女的嫁妝，一般只占整個家庭財產很小的一部分，價值遠遠小於兒子所繼承的財產份額。當然必須達到社會可接受的標準，即足以支撐出嫁女兒和其未來孩子的基本生活。[48]一個已婚男人通常要根據妻子嫁妝的價值來扶養妻子，否則他會被人看不起。雅典婦女的嫁妝不由婦女本人使用和管理，一個女性對她自己的衣物、珠寶飾品等則有實際擁有權。

五、金錢及其他

富有的雅典婦女偶爾會通過禮物得到少量金錢，但不經過家主允許她們不能自主支配。通常體面的雅典女性不會自己出門，需要出門的話要有男人或奴隸陪伴或代勞。雅典法律對女性犯罪的處罰，也不是通過罰款來執行，這在前文已經說過，例如犯有通姦罪的婦女，她們不會被罰款，法律只是禁止她佩戴珠寶，禁止她參加公共儀式。即便違反規定，她本人頂多會挨一頓鞭打。[49]再如與異邦女性結婚的男性

---

[45] Lysias, *On the Property of Aristophanes: Against the Treasury,* 19. 32.
[46] Douglas M. MacDowell, *The Law in Classical Athens*, Cornell University Press, 1986, p. 87.
[47] David Asheri, "Laws of Inheritance, Distribution of Land and Political Constitutions in Ancient Greece", *Historia: Zeitschrift für Alte Geschichte,* Bd. 12, H. 1 (1963), p. 14.
[48] M. Golden, *Children and Childhood in Classical Athens*, Johns Hopkins University Press, 1990. P. 174
[49] Aeschines, *Against Timarchus,* 1. 183.

會被罰 1000 德拉克馬；而與異邦男性結婚的女性公民則不會被罰款。[50]家庭生活中，法律並沒有規定一對夫妻的一般具體事務：如誰來做出財產決定、誰買日常百貨、誰掌管儲藏室的鑰匙，這些問題的解決和實施都依賴於這對夫妻的性情、所要處理事情的性質、習慣、習俗等。雅典已婚婦女的財產通常屬於其丈夫，只要婚姻存續，財產就屬於家庭，丈夫的合法權利並非衍生於私人所有權，而是來自他作為家庭一家之主的地位。因此只要丈夫允許，妻子可以支配小部分家庭財產。總之，雅典女性可能管理一部分或相當數量的財產，但這些財產都不屬於她個人而是屬於她的家庭。

除金錢之外，無論在斯巴達還是在雅典，婦女對家庭的房屋、奴隸和家庭日常生產、生活用品，都擁有使用權和管理權。不同的是，斯巴達婦女能夠繼承所有家庭財產；而雅典婦女除了自己的嫁妝，則無權繼承家庭財產，女繼承人除外。

第三節　斯巴達婦女的家庭財產權利

呂庫古改革之前的斯巴達，貴族集團在社會的政治生活中起到很大作用，他們控制了大部分土地。西元前 700 年左右，隨著貴族財富的增加，斯巴達社會衝突加劇，根本原因在於貧富分化。在呂庫古建立新的社會秩序以前，斯巴達經歷了最嚴重的混亂。[51]斯巴達殖民地塔拉斯就是由一批被剝奪了公民權的斯巴達人建立的，這部分斯巴達人的財產無疑也遭到剝奪。由於斯巴達與美塞尼亞的戰爭，一些人陷入窘境，要求重新分配土地。[52]可見，少數貴族控制了大部分土地，而大多數人則失去賴以生存的土地，這是引起斯巴達社會矛盾與衝突的根本原因，也是導致呂庫古改革的直接動因。[53]從呂庫古改革到城邦公共財產管理體系被廢除，斯巴達婦女通

---

[50] Demosthenes, *Against Neaeram,* 59. 16.
[51] Herodotus, *History,* I. 65. 2, Translated by A. D. Godley, Loeb Classical Library, Harvard University Press, 1975; Plutarch, *Lycurgus,* 5. 1, Translated by Bernadotte Perrin, Loeb Classical Library, Harvard University Press, 1967.
[52] Aristotle. *Politics,* 1306b, 36-1307a, 2.
[53] 黃洋：《古代希臘土地制度研究》，第 85-86 頁。

過嫁妝、財產繼承或遺囑等方式擁有大量財富。色諾芬提到婦女往往掌控兩個家庭的財產權,如男人甲與男人乙的妻子生養的孩子留養在男人甲的家中,如果男人甲不認這個孩子,男人乙也可收養他。無論如何,甲乙共妻的孩子是同一宗族中(如其母親的宗族)男人甲或乙已有孩子的同母異父的兄弟。不管孩子由誰認養,母親都部分地進入了兩個家庭,即其丈夫的家庭和經過丈夫同意與之生育孩子的男人的家庭。從法律上講,對生育了婚外子女的那個家庭,女人只能通過她與那個男人共有的子女參與財產分配,不能憑自己的名義。[54]那麼,斯巴達婦女對家庭的哪些財產擁有使用權和管理權,又對哪些財產擁有處分權和收益權?

一、房屋

有關斯巴達婦女的財產權利,限於史料,或許我們可以從同為多利安人(Dorians)的格爾蒂(Gortyn)[55]婦女的財產狀況中獲取一些資訊。自黑暗時代多利安人殖民克里特(Crete)之後,多利安人逐漸成為克里特島的主要居民,據說格爾蒂還是斯巴達人的殖民城市,[56]格爾蒂和斯巴達無疑都有著多利安人共同的歷史傳統和社會習俗。那麼《格爾蒂法典》對婦女財產的規定,某種程度上可以作為我們研究斯巴達婦女財產的參照和佐證。該法典把房屋分為兩種類型,即公民在城裡用來居住的房屋,和郊區田邊用於管理田產的奴隸居住的房屋。其實,柏拉圖在其《法律篇》中也提到房屋的兩種類型:「……每個人應分得兩處住房,一處靠近城邦中心,一處位於郊區。」[57]兩處房屋顯然是對應兩塊地產的位置,即一塊地產靠近城邦中心,而另一

---

[54] 陳戎女譯箋:《色諾芬〈斯巴達政制〉譯箋》,華東師範大學出版社,2019年版,第61-62頁。
[55] 格爾蒂是克里特島上三個最大的古老城市之一,另外兩大城市是科諾索斯(Cnossus)和基東尼亞(Cydonia),荷馬在《伊利亞特》裡已經提到格爾蒂,形容它是「城高牆厚」,可以說,格爾蒂古城見證了克里特米諾斯文明的盛衰。參見 Strabo, *Geography*, 10. 4. 7, Translated by H. L. Jones, Loeb Classical Library, Harvard University Press, 1961; Homer, 2. 646. *The Iliad*, Translated by A. T. Murray, PH. D., Loeb Classical Library, Harvard University Press, 1928。
[56] 據說斯巴達人至少在克里特島建立了三個殖民地——格爾蒂、波呂爾海尼亞(Polyrrhenia)和呂克托斯(Lyctus)。參見祝宏俊:《古代斯巴達政制研究》,中央編譯出版社2013年版,第124頁。
[57] Plato, *Laws*, 745d-745e, Translated by R. G. Bury, Litr. D., Loeb Classical Library, Harvard University Press, 1961.

塊地產靠近市郊。如《法典》規定，「若某人死去，其城裡有奴隸住著的房子及房中的物品和鄉下沒有奴隸住著的房子及不屬於奴隸的大小牲畜[58]，歸其兒子；其餘的財產將平分，無論有多少兒子，各將分得兩份；女兒無論幾位，各將分得一份。」[59]這表明女兒繼承的份額是兒子繼承份額的一半。可見，城裡的房子被認為是繼承人的住宅，這些房子連同裡面的物品，以及其郊區莊園裡不被奴隸居住和使用的任何房屋，連同死者的牲畜，都歸兒子們所有。但是奴隸居住的房子屬於土地，就像奴隸自己一樣，被視為產生收入的財產的一部分，女兒們則有權分得相應份額。又「若父親去世除房產外別無其他財產，女兒們將按上述規定得到一份。」[60]可知格爾蒂婦女既能繼承土地也能繼承房屋，那麼斯巴達婦女的繼承情況大體也當如此。

二、奴隸

奴隸是古希臘家庭財產不可缺少的重要組成部分。在古代農業社會，奴隸和耕牛是一個家庭的基本生產資料。主人一般提供給奴隸食物和衣服，也可能會允許奴隸擁有自己的勞動所得，但奴隸所擁有的一切包括奴隸本身都是主人的財產。無論斯巴達婦女還是雅典婦女，都有管理家庭奴隸的權利，監管奴隸也是她們家務活動的一部分。斯巴達奴隸分為國有奴隸和私人奴隸兩部分，私人奴隸可能與希臘其他地方差別不大；國有奴隸主要是黑勞士(Helots)。[61]黑勞士制度是斯巴達的特色，同希臘世界的奴隸不同，黑勞士為斯巴達城邦所有，而不為斯巴達公民個人所有。古

---

[58] 這裡威利茨(R. F. Willetts)和梅裡安姆(A. C. Merriam)的版本略有出入，前者把這裡的「牲畜」指明是牛(cattle)，無論大小；而後者則指明是綿羊(sheep)和較大的動物(larger animals，很可能指牛、驢、馬等牲畜)，郝際陶翻譯為「不屬於農奴的大小牲畜」。參見郝際陶譯：《格爾蒂法典》，第19頁；R. F. Willetts translated and edited, *The Law Code of Gortyn*, De Gruyter Press, 1967；A. C. Merriam, "Law Code of the Kretan Gortyna", *American Journal of Archaeology and of the History of the Fine Arts*, Vol. 1, 1985, and Vol. 2, 1986。

[59] 郝際陶譯：《格爾蒂法典》，第19頁。

[60] 同上。

[61] 斯巴達在征服拉科尼亞平原之後，呂庫古為了確保斯巴達對拉科尼亞的統治，把該地區的原住民降格成黑勞士(Helots)，強迫他們世代為斯巴達人耕作、服役。參見薩拉‧B.波默羅伊、斯坦利‧M.伯斯坦等著：《古希臘政治、社會和文化史》，傅潔瑩、龔萍、周平譯，上海三聯書店2010年版，第158頁。

典學者往往把「黑勞士」視為斯巴達人的集體財產,[62]只有斯巴達城邦才有權解放黑勞士,擁有戰功的黑勞士會被城邦給予自由。斯巴達人把黑勞士當作公共奴隸而佔有,為他們規定了居住地和固定的義務。[63]城邦本身控制了黑勞士及他們所耕種的土地。公民個人對他們既不能買賣,也無權解放他們。只有在一定條件下黑勞士才可以買賣,那就是只要不把黑勞士賣出到斯巴達城邦以外,在城邦內買賣黑勞士是合法的。[64]因為擔心一旦黑勞士被賣到其他城邦,其敵對城邦會煽動黑勞士起來反抗斯巴達人的統治。此外,還擔心如果黑勞士在外邦獲得自由,會引起更多黑勞士的外逃。[65]黑勞士以家庭為單位共同居住,依靠分配給他們耕作的農田生活;他們必須為土地的主人提供糧食,為斯巴達軍隊服務,還必須為死去的國王和官員服喪。此外他們對主人並無特殊義務。在斯巴達,每個家庭成員擁有各自的財產,我們不清楚斯巴達婦女能否自主處置私人奴隸。

三、土地

沃爾班克(F. W. Walbank)的著名論斷引起更多爭論,「斯巴達土地制度的問題是斯巴達制度研究這一模糊的領域中最有爭議的問題之一。」[66]一種意見認為,斯巴達城邦對土地擁有很大控制權,份地(klēros)[67]的平均分配是其土地制度的主要特徵。[68]另一種意見認為,同希臘其它城邦一樣,斯巴達的土地也為個人所有,並懷疑「在古

---

[62] Strabo, *Geography*, 8. 5, 4, Translated by H. L. Jones, Loeb Classical Library, Harvard University Press, 1961.
[63] Strabo, *Geography*, VII, 5. 4, Translated by H. L. Jones, Loeb Classical Library, Harvard University Press, 1961.
[64] 黃洋:《古代希臘土地制度研究》,第 100-101 頁。
[65] Aristotle. *Politics*, 1269a 40-1649b 7.
[66] F. W. Walbank, *A Historical Commentary on Polybius*, I, Oxford: The Clarendon Press, 1957, p 728.
[67] Klēros,(複數形式為 Klēroi)即祖傳的農田,一個村落或城鎮中的家族的主要收入皆來自於此。迄今我們不知道這些地最初是怎麼分的,早期史料表明,一塊新地(如海外殖民地)會被建立該地的「巴西琉斯」比較平均地分給新來的居民,但不平等現象仍然存在,有些家族佔有大量份地,有些家族則一份也沒有。參見薩拉·B. 波默羅伊、斯坦利·M. 伯斯坦、沃爾特·唐蘭、珍妮佛·托爾伯特·羅伯茨:《古希臘政治、社會和文化史》,第 82 頁。
[68] W. G. Forrest, *A History of Sparta: 950-192 B C*, London, 1968, p. 51; pp. 135-136.

風時代和古典時代是否真正存在過由城邦所有或控制、不能轉讓的平等份地。」[69]這兩種意見都忽視了同斯巴達土地制度密不可分的黑勞士制度，斯巴達人的土地主要由黑勞士耕種，他們依附於所耕種的土地。黑勞士同希臘世界的奴隸不同，他們為斯巴達城邦所有，而不是為斯巴達公民個人所有。[70]公民個人無權解放黑勞士，因為黑勞士不屬於私人財產。但是在城邦將黑勞士分配到公民的份地上以後，其管理和使用似乎完全聽命於他們的主人，而後者則在允許的範圍內儘量剝削他們。斯巴達人的份地實質上主要是對美塞尼亞土地的瓜分，而斯巴達本土即拉科尼亞的土地則基本沒有受到份地的影響。這部分土地從一開始就掌握在貴族手中，它形成了一種與份地不同類型的土地。這類私人佔有的土地不可買賣，作為祖傳財產代代相傳。

但古代社會有關土地的法律與習俗往往互相矛盾，實際生活中買賣土地不可避免。斯巴達婦女的財產繼承也表明土地私有制的存在。西元前8世紀，當斯巴達國王波呂多羅斯(Polydorus)死後，一些斯巴達人從他的遺孀那裡買來了他的房子。[71]這個故事表明斯巴達婦女在古風時期之初就擁有財產，並能自由買賣。斯巴達在征服拉科尼亞(Laconia)之後，為了消除貧富差距，呂庫古把屬於斯巴達城邦的土地分成九千份，分給同樣數目的真正的斯巴達人。[72]顯然這裡「真正的斯巴達人」僅指斯巴達男性公民，婦女沒有分配份地的資格。但斯巴達婦女可以通過嫁妝或遺產繼承擁有份地，如一個斯巴達公民家庭的女兒能夠繼承父親的財產（包括份地），而且還可能通過由其家主(*kyrios*)[73]安排的婚姻協議，得到一大筆父母的財產。即使

---

[69] 黃洋：《古代希臘土地制度研究》，第87頁。
[70] M. I. Finley, *The Ancient Economy*, London University of California Press, 1985, p. 63.
[71] Pausanias, *Description of Greece*, III. 12. 3, Translated by W. H. S. Jones and others, The Loeb Classical Library, London: William Heinemann, 1955; Sarah B. Pomeroy, *Spartan Women*, Oxford University Press, 2002, p. 77.
[72] Plutarch, *Lycurgus*, 8. 3-4.
[73] *Kyrios*(pl. *Kyrioi*; fem. *Kyria*)——家主，即一家之主，他對家庭財產擁有合法處置權，對家庭未成年男性和家庭女性成員擁有監護權。參見 Douglas M. MacDowell, *The Law in Classical Athens*, Cornell University Press, 1986, pp. 84-86.

她有兄弟，並不影響她對這筆財產的佔有或繼承。[74]如果她沒有親生兄弟或收養的兄弟，她將繼承父親的全部財產，包括所有動產和不動產。[75]到伯羅奔尼薩斯戰爭末期，斯巴達人可以把財產隨意贈予任何人，尤其是給予婦女的現象，使得斯巴達婦女通過遺贈獲得比之前更多的財產。自呂庫古改革到自由遺贈制度實施之前，斯巴達一個家庭中女兒繼承的土地面積就已經達到兒子份額的一半；而那些戰死疆場的男人的妻子或女兒更是完全佔有家庭財產和土地。亞里斯多德因此評價斯巴達法制的缺陷：對婦女的縱容……使得土地為少數人兼併……事實上斯巴達五分之二的土地歸屬於少數家族和一些婦女手中。[76]當一個斯巴達父親的份地由其中一個兒子繼承，而兒子的份地又由城邦分配，這看似矛盾，其實卻是可以調和的，實踐中城邦分配給兒子的份地很可能就是父親留下的，只不過兒子對份地的繼承必須得到城邦的認可。斯巴達婦女的財產繼承權也表明土地私有制的存在，希羅多德提到未婚女子的財產繼承權時說，「只有國王才能裁決下列案件：有關未婚的女繼承人，如果其父尚未為她訂婚，（國王）有權決定她應該嫁給誰。」[77]但實際上一個女繼承人可以嫁給任何人，如果她的父親在去世前沒有為她安排婚姻，他所指定的監護人有權按照自己的意願為她擇婿。[78]未婚女子所繼承的土地無疑是私有土地，由於她們能夠自由婚配，因此她們所繼承的田產隨之轉讓到夫家，這也是土地集中的主要原因之一。

四、嫁妝

有關斯巴達婦女的嫁妝情況，史料沒有詳細提及。不過從同為多利安人的格爾蒂婦女的相關情況可以推知，按照習俗嫁妝自然必不可少。格爾蒂法律賦予女性一種稍好的地位，格爾蒂婦女的嫁妝僅僅是她結婚時得到的一種禮物，這種禮物通常

---

[74] Stephen Hodkinson, "Land Tenure and Inheritance in Classical Sparta", *The Classical Quarterly*, Vol. 36, No. 2(1986), pp. 403.

[75] Sue Blundell, *Women in Ancient Greece,* Harvard University Press, 1995, pp. 155-156.

[76] Aristotle, *Politics*, 1270a. 11-21.

[77] Herodotus, *History*, VI, 57. 4.

[78] Aristotle, *Politics*, 1270a. 23-9.

不會少於雅典婦女的嫁妝。[79]《格爾蒂法典》提到對於女性嫁妝的見證:「在他們分割財產時,應有 3 位及以上自由的成年見證人在場。如果這位父親要把財產給予一個女兒,同樣適用。」[80]另外,亞里斯多德明確指出,斯巴達盛行奩贈制度,而且正是因為大規模的奩贈制度使得斯巴達婦女擁有大筆財富。[81]斯巴達婦女的嫁妝,不僅包括動產也包括土地、房屋等不動產,而且在女兒結婚時得到的財產份額,很可能是作為一種「死前繼承」的財產形式。[82]

五、金錢及其他

《法典》沒有提及格爾蒂婦女能否處理丈夫的財產,但卻規定「丈夫不能處理妻子的財產」,並且「兒子不能處理在世父親的財產,也不能處理母親的財產」,[83]當然這裡的財產也包括金錢。我們據此可以推測斯巴達婦女的金錢也應該屬於她們自己,她們擁有的金錢主要是通過禮物、遺贈或繼承等方式獲得。因為她們本身幾乎不參加家務勞動,也不會如希臘社會其他城邦的公民婦女那樣,通過出售自己的編織物或手工產品來獲得金錢。因為斯巴達家務勞動全由奴隸去做,[84]也許斯巴達私人奴隸會出售自己的勞動產品,然後把獲得的金錢上交女主人,但目前沒有具體史料加以證實。顯然在斯巴達,無論是已婚女性還是未婚女性,她們都能擁有數額不同的金錢。一些斯巴達貴族婦女非常富有,她們像男人一樣養馬,雇人參加四馬戰車比賽,這表明斯巴達婦女可以支配自己的財產。如在奧林匹克(Olympics)競賽中勝利的女性——古代斯巴達王后西尼斯卡(Cynisca)和歐利爾勞妮絲(Eurylronis)(前者或許早至西元前 396 年),她們都擁有大筆金錢。[85]按照鮑桑

---

[79] David M. Schaps, *Economic Rights of Women in Ancient Greece,* pp. 85-86.
[80] R. F. Willetts translated and edited, *The Law Code of Gortyn*, Berlin: De Gruyter Press, 1967, p. 43.
[81] Aristotle, *Politics*, 1270a. 20-25.
[82] S. Hodkinson, "Inheritance, marriage and demography: perspectives upon the success and decline of Classical Sparta", in A. Powell (1989) *Classical Sparta: Techniques Behind Her Success*, Routledge, p. 82.
[83] Willetts, R F., translated and edited, *The Law Code of Gortyn*, De Gruyter Press, 1967, p. 27.
[84] Xenophon, *Constitution of the Lacedaemonians*, 1. 4, Translated by E. C. Marchant, Loeb Classical Library, Harvard University Press, 1979.
[85] David M. Schaps, *Economic Rights of Women in Ancient Greece,* p. 13;Sarah B. Pomeroy, Spartan Women, Oxford University Press, 2002, P. 21.

尼阿斯(Pausanias)的說法，西尼斯卡不但有錢，在騎馬方面也是一位專家，是第一位養育馬匹並且贏得奧林匹克競賽的女性。[86]

除金錢之外，還有家庭日常生產、生活用品主要指生產工具、牲畜、傢俱、食物、鍋碗瓢盆等，無論在雅典還是斯巴達，只要婚姻存續，這些都歸夫妻雙方共同所有、共同使用和共同管理。

第四節　城邦社會對婦女財產權利的影響

在古希臘人的日常生活中，財產是被整個家庭使用，而不是被個人使用。[87]家主(kyrios)既是家庭所有成員的監護人，也是家庭所有財產的監管人。財產既然是家庭的一部分，獲得財產也應該是家務活動的一部分。[88]因此，家主還應有能力為家庭積聚財富，以作為生活不時之需和為整個家庭的未來提供經濟保障。[89]財產所有權由城邦保證，每年名年執政官開始其任期時，命令其傳令官宣告，每個人應繼續依法完全佔有他的財產，且有權享有它，直到他任終為止。[90]在父權制的家庭模式下，家主在家庭經濟及社會關係上占支配地位，而婦女的家庭財產權，必須服從於家主的安排和家庭整體利益。同時，婦女的財產權利無疑也會受到城邦政制和法律的影響。

一、家庭整體利益對婦女財產權的影響

首先，家庭財產的分配和繼承要體現家庭整體利益的最大化。如在雅典，婦女沒有繼承權，財產要由男性來繼承，旨在保持家庭財產的完整性；即便是雅典女繼承人制度和收養制度，也是為了使單個家庭不至於因沒有兒子而滅絕，從而避免近

---

[86] Pausanias, *Description of Greece*, III. 8. 2.
[87] Lin Foxhall, "Household, Gender and Property in Classical Athens", *The Classical Quarterly*, Vol. 39, No. 1(1989), p. 22.
[88] Aristotle. *Politics*. 1253b, 25-1254a, 15.
[89] Mary Harlow and Ray Laurence edited, *A Cultural History of Childhood and Family in Antiquity*, Volume 1, Oxford Berg Press, 2010, p. 14.
[90] 亞裡斯多德：《雅典政制》，LVI，2，日知、力野譯，商務印書館出版，2017，第67-68頁。

親屬吞占死者的財產。對雅典婦女來說，無論她們有沒有財產權，無論其家主是誰，婦女除了自己的嫁妝，都不可能擁有更多財產。嫁妝雖然一方面保障了婦女的基本生活，另一方面確保家庭不動產的完整性，但長遠來看，還是為了城邦的穩定和男性公民的利益——無論她離婚還是再婚，無論她把嫁妝帶到哪裡，嫁妝也不由她本人支配，嫁妝最終是要由她合法婚姻所生的兒子（除非她在生下兒子之前死去，嫁妝會歸屬其原生家庭的家主）來繼承，而她兒子當然是潛在的雅典公民。在以男性為中心的社會中，女性作為家庭中的非恆定因素，其角色的變化（如女孩、妻子、母親、女繼承人和寡婦）無疑會給家庭財產的繼承或分割帶來種種變數，雅典正是通過對婦女財產權利的限制，來避免家庭財產（尤其是份地和房產）通過婦女的婚姻發生流轉而擾亂城邦正常秩序。總之，雅典家庭的終極目的無非是把有限的資源最大化利用，從而使子孫後代受益。

在斯巴達，男人不僅被訓練為軍隊服役，還要監管他們財產的損益和收支。當男人出征在外時，由婦女代為承擔男人對家庭的職責和義務，代為行使家庭經濟管理的權利。但也僅限於男人在服役期間。實際上，斯巴達家庭仍然是希臘家庭的一般模式，斯巴達的財產繼承、女繼承人、嫁妝、收養和私人財產制度等也都是以單個家庭為背景而制定。斯巴達特殊的軍事化管理制度，使得斯巴達男人30歲以前必須駐守軍營，即便結婚之後他們大部分時間也都花費在軍隊裡；作為一家之主的成年男性公民在服役期間，其妻子在家庭事務和財產管理方面擁有較多自由和權利。斯巴達男人一般要到60歲才能解甲歸田，一旦回到家庭，他們依然是家庭的主宰。婦女在家庭財產方面雖然擁有某些自由，但家庭財產連同她本人依然是在家主的監護之下。亞里斯多德回顧斯巴達400年的歷史，認為斯巴達對婦女的縱容，致使城邦半個公民團體欠缺法度。[91]這種觀點未免言過其實，無論家庭財產如何分配，無論她與多少男性生下多少子女，[92]她的財產最終也是傳給其子女——斯巴達公民。因

---

[91] Aristotle, *Politics*, 1269b, 16-20.
[92] 斯巴達婚姻不太注重婦女貞節觀，一個男人如果想和一名他愛慕的婦女結合生子，只需要徵得婦女的丈夫同意即可；一位妻子年輕而自己年老的人，如果他看上一個俊美高貴的青年，他會把該青年介紹給自己的妻子，讓他們結合，然後他把這樣所生的孩子當做自己的後代加以撫

為斯巴達家庭私有財產可以與別人共同享用，所有私人財產也都是城邦共同財產，她們只不過是代為管理，最終受益者仍是城邦和男性公民。

其次，婚姻的締結與解除也是家主基於家庭利益最大化的考慮。擁有合法婚姻的婦女都會有一份嫁妝，嫁妝雖然是雅典婦女名義上的財產，但卻是她們一生最可靠的生活保障。雅典婦女的家主有權解除其婚姻，如前面所舉米南德劇作中的老人，他為了避免女婿揮霍女兒的嫁妝而解除女兒的婚姻。當一個已婚婦女成為女繼承人，在她父親死後，她要按規定嫁給父親的近親屬，該近親屬（有資格成為女繼承人新家主的人）在認領女繼承人和死者遺產時，有權迫使她解除現存婚姻。[93]一般來說，近親屬與女繼承人結婚，遠比娶一個僅擁有嫁妝的女人得到的好處要多。無論如何，雅典女繼承人制度，旨在通過對女繼承人和祖傳財產的規定，使單個家庭不至於因沒有兒子而滅絕，從而避免近親屬吞併死者的財產。[94]即便一個婦女不是女繼承人，她也可以為原生家庭提供一個可被收養的「養子」（如她的丈夫或兒子），以保存父親的財產和祖先祭祀的延續。羅傑·賈斯特(Roger Just)也指出，「婦女甚至在另一個 oikos 中所生的婚生子女，如果有必要，會為其原生 oikos 提供可選擇的繼承人。」[95]古代雅典的家庭世系一般是通過男性來傳承，但有時它也能通過女性來實現，無論婦女在財產繼承方面有沒有繼承權，婦女本身就是家庭財產的一部分時，她們要服從原生家庭的整體利益，女繼承人尤其如此。

斯巴達婦女的婚姻，也是由其父親或者家庭的家主出面訂立婚約（女繼承人除外[96]），不過她們在婚姻對象的選擇上有更多可能性，她們不只是侷限於近親屬之間

養，等等。具體參見普魯塔克：《希臘羅馬名人傳》（上冊）之《呂庫古傳》，商務印書館 1990 年版，第 105 頁。

[93] 近親屬能否有權解除已婚的女繼承人的婚姻，這個問題不是本文討論的重點，故不作詳論。波默洛伊認為這是有爭議的。參見 Sarah B. Pomeroy, *Goddesses, Whores, Wives, and Slaves*, Schocken Books Press, 1975, p. 61.

[94] David Asheri, "Laws of Inheritance, Distribution of Land and Political Constitutions in Ancient Greece", *Historia: Zeitschrift für Alte Geschichte, Bd. 12*, H. 1 (1963), p. 17; Sue Blundell, *Women in Ancient Greece,* 1995, p. 118.

[95] Roger Just, *Women in Athenian Law and Life*, London and New York, 1989, p. 94.

[96] 關於斯巴達女繼承人的婚姻，如果其父親去世時她尚未訂婚，則由斯巴達國王指定人選和女繼

通婚，因為斯巴達婦女的主要職責是為城邦生育戰士。當私有財產隨時用於服務公共利益時，當婦女本身既是家庭私有財產也是城邦公共財產的一部分，其婚姻的目的也就更多的是為了滿足城邦需求——即生育更多的公民戰士。在斯巴達，如果一名男子欽佩一名婦女能夠生下健壯英俊的兒子，他在徵得其丈夫的同意後，便可與這名婦女發生關係，讓該婦女為自己生下子嗣。[97]再如「上了年紀的丈夫，娶了年輕的妻子，他如果想要孩子，他可找一個他欣賞其身體和靈魂的年輕男子與其妻子同房，然後把妻子所生的孩子當作自己的孩子撫養。」[98]另外在必要時，即將死亡的丈夫有權將自己的妻子留給他指定的人為妻，如他的兄弟或者他兄弟的兒子。[99]以此避免孀妻帶著嫁妝再嫁家族之外的人。斯巴達的這種情況，雅典亦可見到。[100]即當一個男子沒有生育功能，男子與妻子都同意交換伴侶，且新的結婚伴侶應該是丈夫的近親，這樣出生的子嗣仍屬於他的家族和血裔。波利比烏斯(Polybius)記載的斯巴達一妻多夫制，三四個甚至更多的兄弟分享一個妻子，是斯巴達傳統和普遍的風俗。[101]這種共妻現象，很可能僅存在於兄弟之間（或起碼是親戚之間共妻）。合理的解釋是，斯巴達婦女依法只能與一個男人結婚，為了生育子女，其丈夫讓她與兄弟同房，主要是保證家庭財產繼承權不旁落他人。同時，共妻的風俗也是為了避

承人結婚。參見 Herodotus, 6. 57, Translated by A. D. Godley, Loeb Classical Library, 1975；斯巴達已婚女繼承人的情況，目前沒有更多的史料記載，但根據《格爾蒂法典》對女繼承人的規定，可以推知，如果這名女繼承人已婚，且她願意，她可以回到亡父的家庭繼承財產，但要和父親健在的兄弟中最年長者（如伯父）結婚；若其父的兄弟都已不在，她要嫁給其父兄弟中最年長者之子（如堂兄）。參見 R. F. Willetts translated and edited, *The Law Code of Gortyn*, De Gruyter Press, 1967, pp. 45-46.

[97] Plutarch, *Lycurgus*, 15. 7. 8.

[98] Xenophon, *Constitution of the Lacedaemonians*, 10. 3, Translated by E. C. Marchant, Loeb Classical Library, Harvard University Press, 1979.

[99] Demosthenes, *Against Aphobus*, 28. 16

[100] 《色諾芬〈斯巴達政制〉譯箋》中第58頁第四自然段如是說，標注是"Isocrates, 2.7-9"，然筆者在洛布古典叢書IsocratesI和II中都沒有找到該出處，或許是版本不同。但根據普魯塔克《梭倫傳》中對女繼承人的規定，可以推知雅典確實存在這種情況。陳戎女譯箋：《色諾芬〈斯巴達政制〉譯箋》，華東師範大學出版社2019年版；Plutarch, *Solon*, 20. 2.

[101] Polybius, *The Histories*, 12. 6b. 8, Translated by W. R. Paton, Loeb Classical Library, Harvard University Press, 1978.

免財產的過度分割。[102]無論斯巴達還是雅典，有關婚姻的這些規定和條款無疑是為了保存家庭財產的完整性。

雅典社會一般實行族內通婚制，很少有女子嫁給家族之外或者部落之外的男人。雅典青年男女最常見的結婚對像是在堂兄弟／堂姐妹或表兄弟／表姐妹中間篩選；有時甚至是同父異母之間的婚姻。法庭演說辭也表明西元前5世紀到西元前4世紀的雅典確有此事發生，如德摩斯梯尼的演說辭57中，「因為我的祖父娶了自己同父異母的妹妹……」[103]梭倫法律明確禁止同母異父者之間的婚姻，卻允許同父異母者之間的婚姻，這表明兄妹婚姻普遍存在的事實。菲洛(Philo)[104]關於斯巴達允許同母異父的兄弟姐妹間的婚姻，並沒有被其他資料（皇室婚姻除外）所證實。斯巴達皇室產生了很多近親結婚的案例，最顯著的是叔伯（舅）與侄女（外甥女）之間以及姑（姨）和侄子（外甥）之間的婚姻。近親結婚主要是一個大家族之內，兩個小家庭的子女通過親屬關係而結合的婚姻形式，這種結合主要是為了保存或加強男女雙方家庭或者整個家族的財富或勢力。婦女作為營建家族社會關係的紐帶，雖然對鞏固家族權勢有著重要作用和意義，但是她們在家庭中的經濟權利並不因此而有所改善和提高。由於是宗族內部或遠或近有血緣關係的男女結合，婦女婚後的各種權益一般情況下會更容易獲得保障。嫁妝這筆財富借助婦女自身的婚姻而實現從一個親屬家庭名正言順地轉移到另一個親屬家庭，但財富始終在宗族內部交接，而不會流轉到宗族之外。可見，無論是斯巴達還是雅典，有關婚姻的種種規定和條款，無非是為了保存整個家族利益的穩定性和單個家庭財產的完整性，而婦女的財產權利和個人意願必須服從於家庭整體利益。

再次，生育公民，管理家務。西元前5世紀的雅典其成年男性公民人數，從來沒有超過4萬到4.5萬。[105]這一方面是因為城邦(polis)作為古希臘

---

[102] 陳戎女譯箋：《色諾芬〈斯巴達政制〉譯箋》，華東師範大學出版社2019年版，第61頁。
[103] Demosthenes, *Against Theocrines*, 57. 21.
[104] 猶太神秘主義哲學家，希臘化時代居住在亞歷山大城。
[105] M.I.芬利：《古代世界的政治》商務印書館2019年版，晏紹祥、黃洋譯，晏紹祥序言部分第20頁。

特有的社會、政治組織，通常包括一個中心市鎮和其毗鄰地區，因此城邦規模都不可能特別大。而城邦社會的容納力與公民人口密切相關，公民人口過低或者過高都不利於城邦政制的實施和發展。因此公民婦女為城邦生育合適數量的公民都顯得至關重要。斯巴達尤其如此，斯巴達婦女唯一的社會責任就是分娩，也即為城邦生育公民戰士。在產床上死去的婦女和戰死沙場的斯巴達男人等量齊觀，[106]婦女應該像男人一樣鍛煉身體，理由是身強體壯的父母才能孕育出體魄健壯的子女。[107]西元前 451 年，伯里克利有關雅典公民權[108]法令的頒布，目的既是對抗那些通過不同城邦貴族聯姻以保貴族地位和權勢的人，也是對城邦未來公民人口的限制。這種限制根本上也是基於公民個人財產尤其是家庭份地不被過度分割的目的。該法令對婦女尤其重要，雅典婦女既是唯一能為城邦生育公民的女性，也是唯一能為家庭生養合法繼承人的女性，作為家庭女主人她在家庭中的地位僅次於其丈夫。[109]如果一個女人沒有生下兒子，她在丈夫家庭內管理家庭財產和事務的權利就會受到限制，甚至要帶著嫁妝回到原來的家庭。

斯巴達婦女擁有很大的活動空間和行動自由，她們除了監管奴隸，不必進行家務勞作，一切家務全由家庭奴隸去做。而雅典婦女的活動領域僅限於家庭內部，「受人尊敬的婦女應該待在家裡，只有輕佻的壞女人才到街上閒

---

[106] 這裡參考了薩拉·B.波默羅伊(Sarah B. Pomeroy)等人的說法，參見薩拉·B.波默羅伊、斯坦利·M.伯斯坦等著：《古希臘政治、社會和文化史》，第 156 頁；裔昭印：《古希臘的婦女——文化視域中的研究》，商務印書館 2001 年版，第 175 頁。但筆者參照洛布古典叢書以及商務印書館出版的《希臘羅馬名人傳》，其中對"To inscribe the name of the dead upon the tomb was not allowed, unless it were that of a man who had fallen in war, or that of a woman who had died in sacred office."這句的翻譯是「呂庫古不準人們在墳墓上刻下死者的姓名，唯有戰死的男子或者殉身聖職的女人例外。」並沒有「死在產床上的婦女」之說，可能"died in sacred office"——殉身聖職也包括婦女分娩，或者波默羅伊等人以及裔昭印教授引自別處，也未可知。這裡說明以供感興趣者深究。見 Plutarch, *Lycurgus*, 27. 1-2, Translated by Bernadotte Perrin, Loeb Classical Library, Harvard University Press, 1967；普魯塔克：《希臘羅馬名人傳》（上冊），陸永庭等譯，商務印書館 1990 年版，第 119 頁。
[107] Xenophon, *Constitution of the Lacedaemonians*, 1. 4.
[108] 即只有父母雙方皆為雅典公民者才能獲得雅典公民權。見薩拉·B.波默羅伊、斯坦利·M.伯斯坦、沃爾特·唐蘭、珍妮佛·托爾伯特·羅伯茨：《古希臘政治、社會和文化史》，第 242 頁。
[109] Cynthia B. Patterson, "Those Athenian Bastards", *Classical Antiquity*, Vol. 9, No. 1(Apr., 1990), p. 56.

逛。」[110]婦女的家庭職責，除了為丈夫生育合法子嗣，確保家庭血脈和祭祀的延續，最主要的就是輔助丈夫管理家務和守護家庭財產。她們要監管奴隸勞作，要儲藏和分配糧食與酒類，製作食物和衣物，還要讓得病的僕人得到照顧。[111]柏拉圖把雅典這種習俗描述為「所集之物，聚於一屋，交與女人，經營財富」。[112]一個家庭如果父親去世，母親則會擔負管理家務和財產的職責。[113]不同的家庭會給予婦女不同的財產管理許可權，如色諾芬《經濟論》中的伊斯霍馬庫斯(Ischomachus)放心地讓妻子去管理家務。[114]另外還有一些主人外出或者主人剛剛死亡的家庭，婦女事實上已經在掌管家務，如阿波羅多魯斯(Apollodorus)身為戰艦司令官時抱怨政務纏身，他的妻子和母親就不得不管理所有家務。[115]所以雅典家庭在女兒很小的時候，就向她灌輸為婦之道，教會她紡織、梳妝等日常事務，以確保她在嫁為人婦後不被夫家嫌棄。

二、城邦整體利益對婦女財產權的影響

在斯巴達，城邦從優生學的角度來指導和控制兩性活動，男人和女人被嚴格施以不同的訓練以保衛國家和管理家庭，並由國家統一教育和培養孩子。西元前7世紀的斯巴達，正是為了對美塞尼亞(Messenia)的戰爭，呂庫古改革給予婦女更多權利，以確保征戰勝利；[116]也正是對美塞尼亞的最終征服，廣大肥沃的農耕地在斯巴達人中分配，是斯巴達在幾乎300年時間內免於衝突的重要原因。[117]斯巴達公民權由父母雙方世襲繼承而來，只有公民之子才能成為公民。常年戰爭使得

---

[110] Robert Flaceliere, *Daily Life in Greece at the Time of Pericles*, New York Macmillan Publishing Company Press, 1974, P. 66.

[111] Xenophon, *Oeconomicus*, 7. 35-37, Translated by E. C. Marchant, Loeb Classical Library, Harvard University Press, 1979.

[112] Demosthenes, *Against Neaeram*, 59. 122.

[113] Aeschines, *Against Timarchus*, 1. 170, Translated by Charles Darwin Adams, PH. D., Loeb Classical Library, Harvard University Press, 1958.

[114] Xenophon, *Oeconomicus*, 7. 3.

[115] Demosthenes, *Against Polycles*, 50. 60-61.

[116] Robert K. Fleck· F. Andrew Hanssen, *"Rules Ruled by Women": An Economic Analysis of The Rise and Fall of Women's Rights in Ancient Sparta*, Published online: 20 March 2009, p. 223.

[117] M. I.芬利：《古代世界的政治》，商務印書館2019年版，第141頁。

斯巴達男人無暇顧及家庭財產的經營和管理，這給了婦女獨立掌管家庭經濟的機會。但是，斯巴達婦女的財產權與活動自由，並不能改變斯巴達以家主為中心的古希臘家庭模式。斯巴達婦女的婚姻要由家主來安排，即便是「搶婚」習俗，也得經過家主的允許；丈夫有權把妻子「出借」給別的男人，以更好地孕育城邦公民；婦女接受的教育也是城邦法律的一部分；她們分娩出的嬰兒，視健康狀況由部落長老決定能否存活，孩子也由專門的保姆養育，她們作為母親本身卻沒有撫養權。斯巴達婦女和家庭財產一起被視為城邦公共資源，由城邦統一調配，她們無論是身體還是精神都由城邦統一支配和控制，她們的日常活動也都是基於城邦最高利益，她們與男性公民一樣，要為城邦集體事業奉獻忠誠甚至犧牲生命。

就公民財產而言，斯巴達實施的是私有財產的公有制，[118]即公民個人的子女、家奴和家庭某些財產幾乎都屬於城邦公有。如每個公民都有權按管教自己孩子的方式管教別人的孩子；同時他們在必要時有權使喚別人的家奴，可以與別人共用獵犬和馬匹，以及共用狩獵時的食物給養，甚至那些財產不多的人，無論何時需要，都可享用別人田地裡的農產品。[119]雅典法律則是對家庭私有財產的保護。古風時期以前家庭財產在男性繼承人中間分割，使得土地越分越少，赫西俄德曾對此抱怨並推薦實行「單一繼承人」制度，以保持家庭土地的完整性。[120]單一繼承人制度是城邦節育政策和家庭整體規劃的一部分，目的是為了維持公民數量和家庭最初的土地份額。[121]柏拉圖也提到創建一個國家首先要確定公民的總數，然後在他們中間平均分配土地和房屋。土地必須足以供應一定數量（不能更多）的公民過有節制的生活，而公民總數必須在受到鄰國侵襲時足以保衛自己，又有能力給予受到別國欺侮的鄰

---

[118] 私有財產的公有制，也即私財公用，見陳戎女譯箋：《色諾芬〈斯巴達政制〉譯箋》，華東師大出版社，2019年版，第138-153頁；Aristotle, *Politics*. 1263a, 35-39.

[119] Xenophon, *Constitution of the Lacedaemonians*, 6. 1-5.

[120] Hesiod, *Works and Days*, 376. Translated by Hugh G. Evelyn-White, M. A., Loeb Classical Library, Harvard University Press, 1920.

[121] David Asheri, "Laws of Inheritance, Distribution of Land and Political Constitutions in Ancient Greece", *Historia: Zeitschrift fur Alte Geschichte,* Bd. 12, H. 1(Jan., 1963), p. 6.

國以某種幫助。[122]雅典有關財產的法律一方面是防止家族勢力的聯合或對個人財產的兼併；另一方面也正是為城邦保持一定的公民家庭數目，而這個數目正是城邦政制得以正常運行的基礎。

無論是斯巴達貴族寡頭制，還是雅典民主制，在公民大會和城邦政治中起決定作用的主要是貴族特權階層，而且婦女被排除在城邦政治之外。如斯巴達，通常由「元老院」掌握著城邦最高決策權。原則上所有斯巴達男性公民都有成為元老的資格，但實際上都是有錢又有影響力的人當選「元老」。再如雅典，儘管其民主制的根本原則是政治平等，公民作為城邦的主體，享有直接參與城邦各種政治活動的權利。[123]但梭倫改革按財產多寡劃分等級，那麼對於財產達不到標準的人就無法真正參與城邦政治，而且貴族專政一直是雅典民主政治的最大障礙。如從塞倫(Cylon)政變到執政官麥加克利斯(Megacles)被流放，貴族與平民的矛盾一直是雅典社會動盪不安的主要因素。德拉古(Draco)立法多少具有均衡貧富的作用，但執法者全部來自顯貴家族，貴族與平民之間的矛盾仍然尖銳。梭倫改革雖然減輕了大多數窮人的負擔，但為了城邦政治的穩定，並沒有完全剝奪貴族的特權。由於貴族家庭之間的利益紛爭嚴重損害了城邦政制，克里斯提尼改革旨在強化政治利益來削弱家族關係，從而遏制貴族在政治上的優勢地位。直到雅典民主制的全盛期伯里克利時代，貴族專制問題依然沒有得到有效解決。郝際陶在其《伯里克利的民主與獨裁》一文中指出，在民主制高度發展的伯里克利(Pericles)時代，在伯里克利令人矚目的民主業績中，我們仍然可以窺見其獨裁的一面。[124]但對於家庭財產的規制，尤其對於婦女在家庭經濟中的角色定位，無論斯巴達還是雅典，無疑都是為了城邦社會的繁榮和政治、經濟的穩定。

古希臘城邦政治的特徵，決定了城邦所制定的有關婦女的法律和家庭財產制度，必然是服務於特權階層，[125]並維護由特權階層所掌控的城邦整體利益。那麼婦女的

---

[122] Plato, *Laws*, 737d-e.
[123] 黃洋：《古代與現代的民主政治》，《史林》，2007年第3期。
[124] 郝際陶：《伯裡克利的民主與獨裁》，《東北師大學報》（哲學社會科學版），1991年第5期。
[125] 這裡的特權階層，不僅指貴族，也包括具有城邦公民取的公民，「特權」是貴族相對於平民、

社會價值和作用，婦女的財產權利和地位，也必然服從於家庭的保存和延續，進而服從於城邦的整體發展規劃。與斯巴達不同，雅典城邦會通過遏制特權貴族的勢力，守護民主政治及其成果，以維護整體利益。反映在城邦各項法律條文中，如前面所述梭倫的遺囑法、財產男性繼承制、有關性別和婚姻的法律，以及女繼承人制度和收養制度等。另外，諸如讓特權階層承擔一些城邦公共事業的開支（如養護「三層槳戰船」、訓練槳手、資助雅典運動員、資助宗教慶典並宴請部落所有成員等等）；還有為了確保大多數公民參與民主政治的津貼、補給等等。這些法律都與婦女的財產權利有著或直接、或間接的千絲萬縷的聯繫。無論斯巴達還是雅典，婦女都沒有參與城邦政治的資格和權利。因為所有的法律和制度都是由男人制定，婦女惟有接受和服從，如雅典婦女不能到法庭上為自己申辯，不能訂立買賣合同，也不能立遺囑，且她們所有的經濟活動都必須經過其 kyrios 的同意。[126]歸根結底，斯巴達和雅典對婦女的財產限制既是基於城邦整體利益，也是各自城邦政制的產物。

綜上所述，如果把家庭比作一張網，家庭成員都在這張網中呼吸相通、休戚與共，每個人在家庭中都有自己不同於他人的價值和作用。家庭通過血親和姻親以及錯綜複雜的社會關係又形成一張更大的網，這張網就是城邦。所有生活在城邦中的公民，都必須遵守法律和習俗，都受到城邦社會的政治、經濟、宗教、文化和傳統觀念的束縛和影響。縱觀雅典民主制的發展歷史，城邦為了遏制貴族特權，維護民主政制，從婚姻、嫁妝、女繼承人、收養、財產繼承等方面對婦女財產權進行規制。斯巴達婦女在呂庫古改革之前與希臘其他地方的婦女沒有兩樣，呂庫古改革之後的斯巴達對外征服、對內鎮壓，使得城邦需要更多公民補充戰場和軍營。所以城邦把婦女的生育置於第一位，為了鼓勵女性生育和得到更多健康男嬰，他們給予婦女很多自由和特權，如不讓女性參加家務勞作；讓婦女參加鍛煉；准許其飲酒，生活方面也沒有貞節觀的束縛，而且產婦享受的榮譽猶如戰場上的勇士。

公民相對於非公民（如外邦人和奴隸）而言。
[126] G. E. M. de Ste Croix, "Some Observations on the Property Rights of Athenian Women", *The Classical Review,* Vol. 20, No. 3 (1970), p. 276.

波默羅伊提到斯巴達婦女普遍採取避孕措施，如使用草藥、用醋或水沖洗陰道、用蜂蜜或橄欖油浸泡過的羊毛做陰道栓等。[127]那麼，在城邦急需人口、又給予產婦極大榮譽的情況下，婦女為何仍然採取措施而避免懷孕？其中的原因值得深究。

人們往往把女性不參與政治，在家庭中從屬於男性，視為女性地位低下的表現，實際上男女兩性相輔相成是家庭和諧的基石，也是城邦穩定發展的基礎，否則斯巴達不可能一度成為希臘世界的霸主，雅典也不可能成就帝國霸業。古希臘社會對於婦女的種種限制，恰恰說明婦女本身地位在家庭和城邦社會中的重要性，或許智慧的立法者，預見到如果不對婦女權利加以限制，個體公民的私欲會通過婦女的婚姻、嫁妝以及財產繼承等等方面，逐漸破壞城邦制度的根基，腐化城邦政治。從這個意義上看，亞里斯多德把斯巴達的衰落歸之於對婦女的縱容，[128]是有一定道理的。古希臘公民婦女的社會和家庭地位，雖然不可高估，但也絕不是我們表面看到的那麼消極、被動。

---

[127] 薩拉‧B.波默羅伊、斯坦利‧M.伯斯坦、沃爾特‧唐蘭、珍妮佛‧托爾伯特‧羅伯茨：《古希臘政治、社會和文化史》，第 170 頁。

[128] Aristotle, *Politics*, 1270a, 10-35.

第三章　雅典和斯巴達婦女的土地財產權

　　古典時期雅典的法庭演說辭有很多是關於土地糾紛的案例，土地作為與動產相區別的不動產，從根本上說是不可轉讓的，通常同一個家庭世世代代保持擁有一個農場，當時土地可能被視為屬於一個家庭而不屬於個人，因此個人無權處置它。目前不太確定這是否是雅典的法律規定，或者僅僅是阿提卡的社會習俗。然而古代確有一些城邦制定律例，禁止人們出售地產，如羅克里斯(Locri)城就懸有這樣的禁令，本邦人戶在未能確實證明他曾經遭遇意外的重大損失之前，不准出賣他的地產。再如有些律例，其用意就在於維持各家世世代代的莊園使所有者不致喪失政治地位，[1]因為擁有土地是公民身份的象徵。一個家庭失去土地，也就無法對逝去的祖先進行有效的祭祀，該家庭世代相傳的香火也會因此斷絕。另外土地作為一個家庭安身立命的重要資本，自遠古時代起就是神聖不可侵犯的，侵佔別人土地是一種對諸神不虔敬的行為。但到了西元前5世紀，土地買賣是被允許的。[2]當一個外邦人在雅典居住，他可以擁有一所房子的使用權，而無法擁有房子下面的土地，因此他不得不為該居所向一個雅典公民支付租金或向城邦繳納租用土地的稅款。對雅典人來說，擁有一塊土地就意味著擁有在這塊土地之上的任何樹木、莊稼、水或其他自然產物，以及土地上面的任何建築物。「土地所有權」意味著人們有權按照自己的意願使用自己的土地，這樣人們就可以在自己的土地上建造或拆除房屋，砍伐樹木等等，而不需要徵得任何人的許可。當然雅典法律在某些方面對土地所有者的權利進行限制。如從梭倫時代開始（西元前6世紀之初），那些在他們自己的土地上建築房屋的人，必須在建築物和他們鄰居土地的分界線之間留下一段距離；那些自己土地裡缺水的人，

---

[1] Aristotle. *Politics*, 1266b. 15-21, Translated by H. Rackham, M. A.,Loeb Classical Library, Harvard University Press, 1959.
[2] Macdowell, D. M., *The Law in Classical Athens*, London, 1978. P. 134.

有權從鄰居的土地上取水。³另外,有關橄欖樹的栽種是同樣歷史悠久的措施:禁止砍伐生長在私人土地上的橄欖樹,因為它們被認為是神聖的。

第一節　斯巴達婦女的土地財產權

斯巴達土地制度與黑勞士制度密不可分,斯巴達人的土地主要由黑勞士耕種,他們依附於所耕種的土地。⁴城邦把黑勞士分配到斯巴達人的份地上,迫使他們為其主人勞動。由於份地的耕種者為城邦所有,份地的佔有者無權轉讓或出賣份地上的黑勞士,因之份地本身很可能也是為城邦所有。⁵城邦規定黑勞士每年必須交給每個男性斯巴達人 70 麥鬥(*medimnoi*,穀物計量單位)的小麥,交給每個女性 12 麥鬥的小麥以及相應的新鮮水果。⁶斯巴達人為保證在荒年收到同樣的貢賦,改為讓黑勞士按照一定的數量繳納貢賦,這表明公民個人甚至不能完全控制其份地的收穫,因此可以說他們對份地沒有完全的所有權,份地的最終所有權仍然在城邦。黃洋教授認為,斯巴達份地的實質是其公民對征服地區土地的瓜分,而這實際上主要是對美塞尼亞(Messenia)土地的瓜分。其目的遠不是在斯巴達建立一個平等的社會,而是通過征服滿足下層公民重新分配土地的要求,從而緩和社會矛盾,同時為斯巴達的社會制度提供必要的基礎。⁷美塞尼亞戰爭後,斯巴達沒有再進行份地的分配,原有的份地逐漸變為私人所有。父親的份地由兒子共同繼承,這種繼承制度使得份地制度受到破壞,一部分公民由於子嗣眾多,個人所得土地逐漸減少;另一部分公民沒有子嗣,其份地由女兒繼承,進而導致土地的集中。英國著名古典學家沃爾班克(F. W. Walbank)曾說:「斯巴達的土地所有權問題是斯巴達制度這一鮮為人熟知的領域中最令人頭疼的問題之一」。⁸學界圍繞斯巴達土地所有權的爭論由來已久,此外爭議還涉及婦女對土地所有權的繼承等問題。

3　Plutarch, *Solon*, 23.
4　Aristotle. *Politics*, 1271b, 41-1272a, 1.
5　黃洋:《古代希臘土地制度研究》,第 93 頁。
6　Plutarch, *Lycurgus*, 8. 7.
7　黃洋:《古代希臘土地制度研究》,第 103 頁。
8　F. W. Walbank, *A Historical Commentary on Polybius* I, Oxford, 1957, p. 728.

一、斯巴達的土地制度

我們對古風時期以前的社會知之甚少，一般認為，荷馬史詩大體反映了希臘早期社會某個發展階段的歷史事實。[9]在荷馬史詩中，我們看到了輝煌的邁錫尼-米諾斯時代(Mycenaean—Minoan Epoch)的最後階段。這一時期仍有豐盛的食物，在君王和貴族的宮殿裡，宴樂甚多。當然也有窮人和乞丐，但彼時貧窮並不是一個嚴重的威脅，也不存在土地問題。隨著這一時代的帷幕落下，三個多世紀以來，我們對希臘的歷史一無所知。但在赫西奧德的作品《工作與時日》中可以看到一個非常不同的場景：社會很糟糕，貧困無處不在，法官腐敗，大地主正在排擠小土地所有者。為什麼會出現這種情況，似乎沒有其他的解釋，唯一的猜測是希臘因貴金屬流失到東方而變得貧窮，而東方彙聚大量的財富。比如這一時期呂底亞國王克羅伊索斯(Croesus)的驚人財富和所羅門(Solomon)的權勢；據說擁有一副驢耳朵的美達斯(Midas)[10]和他標誌性的能夠點石成金的手指。其實，荷馬時代的土地已經開始私有化，這意味著私有制的最終確立。[11]與此相應的家庭私有財產只在男性後代中分配的繼承制度，很可能是早期希臘社會的普遍現象。一個男人死後無論他有沒有女兒，他的財產只能由兒子繼承，兒子死了，直接由其血緣最近的男性親屬繼承；排在兒子繼承順序之後的是近親屬男性，而不是其妻子、女兒或家中女性親屬。

在呂庫古(Lycurgus)改革之前，古代斯巴達作為希臘的一個農業社區，土地仍然由貴族控制，財富完全集中在少數貴族手中。與貴族相對應的平民中有人擁有少許份地，而沒有份地的人則淪為乞丐或雇工，甚至被賣為奴隸。希臘這種制度使家族財產越分越少，赫西俄德(Hesiod)曾抱怨並推薦實行「單一繼承人」制度，以保持家

---

[9] 參見 M. I. Finley, *The World of Odysseus*, Penguin Books, 1962；黃洋：《古代希臘土地制度研究》，復旦大學出版社 1995 年版，第 23 頁。

[10] Midas 是希臘神話中的弗裡吉亞國王，具有點石成金魔力的傳奇人物，傳說他為阿波羅和牧神潘比賽音樂充當裁判，因為偏袒潘，遭阿波羅懲罰耳朵變成驢耳。

[11] 晏紹祥：《荷馬社會研究》，上海三聯書店 2006 年版，第 61 頁。

庭份地的完整性。[12]單一繼承人制度是城邦節育政策和家庭整體規劃的一部分，目的是為了維持公民的最初數量和家庭最初的土地份額。[13]這種制度是和土地的不可分割聯繫在一起的。古典時期以前的希臘僅有一種繼承制度——無遺囑繼承，一個家庭的男性後代是家庭財產的合法繼承人。若沒有男性後代，則根據家庭親屬關係的繼承順序，家產傳給旁系或他們的子嗣。[14]這種情況下，婦女是沒有財產繼承權的。古代希臘世界的許多立法者、哲學家和倫理學者都不贊成嫁妝，或者認為嫁妝應該受到控制。[15]如柏拉圖的理想國裡既沒有婚姻也沒有私人財產，因此也不可能有嫁妝，其《法律》中也是禁止嫁妝的。[16]因此，早期希臘社會即便有嫁妝，可能也僅限於少量金錢或衣物等動產，畢竟古代社會一般都傾向於禁止轉移不動產，房產和家庭份地不應通過出嫁的女兒而被拆分，而應傳給男性繼承人以保證土地財產在家族內部傳承。既然屬於家庭財富的不動產不可拆分，那麼呂庫古改革之前的斯巴達婦女，應該和古希臘社會其他城邦的婦女一樣，其嫁妝中不可能包括土地。

據普魯塔克記載，斯巴達在征服拉科尼亞(Laconia)之後，呂庫古為了消除貧富差距，將所有的土地合成一整塊，然後統一平均分配：

> 他說服了他的同胞們把他們所有的土地合成一塊，重新劃分，在生活資料完全統一和平等的基礎上共同生活……言行一致，他把其餘的拉科尼亞土地分成三萬份分給perioikoi（斯巴達邊區的自由民，簡稱邊民），把屬於斯巴達城邦的土地分成九千份，分給同樣數目的真正的斯巴達人。[17]

---

[12] Hesiod, *Works and Days*, 376. Translated by Hugh G. Evelyn-white, M. A., Loeb Classical Library, Harvard University Press, 1920.

[13] David Asheri, "Laws of Inheritance, Distribution of Land and Political Constitutions in Ancient Greece", *Historia: Zeitschrift fur Alte Geschichte,* Bd. 12, H. 1(Jan., 1963), p. 6.

[14] Demosthenes, *Macartatus*, 43. 51, Translated by A. T. Murray, PH. D., LL. D., Loeb Classical Library, Harvard University Press, 1936.

[15] Sarah B. Pomeroy, *Spartan Women*, Oxford University Press, 2002, p. 83.

[16] Plato, *Law*, 742C, Translated by R. G. Bury, Litr. D., Loeb Classical Library, Harvard University Press, 1961.

[17] Plutarch, *Lycurgus*, 8. 2-3, Translated by Bernadotte Perrin, Loeb Classical Library, Harvard University Press, 1967.

由於份地的最終所有權屬於城邦,那麼由城邦平均分配份地的做法是完全現實的。斯巴達整套的社會與政治體制也驗證了這個結論。城邦內重裝步兵的改革、公民的共餐制及其教育制度均使得份地的平均分配不僅成為可能,而且成為必要。呂庫古把屬於斯巴達城邦的土地分成九千份,分給同樣數目的真正的斯巴達人。[18]顯然這裡「真正的斯巴達人」僅指斯巴達男性公民。呂庫古改革的目的是為了使斯巴達公民在經濟彼此完全平等的基礎上,單憑美德去博取聲名,同時把城邦最好的資源用於國家強大和霸權事業。[19]後來他又增加了一些內容:

> 一個孩子不是按照父親的意願撫養長大的,而是被帶到一個叫做 Lesche(勒斯克)的地方,部落的長老們嚴格檢查這個嬰兒,如果他體格健壯,他們就命令這個父親撫養他,並分配給他九千塊土地中的一塊。[20]

呂庫古改革對斯巴達婦女的影響表現在以下幾個方面:首先,在份地分配上,斯巴達婦女是沒有分配資格的;其次,關於斯巴達婦女的嫁妝,雖然呂庫古改革宣佈嫁妝不合法,雖然斯巴達存在搶婚習俗[21],但並不表明斯巴達婦女實際上沒有嫁妝,從「亞里斯多德(Aristotle)把斯巴達軍籍衰減的主要原因歸結於斯巴達的奩贈制度」[22]這點來看,至少西元前5世紀末的斯巴達婦女是擁有嫁妝的。[23]儘管限制嫁妝的規模和禁止轉移不動產是古代法典的慣常條款,但西元前5世紀末的斯巴達的確打破了立法者對嫁妝的限制,並因此打開了通過婚姻轉移土地財產之門。對此,麥克道威爾(MacDowell)認為,儘管法律禁止嫁妝,但是富人們巧妙地避開這一規定,他們在婚禮上給予自己的女兒大量的土地和動產作為非正式禮物。[24]如此一來,斯巴達婦女通過婚姻可以得到的財產,既包括金錢、衣物等動產,也包括土地、房屋

---

[18] Plutarch, *Lycurgus*, 8. 3-4.
[19] Plutarch, *Lycurgus*, 14. 2-3.
[20] Plutarch, *Lycurgus*, 16. 1-2.
[21] Plutarch, *Lycurgus*, 15. 3-5.
[22] Aristotle, *Politics*, 1270a. 25-35.
[23] Sarah B. Pomeroy, *Spartan Women*, p. 83.
[24] Douglas M. MacDowell, *The Law in Classical Athens*, Cornell University Press, 1986, p. 82.

等不動產。最後，在遺產繼承上，斯巴達婦女可以直接繼承父親的財產，一個斯巴達公民家庭的女兒很可能通過由雙方家庭安排的婚姻協定，得到一大筆父母的財產（嫁妝或禮物），即使她有兄弟，也不影響她對這筆財產的佔有或繼承。[25]斯巴達公民的女兒如果沒有親生兄弟或收養的兄弟，她將完全繼承父親的財產，包括所有動產和不動產；如果她有兄弟，她也能繼承一份財產——份額也許是其兄弟份額的一半，就如格爾蒂婦女一樣。[26]

有關古典時期格爾蒂婦女土地繼承概況的考古學證據和文獻資料，除了一部制定於西元前5世紀前期的《格爾蒂法典》，現有實物資料和文字記錄都相當匱乏。因此該法典是研究古典時期格爾蒂家庭財產問題不可多得的一部原始文獻。根據法典內容，我們可以得知格爾蒂婦女有權繼承土地。如法典第IV欄(31-45)涉及婦女土地財產繼承的規定如下：「如果一個男人死去，房子和房中的物品以及大小牲畜，歸其兒子；其餘的財產將在兒女之間分割。女兒所得份額是兒子份額的一半。母親死後其財產也按此方式分配。」[27]這裡點明房產必須由兒子繼承，而「其餘的財產」顯然包括土地，可以分給女兒。在法典第IV欄(46-48)又規定：「但如果死者別無他物而只有房產，其女兒對此房產將得兒子繼承份額的一半。」表明女兒在特殊情況下也能夠繼承房產。然而在土地繼承順序和繼承份額上，兒子優先於女兒，且女兒繼承份額是兒子份額的一半。法典第IV欄規定，已婚女兒繼承父親的財產，也是其兄弟份額的一半而不可再多。[28]格爾蒂婦女獨立擁有自己的財產和土地，丈夫無權處置妻子的財產，兒子也無權支配其母親的財產，[29]由格爾蒂婦女對家庭財產和土地的繼承情況，我們可以推知斯巴達婦女的相關狀況，不同的是，斯巴達婦女不僅獨立擁有自己的財產和土地，還可以獨立處理丈夫的財產，[30]如果她有兒子，且兒子已經成

---

[25] Stephen Hodkinson, "Land Tenure and Inheritance in Classical Sparta", *The Classical Quarterly*, Vol. 36, No. 2(1986), pp. 403.
[26] Sue Blundell, *Women in Ancient Greece,* Cambridge, pp. 155-156.
[27] R. F. Willetts translated and edited, *The Law Code of Gortyn*, De Gruyter Press, 1967, p. 42.
[28] R. F. Willetts translated and edited, *The Law Code of Gortyn*, p. 42.
[29] R. F. Willetts translated and edited, *The Law Code of Gortyn*, p. 44.
[30] Aristotle, *Politics*, 1269b. 30-35.

年並在軍隊服役或者戰死，她甚至有權處理兒子的財產。

在呂庫古改革之前，土地作為家庭財產不可分割的重要部分必須傳給男性子嗣，以保持家產的完整。呂庫古改革在最初分配土地的時候，婦女也沒有資格分得份地。由呂庫古創建的斯巴達體制建立在最初大約九千個家庭數目之上，這也是公民主體強大的基礎，直到西元前5世紀末每個家庭的財產仍是均等的。自呂庫古改革到斯巴達自願遺贈土地的制度實施之前，理論上一個斯巴達婦女所繼承的土地面積應該是其兄弟所占土地份額的一半。但實際上，在家庭份地面積一定的情況下，由於斯巴達男人戰死沙場者為數眾多，那麼斯巴達婦女所占土地的實際面積必然增加。這一時期斯巴達婦女更是能夠直接繼承父親的財產和土地，甚至嫁妝有時也包括土地，而那些戰死者的遺孀和女繼承人更是完全佔有家庭財產和土地。幾個世紀以來，斯巴達貴族一直通過被稱為「騎士效忠」的方式從國家手中獲取他們的土地。[31]斯巴達男嬰一出生就被賦予足以養活他和他家庭的土地(klēros)，用以支付公共食堂的捐款，這些公共食堂的成員將他標記為貴族或「同輩」之一。作為回報，他成年後將獻身於軍隊和為國家服務的事業，死後其遺產歸還城邦，如果他有兒子，政府會再次將其土地分配給他的兒子。無論如何，斯巴達人只是一個終身承租人，他不能按意願將自己的土地傳給他選擇的任何人。當斯巴達西元前371年被底比斯人擊敗時，斯巴達失去了那些原來屬於美塞尼亞的富饒土地，斯巴達貴族也被摧毀了，斯巴達的土地制度也因此發生了變化。普魯塔克在西元前3世紀改革派國王阿吉斯四世(Agis IV)的傳記中，描述了西元前4世紀初斯巴達的衰落，是源於西元前5世紀末斯巴達通過並實施的一項法律：

然而，由呂庫古建立的家庭數量仍然保持著家庭份地和遺產父子相傳的慣例，儘管國家在其他方面有失誤，但這種秩序和平等在某種程度上繼續維持著城邦的運轉。但一個名叫埃皮塔丟斯(Epitadeus)的有權勢的人，其性情剛愎而暴躁，當他成為

---

[31] H. Michell, "Land Tenure in Ancient Greece", *The Canadian Journal of Economics and Political Science/ Revue Canadienned' Economique et de Science politique*, Vol. 19, No. 2(May, 1953), pp. 251-252.

監察官時，他與兒子發生了爭吵，於是他引入一項法律，即允許一個人在他有生之年將他的家庭 oikos 和份地憑自己的意願或者遺囑贈送給任何他願意給的人。[32]

埃庇塔丟斯是斯巴達國家的監察官，他這條為滿足私人怨恨而提議的法律，居然在斯巴達人中大受歡迎。[33]其實，城邦的衰落絕不僅僅是由某一項制度產生的後果所導致的，在阿吉斯統治時期，金銀貨幣開始源源不斷湧進斯巴達，隨著金錢的湧入，人們貪婪致富的欲望也開始氾濫，從而破壞了呂庫古的初衷。但是無論如何，埃皮塔丟斯有關財產的「自由遺贈」[34]方案得以通過並付諸實施，打破了呂庫古「經濟平等」的社會理想，它規定斯巴達人可以自願將他們的土地留給他選擇的任何人，從而使土地轉讓合法化，徹底摧毀了古老的土地制度，也使得家庭財產單一繼承人體系被顛覆，公共財產管理體系被廢除。古代希臘世代相傳的土地不可轉讓的觀念和習俗接連崩塌，雅典古老的土地制度被伯羅奔尼薩斯戰爭所摧毀，而斯巴達土地財產的自由轉讓直接導致呂庫古的改革成果被顛覆。同時一些貴族特權階層因失去土地而貧困，又因貧困無法繳納公共食堂的費用而失去公民權，甚至部分貴族生活無以為繼，不得不流亡近東地區充當雇傭兵，這在某種程度上也造成斯巴達公民人口的大量流失。

據普魯塔克記載，斯巴達公民僅僅是其份地的終身承租人，在他死後份地又回歸國家。但在 Agis V 中，卻又記錄了份地是從一個男人傳給他的長子而世代相傳的。[35]假設在斯巴達有國家控制的份地(klēros)儲備，用來分配給沒有繼承父親份地的次子，這種情況很可能只是作為一種偶然的措施，當一名公民去世時沒有繼承人或需要在其去世前收養一名繼承人，根據這個假設，一個沒有份地的次子很可能被提名為繼承人。無論如何，斯巴達公民死後其土地的轉讓是由國家強制執行的，目的是確保土地財產不被分割。鑒於亞里斯多德的定義，通過禮物贈與和出售土地轉讓權是私

---

[32] Plutarch, *Agis and Cleomenes*, 5. 2-3, Translated by Bernadotte Perrin, Loeb Classical Library, 1959.

[33] Plutarch, *Agis and Cleomenes*, 5. 2-3, Translated by Bernadotte Perrin, Loeb Classical Library, 1959.

[34] Plutarch, *Agis and Cleomenes*, 5. 2-3. Translated by Bernadotte Perrin, Loeb Classical Library, Harvard University Press, 1959.

[35] 同上。

人所有權的標準，[36]顯然根據這個理論，斯巴達土地遠非私有財產，無論其是否以世襲方式傳承。

如果認為斯巴達份地(klēros)是世襲的，斯巴達國家也沒有一個固定的土地儲備，那麼這裡可能就要區分兩種類型的土地，例如亞里斯多德的《拉凱戴孟人的政制》中的一句話：

> 斯巴達人出賣土地是可恥的，出賣土地古老的那部分(archaia moira)是違法的。[37]

一些學者試圖把這一「古老的部分」與西元前2世紀歷史學家波利比烏斯的一段文字中出現的「公共土地」等同起來。在談及克里特島的體制時，他說：

> 為什麼最有學問的古代作家——埃弗魯斯(Ephorus)、色諾芬、卡利斯提尼(Callisthenes)和柏拉圖——首先聲稱它與拉凱戴夢人（古代斯巴達的稱呼）的制度是一樣的……至於它的不同之處，據說斯巴達憲法的特點是，第一，土地法，根據該法任何公民都不能比另一個公民擁有更多的土地，但是所有人都必須佔有同等份額的公共土地……。[38]

也許關於斯巴達地產不可分割性的規定只適用於那部分最古老的土地，即在呂庫古再分配中分配的份地(klēroi)，很多斯巴達人應該還擁有一些不太受國家干預的土地，這些土地可能在一個男人的所有兒子中分配。不過，即使按照這種觀點，較重要的一類土地仍然受到國家嚴格的監管。亞里斯多德關於女性對土地財產的所有權，在波利比烏斯和普魯塔克對古典時期土地所有權的描述中沒有出現，只出現在阿吉斯傳記對西元前三世紀斯巴達制度墮落的描述中。然而對於亞里斯多德來說，婦女作為土地所有者的角色，她們既是繼承人，也是土地嫁妝的接受者，是斯巴達傳統制度的一個重要組成部分。正如亞里斯多德所描述的那樣，在被底比斯擊敗後

---

36 Aristotle, *Rhetoric*, 1361 a 19, Translated by H. Rackham, M. A., Loeb Classical Library, Harvard University Press, 1957.
37 Aristotle, *Polity of the Lakedaimonians*, fr. 611. 12 Rose.
38 Polybius, *Fragments Libri*, 6. 45.1-3, Translated by W. R. Paton, Loeb Classical Library, Harvard University Press, 1979.

不久，斯巴達婦女佔有大量土地的事實正是斯巴達公民人數迅速下降到 1000 人以下的重要原因之一。

斯巴達的歷史、地理和環境以及城邦制度，決定了斯巴達男人必須準備隨時投入戰爭以保家衛國，斯巴達婦女在家庭和城邦社會中不可避免就承擔起男人的職責，獨立管理家庭財產和土地，處理家庭事務和監管奴隸。對古代社會來說，土地是一個國家最穩定、最可靠的經濟基礎，土地掌握在不同階層或不同集團的手中，會對國家政治結構產生不同的後果和影響。斯巴達婦女通過嫁妝、遺囑以及對家庭財產的繼承等方式擁有大量土地並可自主支配財產。不可否認，隨著斯巴達土地的大量集中，許多貧窮之人因此喪失公民資格。由於斯巴達自平民中間選任的監察官對於城邦重要事務有決定權，一旦有急需用錢的貧窮之人當選此職，便很容易開啟賄賂之門。[39]色諾芬提到，斯巴達婦女願意為男人生育孩子，是因為她可以管理除丈夫以外的別的家庭。[40]參與的家庭越多，越有機會控制更多的私有財產。但是，斯巴達婦女所謂的自由必須服從於城邦整體利益，而這個「城邦整體利益」顯然是由斯巴達男人來定義的，她們實質上仍然生活在不平等的城邦社會之中。

二、斯巴達婦女的土地財產概況

亞里斯多德也提到在其所處時代斯巴達的法律「允許各人憑意願把土地給予或遺贈任何人」。[41]斯巴達古老的收養制度是由國王監督的，毫無疑問收養是為了保存單個公民家庭的延續，但埃庇塔丟斯的提議卻把家產和土地轉移到少數人手中，無疑使許多家庭滅絕。當土地成為個人財產，其所有者便可自由處置而不受限制，當土地用以轉讓和買賣，也就意味著斯巴達的衰落和新的地主寡頭制的興起。[42]斯巴

---

[39] Aristotle, *Politics*, 1270b. 14-15.
[40] Xenophon, *Constitution of the Lacedaemonians*, I, 7-9.
[41] Aristotle, *Politics*, 1270a.21.
[42] David Asheri, "Laws of Inheritance, Distribution of Land and Political Constitutions in Ancient Greece", p. 13.

達這種把財產隨意給予他人尤其是給予婦女的現象,使得斯巴達婦女通過遺贈獲得比之前更多的土地。

(一) 斯巴達婦女作為女繼承人

在古典時期的許多希臘國家,父親去世時沒有兄弟的女性(或多名女性)被稱為女繼承人,按規定女繼承人需要由指定的人迎娶。希羅多德在提到斯巴達國王的特權時有如下一段話:

> 只有國王才有權裁決一位未婚的女繼承人應當嫁給什麼人,如果他的父親沒來及把她嫁出去的話……[43]

希羅多德的這份斯巴達國王的特權清單,其列舉風格和詞彙表明它可能或多或少直接源自斯巴達人的官方列表。[44]這種自遙遠的過去就被明確授予的國王特權,到了希羅多德的時代,斯巴達的國王們仍然繼續行使。上面這段話中有三點需要注意:首先,女繼承人在斯巴達被稱為 *patrouchos* (斯巴達女繼承人),意思是「祖傳財產的持有者」,是由 πατρῷα 和 ἔχειν 的組合。它似乎對應《格爾蒂法典》中的女繼承人 *patrōiōkos*。在格爾蒂,一個 *patrōiōkos* 只要遵照法律嫁給指定的男人,她就一直是她父親遺產的合法所有者。與雅典的女繼承人 *epiklēros* 相反, *epiklēros* 對父親遺產的支配權利是相當的少,因為她的兒子在成年後將是這筆財產的真正主人。這幾個術語的相似性表明斯巴達 *patrouchos* 對祖傳財產享有的合法權利可與格爾蒂女繼承人享有的合法權利相提並論。例如呂山德(Lysander)和他女兒們的例子,[45]事實上,當呂山德被認為很富有時,他的女兒們被很多人追求;但當 395 年呂山德死亡他的貧困被披露時,他的女兒們則被棄之不理。這表明她們是呂山德所擁有的所有財富的繼承人。相應地,希羅多德提到李奧尼達斯(Leonidas)娶了克里歐美涅斯(Kleomenes)一世唯一的女兒戈爾戈(Gorgo),作為他西元前 490 年繼承王位的一

---

[43] Herodotus, 6. 57. 4.

[44] Stephen Hodkinson, "Land Tenure and Inheritance in Classical Sparta", *The Classical Quarterly*, Vol. 36, No. 2 (1986), p. 394.

[45] Plutarch. Lysander. 30. 6.

個原因，最有可能的解釋是，這段婚姻支撐著李奧尼達斯的權力，因為戈爾戈繼承了克里歐美涅斯一世的所有財產。[46]

其次，是國王裁決權的性質問題，他們的作用很可能是將女繼承人分配給一個沒有土地的公民。然而相反，動詞 ἱκνέεται 指的是潛在的丈夫對女繼承人擁有的個人財產有某些權利。並不是在國王的主動下被選中的。[47]就像在其他希臘國家一樣，在國王裁決之下的女繼承人結婚的權利，似乎屬於女繼承人最近的男性親屬。色諾芬和普魯塔克所描述的一個年老男人與一個年輕妻子結合的情況，也許就是這種情況的結果。國王的角色可能是在不同親屬相互競爭的認領之間作出裁決。

最後，國王的裁決權只適用於一個未婚的 *patrouchos*（斯巴達女繼承人），且她的父親沒有給她訂婚的女繼承人。一個已經結婚或只是訂婚的女繼承人顯然被允許保留她現有的或預期的配偶，而不是必須嫁給她的近親屬。呂山德女兒們的情況證明瞭這一點。她們（女繼承人）的父親去世後，與她們已經訂婚的男人，非但不會讓位於近親屬，反而會因為與她們斷絕關係而被罰款。[48]這與雅典和格爾蒂的法律形成鮮明對比，在雅典和格爾蒂，近親屬有權與女繼承人結婚，除非她已經結婚，並且已經有了一個兒子（在雅典）或者任何性別的孩子（在格爾蒂）。在斯巴達，對於祖傳財產傳給非親屬後代的可能性，以及父親有權通過把女兒嫁給親屬以外的人而轉移其財產的權利，法律顯然控制較少。

（二）嫁妝、分割財產協議和繼承

在雅典，嫁妝都是由新娘的丈夫管理；而在斯巴達，新娘則可以保留對結婚禮物的控制權。正如卡特里奇(Cartledge)的解釋，「亞里斯多德所說的巨額嫁妝實際上是婚姻授產協定，包括土地財產以及一個富有的父親（或母親）認為適合贈與女兒

---

[46] Herodotus, 7. 205. 1.
[47] David M. Schaps, Economic Rights of Women in Ancient Greece, p. 44.
[48] Stephen Hodkinson, "Land Tenure and Inheritance in Classical Sparta", *The Classical Quarterly*, Vol. 36, No. 2 (1986), p. 396.

的任何動產。」[49]問題是，這種通過婚姻轉讓的財產數額是完全由新娘的父母自行決定，還是以任何方式預先確定的，我們不得而知。例如《格爾蒂法典》也提到一個父親在女兒結婚時向女兒轉移財產，指出這與在斯巴達一樣，財產仍在她的控制之下。這裡的財產，並不僅僅是一種自願贈與的禮物，也是女兒合法繼承物，如果不是其父親在她結婚時給予的話，她最終會在父親去世後獲得。女兒有權繼承父親（和母親）的所有遺產，但某些特定項目除外（城鎮房屋，未被租用的鄉村房屋裡的東西和牲畜），即使有健在的兒子，女兒繼承的份額仍然是兒子繼承份額的一半。這是她在結婚時所能得到最大份額。從《格爾蒂法典》的律文來判斷，「如果父親在世時，希望在女兒結婚時給予，他可以按規定給予，但不能更多」，[50]那麼，斯巴達人的女兒是否與相對應的格爾蒂人的女兒一樣享有相同的繼承權？如果她不是一個女繼承人，那麼在結婚時轉移給她的財產數量是完全取決於她父母的慷慨，還是取決於他們想要為她找一個稱心如意的丈夫這種願望的強烈程度？或者這項婚姻授產協定是否反映了她有權繼承父母遺產的一部分，即使在兄弟健在的情況下也是如此？

當然一般情況下，斯巴達婦女在有兄弟在場的情況下沒有任何繼承權，但也有一些證據表明情況正好相反。亞里斯多德所說的「大約（或接近）五分之二的土地屬於婦女所有」，這一說法從未得到令人滿意的解釋。亞里斯多德是如何發現土地在婦女手中所占比例的？是憑經驗獲得這一資料，還是根據斯巴達繼承規定的常識進行的理論計算？當然這也不太可能是從斯巴達人的土地所有權登記冊得到的，因為希臘國家通常沒有這樣的記錄。[51]而且，這一特定比例的土地是怎麼樣或者為什麼能掌握在女性手中？假如按照格爾蒂的繼承制度，即女兒有權繼承其兄弟份額一半的土地，這往往會導致土地在性別之間的分配，那麼婦女擁有 2/5 的土地，其比例約為 40%。雖然在有兒子和女兒的家庭中，女性佔有的比例只有 33.3%；但在有女

---

[49] Stephen Hodkinson, "Land Tenure and Inheritance in Classical Sparta", *The Classical Quarterly*, Vol. 36, No. 2 (1986), p. 399.
[50] Willetts, R F., translated and edited, *The Law Code of Gortyn*, 4. 48-51, De Gruyter Press, 1967.
[51] M. I. Finley, *Studies in Land and Credit in Ancient Athens 500-200 B. C.*, New Brunswick, 1952, 13f. nn. 18f.

兒的家庭中，僅有女性繼承的遺產是正常比例的三倍；而在只有兒子的家庭中，男性的比例只是正常比例的 1.5 倍，如果斯巴達存在這樣一種繼承制度，就可以解釋亞里斯多德的這一數位。

此外，亞里斯多德在《政治學》中又說，「斯巴達的立法者希望族類繁衍，鼓勵生育，曾經訂有制度，凡已有三子的父親可免服兵役，要是生有四子，就完全免除其在城邦的一切負擔。」[52]鼓勵增殖的律令實際上不利於財產的平衡，多子的人家，田地分割的更小，許多公民必然因此日益陷於貧困。有些涉及王室成員與近親締結的婚姻，其中有六世紀中葉斯巴達國王阿納克桑德里達斯(Anaxandridas)二世娶了自己親妹妹的女兒，而且非常寵愛這個妻子，然而他們卻沒有孩子。監察官堅持要他解除婚姻，並要求其再婚以延續王室血統，但國王拒絕把她送走。[53]儘管希羅多德指出，阿納克桑德里達斯是非常摯愛他這個妻子的，但很可能也有物質上的考慮。如果他把她送走，她的財產就會和她一起帶走，可以肯定的是，他的後代會失去她的財產。只有當他被允許保留她的時候，阿納克桑德里達斯才同意娶另一個妻子；即使在第二個妻子給他生了一個兒子之後，他仍然確保他的第一個妻子隨後給他生下孩子（三個兒子）來繼承她的財產。所有這些都表明，國王第一個妻子必定有一大筆財富。

希羅多德還記錄了斯巴達國王阿基達摩斯(Archidamos)二世與他的繼姑媽拉姆皮多(Lampito)在五世紀初的婚姻。[54]這場婚配源於國王列歐蒂基達斯(Leotychidas)二世結婚兩次的事實。他的第一次婚姻只生了一個兒子傑烏科西達摩斯(Zeuxidamos)，傑烏科西達摩斯又生下了阿基達摩斯，然後過早去世沒有其他子嗣。拉姆皮多是列歐蒂基達斯與第二位妻子歐里達美(Eurydamē)唯一的孩子，歐里達美是美尼歐斯(Menios)的妹妹，狄亞科托里達斯(Diaktoridas)的女兒。由於阿基達摩斯作為王位繼承人的身份不會受到質疑，這場由列歐蒂基達斯本人安排的婚姻，其目的似乎是為

---

[52] Aristotel, *Politics*, 1270 b 1-6.
[53] Herodous, 5. 39-41.
[54] Herodous, 6. 71.

了將王室財產集中起來，以造福於他的後代。可見，如果女兒在有兄弟存在的情況下果真可以繼承遺產，這種婚姻策略將是非常能夠理解的：首先，因為拉姆皮多只有一個同父異母的兄弟，將繼承列歐蒂基達斯三分之一的遺產；其次，因為從她母親歐里達美那裡也可能繼承一大筆財產，而歐里達美本人也可能從她父親狄亞科托里達斯和母親那裡繼承三分之一財產。這樣一個遺產繼承也解釋了為什麼列歐蒂基達斯選擇歐里達美作為他的第二任妻子。

此外，關於阿基達摩斯二世的女兒基尼斯卡(Kyniska)，雖然她不是一個女繼承人，但她擁有足夠的土地和其他資源，能夠培育高品質的馬匹，在奧林匹亞馴馬戰車比賽中獲得兩次勝利。她的巨額財富似乎更有可能是因為她有權繼承父王阿基達摩斯和母后的一部分遺產，而不是他們自願給了她這麼大一筆嫁妝。這種情況基尼斯卡不是唯一的一個，鮑桑尼阿斯(Pausanias)告訴我們，奧運會戰車比賽的勝利隨後由其他幾個斯巴達婦女贏得，如歐麗萊昂尼斯(Euryleonis)，以及在兩匹馬的戰車比賽中的薇克忒麗科斯(Victrix)，可能是在 368 年獲勝。[55]事實上，無論基尼斯卡以及其他幾位斯巴達婦女是否是女繼承人(Patrouchoi)，如此巨額遺產顯然是被這些女性所擁有。

以上這些案例支持了這樣一種觀點，即使有兄弟存在，女兒通常也能夠繼承父母財產的一部分。在一個沒有成文法典的社會裡，女兒繼承的份額是兒子繼承的財產數額的一半，但當它影響到婚姻授產協定(marriage—settlements)的規模時，這種慣例的應用不一定是嚴格的。在允許通過贈與或遺贈轉讓土地的財產制度下，當一個兒子在父母一方或雙方去世後繼承遺產時，父母遺產的規模可能經常與早期其姐妹結婚時不同。同樣，我們不應該假設婚姻授產協定是強制性的（在格爾蒂並不是這樣），也不應該假設它們必須達到女兒繼承權利的全部價值。無疑富裕家庭比貧窮家庭更能負擔得起這種解決辦法，因為貧窮家庭需要盡可能長久地保留每一塊土地，以維持家庭中成年男性的生活支出。儘管如此，女兒最終期望通過繼承的方式獲得父母遺產的一大部分，這一點對那些負擔得起婚姻授產的家庭所能提供的婚姻授產

---

[55] Pausanias, 3. 8. 1, 17. 6.

的規模產生了影響,這也許是為什麼亞里斯多德把大量嫁妝列為婦女擁有大約五分之二土地的原因之一。

　　無論人們是否接受這一假設,很明顯,在較富裕的家庭中,婚姻授產協定的數額往往很大。這些條款顯然不僅是為了在新家庭中向新娘提供資助,而且是為瞭解決她對父母遺產的全部或大部分要求,從而確保父母財產的很大一部分最終傳給她自己的子女。顯然,斯巴達的繼承制度是在財產合法轉讓的基礎上運作的,這種模式使得個人的財產被分配給家庭中的兒子和女兒,從而擴散到家屬之外。的確,斯巴達人婚姻模式的特點,如同父異母的婚姻和王室內部的近親結婚,與雅典人的同族通婚和其他形式的婚姻,作為限制財產向親屬以外擴散的一種手段,非常相似。另一個在斯巴達得到證明的做法是一妻多夫制,在許多社會中女性和男性一樣擁有財產所有權。這種至少從古風晚期開始的斯巴達土地所有權和繼承權的財產合法轉讓制度,在斯巴達產生了大量的女性土地所有者。

　　總之,儘管斯巴達女性沒有分配城邦份地的資格,但她們擁有的私有土地面積卻比希臘任何城邦的婦女所擁有的都要大。亞里斯多德所說的「對婦女的縱容」,主要是就斯巴達婦女佔有城邦大量土地而言,這不僅直接養成她們的放逸習性而使全邦的政治結構限於失調,而且又導致她們對金錢的過度熱愛。[56]同時也導致斯巴達最終的衰落。這種觀點有失偏頗,斯巴達的衰落是由多方面原因綜合造成的,如伯羅奔尼薩斯戰爭之後,以底比斯(Thebes)為首的彼奧提亞(Boeotian)人的入侵、美塞尼亞(Messenian)人的獨立以及西元前464年的大地震,另外海外雇傭軍人數增加也導致斯巴達公民男性人口大量流失等等,所以斯巴達的衰落絕不能僅僅歸因於婦女擁有大量財產和土地。

三、斯巴達婦女繼承土地的原因

　　斯巴達婦女之所以能夠繼承土地財產,首先,與斯巴達軍事共同體的城邦特徵

---

[56] Aristotle, *Politics*, 1270a. 9-15.

有關。[57]斯巴達城邦政制運行的基礎是公民經濟均等的份地和政治平等的共餐制[58]，參加共餐的人必需交納一定的「會費」。斯巴達公民的份地如果經營不善，無法繳納共餐的「會費」，他就會喪失公民資格。呂庫古改革把公民階層內部一切祖籍特權一掃而空，在古希臘，沒有任何城邦像斯巴達那樣完全控制男人和女人的生活，與其他城邦不同，斯巴達有其獨特的軍事和社會制度，他的所有成年男性公民都是職業軍人，公民最崇高的職責就是保衛城邦。[59]斯特拉波提到斯巴達所有公民過著一種自我約束和簡單的生活，對別人既不產生嫉妒也不產生高傲和憎恨。[60]斯巴達禁止所有自由人從事追求財富的職業，既然斯巴達男人的榮譽和聲望需要在戰場上獲得，那麼斂財聚富也就沒有意義，因為財富既不引人羨慕，也不帶來榮譽。[61]相比於經商斂財和掌控家庭財產，斯巴達男性公民更熱衷於在戰場上奮勇廝殺。當男性在家庭事務活動中缺失，斯巴達婦女在家庭財產的繼承和支配方面就享有充分自主權。斯巴達有殺死羸弱男嬰的習俗，[62]卻很少有殺死女嬰的證據。到西元前4世紀，斯巴達嗣女繼承遺產的特別多，加上奩贈之風盛行，斯巴達婦女逐漸成為邦內大財主。[63]

其次，斯巴達婦女能夠繼承土地財產，是城邦征服事業的需要。古典學者安德魯‧漢森(Andrew Hanssen)提出正是為了對美塞尼亞的征服，使得斯巴達憲法進行改革，從而給予婦女更多的權利。[64]斯巴達的自然資源和地理環境對斯巴

---

[57] 黃洋：《古代希臘政治與社會初探》，北京大學出版社2014年版，第18頁。
[58] 共餐制：一般15個人結成一個單位，人數或多或少，同一伙食團的人，每人每月交1墨狄姆諾斯的大麥，8科奧斯的酒，5穆納乾乳酪，2.5穆納無花果，另外再交很少的一點錢購買魚肉。任何人除非被祭祀或狩獵所耽誤，否則必須到公共食堂去就餐。見 Plutarch, *Lycurgus*, 12. 2-3；現代學者普遍認同呂庫古所創立的許多制度其實在其他希臘社群業已存在，這些制度之所以在斯巴達得以延續，是因為斯巴達人重新定義了它們在斯巴達生活中的地位，以便構建理想的斯巴達重裝備步兵。參見薩拉‧B.波默羅伊、斯坦利‧M.伯斯坦、沃爾特‧唐蘭、珍妮佛‧托爾伯特‧羅伯茨：《古希臘政治、社會和文化史》，第161頁。
[59] 黃洋：《古代希臘政治與社會初探》，北京大學出版社2014年版，第18頁。
[60] Strabo, 10. 4. 16, *Geography*, Translated by H. L. Jones, Loeb Classical Library, Harvard University Press, 1961.
[61] Plutarch, *Lycurgus*, 24. 2-3.
[62] Plutarch, *Lycurgus*, 16. 1-2.
[63] Aristotle, *Politics*. 1270a, 20-25.
[64] Robert K. Fleck, F. Andrew Hanssen, *"Rules Ruled by Women": An Economic Analysis of The Rise*

體制影響很大。斯巴達位於伯羅奔尼薩斯半島內陸，由於其土地和資源貧乏，自古以來被稱為「處於泰吉圖山(Taygetus)暗黑的懸崖和帕爾農山(Parnon)的禿嶺之間凹下的拉西第蒙（Lacedaemon，指斯巴達）」[65]。面對人口增長、土地匱乏帶來的壓力，斯巴達只能武力征服鄰邦來解決資源問題。斯巴達公民權由父母雙方世襲繼承而來，只有公民之子才能成為公民。每一個家庭佔有一個世襲莊園，不得轉賣，莊園份地完全由黑勞士耕種。斯巴達的對外征服必然加重對黑勞士的壓榨和剝削，不時激起他們的反抗。在與黑勞士的長期對峙中，斯巴達人隨時準備投入戰鬥，一切只為城邦利益服務。戰爭是斯巴達人口下降的重要原因之一，大約到西元前4世紀早期，斯巴達人口僅有兩百年前的五分之一。[66]當然除了戰爭因素，還有天災人禍、疾病、移民、海外雇傭軍等等因素，造成斯巴達公民男性人口不足。與雅典婦女不同，部分斯巴達婦女參與了一個甚至多個家庭的管理，[67]婦女在這些家庭中佔據著重要地位，斯巴達男子七歲離家，和其他男子住在兵營直到三十歲。雖然他們在二十歲左右可以結婚，三十歲以後可以和家人住在一起，但是他的大部分生活仍然是在外進行軍事訓練、打獵、政治決策以及每天在公共食堂吃飯，這就造成了父親角色在家庭中的缺失。在斯巴達，很多婦女參與家庭的管理並肩負著教育子女的責任。

再次，多利安人歷來熱衷於殖民擴張，[68]擴張必然伴隨著武力強奪。多利安人的尚武精神在斯巴達男性公民職業軍人的特點上充分展現。對外擴張又使得城邦四面樹敵，當時希臘社會的動盪不安又帶來連續不斷的戰爭，斯巴達需要更多的公民奔赴戰場。因此城邦鼓勵生育，並給予婦女很多特權和自由。在西元前五世紀近一百年的時間內，斯巴達人經歷了希波戰爭（西元前492-前449年）、西元前464年的斯

---

and Fall of Women's Rights in Ancient Sparta, Published online: 20 March 2009, p. 223.
[65] N. G. L.哈蒙德著：《希臘史——迄至西元前322年》，朱龍華譯，第16頁。
[66] Aristotle, *Politics*, 1270a. 30-35；薩拉‧B. 波梅默羅伊、斯坦利‧M. 伯斯坦等著：《古希臘政治、社會和文化史》，傅潔瑩、龔萍等譯，第170-171頁。
[67] Xenophon, *Constitution of The Lacedaemonians*, 1. 9．
[68] N. G. L.哈蒙德著：《希臘史——迄至西元前322年》，朱龍華譯，商務印書館2016年版，第113-114頁。

巴達大地震以及伯羅奔尼薩斯戰爭（西元前 431-前 404 年），加之大批公民因為種種原因失去公民權，城邦公民總數大幅減少以致嚴重不足。新出生的男嬰，城邦會分給他一塊份地，隨份地還分給他若干戶耕種土地的黑勞士。呂庫古時代的 9000 份土地已經分給斯巴達 9000 個公民，這些份地經過近三百年的重新排列組合，早已各有其主，那麼新生兒分得的份地，只能靠國家繼續征服鄰邦獲得新的土地。這反過來又使得城邦必須保持一定的公民人數，才能保證軍籍不減，保證征戰取得勝利。為了使斯巴達婦女更多地孕育出強健的嬰兒，城邦鼓勵女性參加體育鍛練。征服戰爭改變了斯巴達人農業勞動的性質，他們從勞動者變為管理者，農業勞動基本全由俘虜去做，婦女的家務勞動也依賴奴隸。為了提高她們撫育孩子、管理家庭經濟和處理家庭事務的能力，斯巴達對女孩實行普遍教育，允許她們行動完全自由，並鼓勵婦女從家庭事務中解放出來從事其他活動，當男人致力於城邦公共事業和戰爭，斯巴達人為了集體利益授予婦女權利和義務去承擔傳統男性的職能，從而使斯巴達男人成為專職軍人，斯巴達婦女也因此在家庭財產繼承和管理方面享有充分的自主權。

最後，斯巴達土地繼承制度與格爾蒂的土地繼承制度有著千絲萬縷的聯繫，又有明顯的區別。克里特島作為米諾斯(Minos)文明的中心曾經在古希臘世界有著極高的歷史地位和影響力，可以說直到邁錫尼(Mycenaean)時代克里特無論在宗教、文化、手工藝還是社會政治、經濟等各個方面都一直引領著古希臘的風尚。米諾斯文明的餘輝和影響甚至一直持續到邁錫尼時代以後，當黑暗時代多利安人殖民克里特的時候，米諾斯時期的法律仍然在發揮作用。較落後的多利安人顯然會被克里特人這種較高級文明所同化。斯巴達人至少在克里特島建立了三個殖民地：格爾蒂(Gortyn)、波呂爾海尼亞(Polyrrhenia)和呂克托斯(Lyctus)。這些殖民城邦無疑建立在多利安人傳統習俗的基礎之上，並因地制宜採取克里特的法律、政治和經濟管理制度。埃夫魯斯(Ephorus)說斯巴達立法者呂庫古比對克里特進行殖民的阿爾達門尼斯(Aldamennis)晚了五代。[69]到黑暗時代末期，克里特島上的多利安人已經建立起共同的憲法制度，並一直保持到西元前 3 世紀。亞里斯多德在《政治學》中指出「到達呂

---

[69] Strabo, *Geography*, 10. 4. 18.

克托斯的初期移民採用了當地居民的政治制度「斯巴達人一直沿用全部舊法管理島上的農奴，這種法制據說還是從遠古的米諾斯王時代流傳下來的。」[70]斯巴達人自己也認為斯巴達法制是呂庫古從克里特採用過來的，[71]斯特拉波也提到呂庫古到達克里特之後，就和歌詠詩人兼立法專家泰勒斯(Thales)聯繫，向他學習米諾斯時代的法律。亞里斯多德曾說，「克里特制度不如拉西第蒙（斯巴達）制度精詳，史傳確曾記載斯巴達律制出自克里特律制；任何制度，先前的總是比較粗疏，而後起的則更加周到。」[72]亞里斯多德時代看到的「記載斯巴達律出自克里特律的史傳」，我們今天也許無法看到，但可以推測，呂庫古在斯巴達所創建的制度，大體上是以克里特島的傳統習慣法為本，並在斯巴達因地制宜進行揚棄和創新，使之完全適應斯巴達歷史發展的趨勢。從這一點來看，斯巴達婦女的家庭地位和土地財產的規制與克里特無疑有著某種內在聯繫和淵源。

　　格爾蒂婦女的土地繼承制度也必然建立在習慣法和傳統習俗的基礎之上，克里特孤懸海中的地理位置，以及獨特的自然環境，使島上各城邦有著大致相同的內外形勢，並得以長期保持一種穩定和平衡，所以《格爾蒂法典》有關家庭財產繼承的規定，大致能夠反映克里特各城邦的基本狀況。對古代社會來說，土地是一個國家最穩定、最可靠的經濟基礎，土地掌握在不同階層或不同集團的手中，會對國家政治結構產生不同的後果和影響。斯巴達婦女通過嫁妝、遺囑以及對家庭財產的繼承等方式擁有大量土地並可自主支配財產。隨著斯巴達土地的大量集中，許多貧窮之人因此喪失公民資格。

第二節　格爾蒂婦女的土地繼承權

　　《格爾蒂法典》反映的是一個財產私有的社會，即財產由個體成員所有，而不是家庭共同所有。家庭中的任何一個成員不能轉讓和買賣其它成員的財產，而只能處置自己的財產。格爾蒂的家庭及血緣關係極大影響到財產的繼承權。女性繼承人

---

[70] Aristotle, *Politics*, 1271b, 20-30.
[71] Herodotus, 1. 65, Translated by A. D. Godley, Loeb Classical Library, Harvard University Press, 1975.
[72] Aristotle, *Politics*, 1271b, 20-23.

只能嫁給男性近親，養子的唯一功能是為了家庭傳宗接代，如果他不能成功做到這一點，他就會喪失財產的繼承權。從總體來看，格爾蒂法典中有關財產及其繼承權的規定同古典時代希臘世界的普遍特徵並無不同。格爾蒂家庭的女兒有權繼承土地財產，儘管份額是其兄弟的一半。這一點並非格爾蒂所特有，而是多利安人社會的共同特徵。

一、格爾蒂婦女土地繼承概況

前面已經說過克里特島上有三大古老城市，[73]其中格爾蒂是一個規模僅次於科諾索斯的古老城市。亞里斯多德專門討論了克里特的政治體制，並將它與斯巴達的政體相比，「克里特人的政體同拉科尼亞人的政體相似,黑勞士為斯巴達人耕種土地,而庇里阿西人則為克里特人耕種土地。」[74]亞氏還認為，斯巴達的共餐制起源於克里特，而且克里特的共餐制的基礎比斯巴達更為公有化：「在所有共有的農業收成——包括牲畜和穀物——以及庇里阿西人交納的貢賦中，一部分獻給神祇或留作公用，另一部分則用於共餐制，以使所有人（男人、婦女和兒童）都能集體用餐。」[75]古希臘人通常認為法律來自於神授，如米諾斯王(Minos King)制定的克里特法律直接得自於神王宙斯(Zeus)的啟示。在米諾斯文明的極盛期，克諾索斯始終居統治地位。法律神授的觀念既反映了法律的神聖，也反映了人們對祖先傳統和一定社會規範的遵守。德摩斯梯尼提到在希臘人的殖民城邦羅克里斯(Locris)，人們堅持遵守舊法、保存祖先制度，如果有人想提議設立新法，他必須先在自己脖子上套一根繩子。如果該法不被人們所接受，提議者將被當場勒死。[76]所以很少有人膽敢犯險提議新法。可以推測，這種情況絕不僅僅發生在殖民城邦，因為殖民城邦的宗教信仰和生活傳統大都源自希臘本土的母邦。如果這種對傳統的遵守和對舊制的維護在古希臘普遍存在，

---

[73] 見本論文第 48 頁注釋。
[74] Aristotle, *Politics*, 1271b. 40-1.
[75] Aristotle, *Politics*, 1272a. 13-21.
[76] Demosthenes, *Against Timocrates*, 24, Translated by J. H. Vince, M. A., Loeb Classical Library, Harvard University Press, 1935.

那麼《格爾蒂法典》的形成，顯然與克里特居民的生活習慣和歷史傳統密切相關，更與米諾斯時代的法律制度一脈相承。只不過自黑暗時代多利安人殖民克里特之後，更多地融入多利安的社會習俗和文化傳統，以適應多利安人的社會生活。

格爾蒂的婦女既可以繼承父親家庭的動產，也可以繼承不動產（房屋和土地）。《格爾蒂法典》第IV欄[77]涉及婦女土地財產的繼承，規定格爾蒂婦女有權繼承父親的財產（包括土地）。只不過在繼承順序上兒子優先於女兒，而且女兒繼承的份額受到法律明文限制。格爾蒂與斯巴達和雅典最初的規定[78]不同，格爾蒂的土地可以轉讓和買賣。格爾蒂女性獨立擁有屬於自己的財產，而且丈夫無權處置妻子的財產，兒子也無權處置母親的財產；父親有責任管理屬於孩子的財產，但他不經孩子同意不能將其出賣或抵押。[79]在格爾蒂，即便一個婦女死去，如果她留有孩子，她的丈夫將不能處理妻子的遺產，除非孩子已經成年並贊成；父親只能代孩子管理這筆財產，但不能將其出賣或抵押。[80]因為這筆財產屬於孩子，而不屬於父親；法典也沒有夫妻之間能夠互相繼承財產的規定。可見，丈夫無權繼承亡妻的財產，妻子的財產只能留給她的孩子。如果一個婦女死去而沒有留下孩子，她的丈夫只能把屬於她的遺產歸還女方家庭的親屬，一般是其兄弟或侄子等，如法典第III欄(35-37)對沒有孩子而離世的婦女個人財產的規定，這名丈夫要將這份遺產及其在丈夫家所編織物的一半和她自己財產收益的一半歸還這名婦女的合法繼承人。[81]這裡的「合法繼承人」，根據法典第V欄(10-30)裡的規定，[82]指的是這位妻子的兄弟或兄弟的子嗣，或者其姐妹或姐妹的子嗣等女方的親屬成員。

在古希臘，女繼承人有權繼承父親家庭的財產和土地，但情況各有不同。雅典女繼承人名義上可以繼承父親的土地和財產，但她並沒有實際處置權，她的作用

---

[77] R. F. Willetts translated and edited, *The Law Code of Gortyn*, IV.31-45, De Gruyter Press, 1967, p. 42.
[78] 斯巴達和雅典最初都規定土地不可轉讓和買賣，但到古典時期無論是斯巴達還是雅典買賣和轉讓土地的現象都非常普遍。
[79] R. F. Willetts translated and edited, *The Law Code of Gortyn*, VI.15-20, De Gruyter Press, 1967, p. 44.
[80] R. F. Willetts translated and edited, *The Law Code of Gortyn*, p. 44.
[81] R. F. Willetts translated and edited, *The Law Code of Gortyn*, p. 41.
[82] R. F. Willetts translated and edited, *The Law Code of Gortyn*, p. 43.

只是確保土地和財產在死者與她兒子之間的合法過渡。古代斯巴達的女繼承人，如果未婚，她將嫁給斯巴達國王指定的人，斯巴達國王執行著女繼承人裁決人（epidikasia）[83]的職能。除了婚姻之外，斯巴達女繼承人在城邦公共生活方面享有極大的自由，斯巴達女繼承人可以自由地支配自己的財富，從西元前6世紀到西元前4世紀，斯巴達婦女是唯一不受希臘傳統約束的女性群體。[84]在格爾蒂，為了確保家庭財產和土地在家族之內傳承，女繼承人要嫁給他父親的兄弟之中最年長者。若其父親的兄弟都已不在世，就嫁給父親所有侄子中年齡最大的那位，如果那位堂兄（弟）本人不願結婚，則全部財產及其產品將由女繼承人支配。[85]如果女繼承人不願意嫁給這位堂兄弟，她要從所繼承的財產中拿出一筆錢送給這位堂兄弟以資補償，可見格爾蒂的女繼承人既可以支配自己的財產，也可以拒絕嫁給近親屬，某種情況下她可以嫁給部落之外的任何人，[86]甚至包括外邦人和奴隸。這與雅典的女繼承人必須在近親間婚配，以保證所繼承的土地和財產全部保存在家族之內不同，格爾蒂的女繼承人只保留部分財產在家族之內。

從某種程度上而言，嫁妝是對女性不能繼承家庭財產的一種補償，雖然古希臘不同城邦的婦女對嫁妝的支配權不同，但嫁妝是每個女人最可靠的生活保障。斯巴達盛行奩贈（包括動產和不動產）習俗，這種習俗非常不利於男子的財產繼承。[87]古代社會盛行門當戶對的婚姻觀念，富有之家因娶得擁有豐厚嫁妝的女性而變得更富；貧窮之家反因嫁女的一筆嫁妝而更窮。由於男子要去從軍打仗，這導致斯巴達公民家庭為了保住財產往往不重生男而重生女。在格爾蒂，婦女的奩贈規模不得超過父親遺留給諸子各份財產的半數。格爾蒂婦女的嫁妝就是她分得的家庭財產份額，那麼其嫁妝內容當然包括土地財產。由於格爾蒂婦女的嫁妝（或繼承

---

[83] Epidikasia，指斯巴達女繼承人的裁決官或有遺產繼承資格的與死者關係最近的死者親屬。參見 David M. Schaps, *Economic Rights of Women in Ancient Greece,* 所附術語(Glossary)。
[84] 阿諾德・湯因比：《希臘精神》，喬戈譯，商務印書館 2015 年版，第 37 頁。
[85] R. F. Willetts translated and edited, *The Law Code of Gortyn*, VIII.45-50, De Gruyter Press, 1967, p. 46.
[86] R. F. Willetts translated and edited, *The Law Code of Gortyn*, VIII.15, De Gruyter Press, 1967, p. 46.
[87] Aristotle, *Politics,* 1270a. 25-30.

物)是她的個人財產,那麼離婚時或丈夫死亡時,這些財產自然跟隨她;她死亡時則傳給她的孩子。

綜觀斯巴達和格爾蒂對婦女土地繼承的法律規定和實際狀況,它們的不同之處在於:第一,斯巴達婦女繼承的土地面積和數量明顯要超過格爾蒂婦女的土地繼承數量。斯巴達男性在繼承順序上不會比婦女有更多的優勢,而且一個斯巴達婦女實際佔有的土地面積,不一定少於一個斯巴達男人所佔有的土地面積。[88]而且除嫁妝外,斯巴達婦女還可以再繼承父親或亡夫的遺產。第二,格爾蒂婦女在家庭財產和土地繼承上明顯受到數量的限制,就嫁妝而言,按照夏普斯(David M. Schaps)的說法,「格爾蒂女人的嫁妝就是她分得的財產份額,如果她從父親那裡收到嫁妝,她就沒有權利再索要財產;當財產被分割以後,她得到了嫁妝的份額,就不能再從兄弟那裡索取嫁妝。」[89]這當然也適用於格爾蒂婦女的嫁妝和財產繼承情況。第三,在家庭財產管理和土地繼承上,斯巴達婦女比格爾蒂婦女擁有更多自主性和可能性。斯巴達實行的是軍事共同體制度,窮兵黷武的對外擴張和對內鎮壓黑勞士,使得男人隨時都在軍營待命,也導致婦女在家庭事務和財產管理方面擁有更多自主權利。斯巴達的農奴(黑勞士)彷彿叢莽中的一支伏兵,遇到機會隨時起來反抗斯巴達人,但是克里特直到亞里斯多德的時代都沒有發生過農奴起義的事情。[90]斯巴達和格爾蒂面臨著不同的內外環境,兩個城邦的男人在家庭生活中所起的作用也大不相同。雖然《格爾蒂法典》沒有提及婦女能否處置丈夫的財產,但從「丈夫不能處理妻子的財產」和「兒子不能處理在世父親的財產,也不能處理母親的財產」的規定來看,格爾蒂婦女顯然不能和斯巴達婦女一樣,在不屬於自己的財產方面擁有自由處置權。

---

[88] Aristotle, *Politics*, 1270a. 20-25.
[89] David M. Schaps, *Economic Rights of Women in Ancient Greece,* p. 86.
[90] Aristotle, *Politics*, 1269a. 37-40.

二、格爾蒂婦女繼承土地的原因

　　克里特島上的克諾索斯城，早在新石器時代就有著無與倫比的地位。克里特孤懸海中的地理位置使得島上的居民很早就擁有熟練的航海技能，希羅多德說米諾斯王是第一個獲得地中海統治權的人。[91]自青銅時代（西元前 3000-前 2000 年）就有來自小亞細亞的移民定居於克里特的東部和中部，與克諾索斯新石器時代的居民相互融合，這些克里特居民被稱為最早的米諾斯人。[92]很顯然，格爾蒂有關婦女繼承土地的制度，既與遠古時代以來克里特島土著居民的生活傳統以及與小亞細亞移民的民族融合有關，更與米諾斯時代的法律制度有關，而在克里特與古埃及商貿往來和交流的過程中，自然也會受到古埃及婦女土地繼承制度的同化和影響。

（一）格爾蒂自身原因分析

　　《格爾蒂法典》有關婦女繼承土地的規定，無疑反映了克里特婦女的土地繼承狀況。我們分析一下克里特婦女繼承土地的原因：首先，西元前 1600 年到西元前 1400 年，克里特人與古埃及有著很密切的聯繫。克里特的銅制武器久負盛名，歐亞非三大洲之間的金屬和武器貿易，使米諾斯文明下的克里特獲利甚豐。當男人忙於航海貿易或戰爭，婦女擁有和繼承土地也就是很自然的事情，當然這也是克里特母系社會的殘留，因為「真正的克里特人確有通過女性來繼承家產的習俗和慣例」[93]；其次，克里特向近東及埃及出口的貨物主要是皮革、肉類、木材和金屬武器，而不是穀物或其他農業產品，這說明克里特的農業並不發達，而且古代社會作為主要社會財富的土地，其主要用途是放牧牲口，而不是用來農業生產。[94]芬利(M. I. Finley)

---

[91] Herodotus, 3, 121-123, Translated by A. D. Godley, Loeb Classical Library, Harvard University Press, 1975; Strabo, 10. 4. 8.
[92] N. G. L.哈蒙德：《希臘史——迄至西元前 322 年》，朱龍華譯，商務印書館 2016 年版，第 30-31 頁。
[93] A. S. F. Gow and D. S. Robertson edited, *The Early Age of Greece*, Volume 2, Cambridge University Press, 1931, p. 67.
[94] M. I. Finley, *The World of Odysseus*, Reprinted in the Penguin Books, 1991, pp. 55-73.

在《希臘的遺產》裡提到亞里斯多德所強調的自給自足的標準，實際上對於古希臘大多數的城邦不可能達到，古典時代開始以前，這些城邦已經被迫年復一年的進口糧食；[95]再次，由於克里特島山脈縱橫，島上各城邦間的交通極為不便。克里特島最富饒的耕地位於格爾蒂和菲斯托斯(Phaestus)的平原上，以盛產糧食的格爾蒂為例，格爾蒂位於克里特島的內陸位置，其出行極為不便，離最近的利比亞海有 90 斯塔第阿（stadia，古希臘距離單位），[96]而克里特的天然良港都在島的北側面向愛琴諸島的方向。普魯塔克提到希臘許多地區都出現過一些攔路劫掠的強盜歹徒，直到忒修斯時代這種現象仍很猖獗，[97]那麼在克里特也不例外。在這種情況下，即便格爾蒂的糧食生產有剩餘，在驢駄馬運的條件下，加上暴徒攔路劫掠的風險，農產品既不可能在城邦之間大量交換，也不可能大規模的遠航貿易；最後，如果農業或畜牧業產品不能用來大規模交換，那麼在保證基本所需的情況下，農業生產者必然會從事別的社會活動，以謀取更多財富。航海貿易正好滿足了人們的這一需求。雖然土地作為古代社會最穩定的經濟基礎始終佔據重要地位，但對處於內陸城市的格爾蒂的男人來說，相對於農田耕作和畜牧放養，也許多擁有幾條可以遠航的商船比多擁有土地更有實際意義。由此推知，克里特島上那些靠近港口的城市更是如此。

（二）格爾蒂土地繼承制度溯源

　　克里特島與埃及的交往自青銅時代中期就已經非常頻繁，這從克諾索斯(Cnossus)和菲斯托斯(Phaestus)的工匠仿製當時古埃及第十二王朝的工藝品，以及米諾斯壁畫和陶器上對埃及題材的採用可以得到證實。在克里特島發現的青銅時代的黃金、象牙、彩陶、皂石製成的首飾和印章以及精美的石製花瓶，也反映了來自埃及的影響，到青銅時代末期這種影響日益顯著。[98]瓦爾特·伯克特指出，「東方產品

---

[95] M. I. 芬利編著：《希臘的遺產》，張強、唐均等譯，上海人民出版社 2004 年版，第 14 頁。
[96] Strabo, *Geography*, 10. 4. 7.
[97] Plutarch, *Theseus*, 6. 4-7, Translated by Bernadotte Perrin, Loeb Classical Library, Harvard University Press, 1967.
[98] N. G. L.哈蒙德：《希臘史——迄至西元前 322 年》，朱龍華譯，商務印書館 2016 年版，第 31 頁。

在希臘出現，不僅是商人將東方貨物輾轉販賣到希臘，而且還有來自東方的工匠直接向希臘人傳授技術。」[99]東方國家的君主集權制和重農抑商的政策，很可能導致一部分擁有熟練手工藝技術的工匠，為了某種理由或利益以外邦人身份移民希臘大陸和地中海各島嶼，於是東方特色手工藝術就在地中海世界傳播開來。古埃及第十一王朝和克里特甚至希臘大陸有過更廣泛的接觸，克里特在宗教崇拜方面深受古埃及影響。如上埃及黑人法老的聖物是鷹和公牛神(Mont)；同一世紀克里特也開始崇拜公牛。[100]600年後，古埃及第十二王朝將公羊神阿蒙作為他的聖物，於是在地中海世界也發現了與宙斯相聯繫的公羊崇拜。[101]斯特拉波指出克里特人很早就控制了地中海，[102]在西元前1600-前1400年，克里特島上的繁榮很大程度上依賴於它與近東和古埃及文明的商貿往來。西元前15世紀中期，埃及新王國時期的第十八王朝在黎凡特地區建立了強大的帝國，並接受愛琴海地區的朝貢。[103]第十八王朝是古埃及歷史上延續時間最長、國力最鼎盛的朝代，這一時期埃及與克里特之間一直保持外交和貿易往來，[104]如埃及底比斯的塞涅姆特墓的壁畫展現了使節奉獻米諾斯金銀器皿工藝品的畫面。這種商貿往來必然伴隨著文化的碰撞和整合。

西元前13世紀後期，希臘大陸動盪不安，近東地區大規模的劫掠使得古埃及中斷了和地中海的聯繫。[105]黑暗時代的大移民浪潮摧毀了青銅時代的文明，導致三百多年的大動亂，期間商旅斷絕，地中海世界處處充滿掠劫和遷移。西元前9世紀以後斯巴達、克里特等地出現了「東方化風格」的陶器藝術，[106]瓦爾特·伯克特指出，賽普

---

[99] 瓦爾特·伯克特：《東方化革命》，劉智譯，上海三聯書店2014年版，第14頁。
[100] Martin Bernal, *Black Athena: The Afroasiatic Roots of Classical Civilization*, Volume 1, Edinburgh University Press, 1987, p. 18.
[101] Martin Bernal, *Black Athena:The Afroasiatic Roots of Classical Civilization*, Volume 1, Edinburgh University Press, 1987, p. 19.
[102] Strabo, *Geography*, 10. 4. 17, Translated by H. L. Jones, Loeb Classical Library, Harvard University Press, 1961.
[103] Martin Bernal, *Black Athena: The Afroasiatic Roots of Classical Civilization*, p. 21.
[104] A-M.威特基、E.奧爾斯毫森、R.希德拉克主編：《古代世界歷史地圖集》，葛會鵬，古原馳等譯，華東師範大學出版社2016年版，第24頁。
[105] N. G. L.哈蒙德：《希臘史——迄至西元前322年》，第69頁。
[106] N. G. L.哈蒙德：《希臘史——迄至西元前322年》，第140頁。

勒斯島和克里特島一直都在進行「東方化」，它們在東方對希臘產生影響的過程中有著特殊的地位。[107]可見這一時期斯巴達、克里特等城邦與埃及和近東文明交往密切，並深受其影響。希羅多德和普魯塔克都認定呂庫古曾訪問了古埃及，並對古埃及把軍人和其他社會階層分開的創舉讚歎不已。[108]希羅多德還指出「當年輕人遇到年長者時要避讓一旁；而當年長者經過，他們要從座位上站起來以示尊敬，這在希臘人當中只有斯巴達人和埃及人有這種風俗。」[109]可見斯巴達不光吸取了克里特社會制度中的先進內容，還吸收了古埃及人社會禮儀等方面的內容。古希臘語言中有許多埃及語和閃米特語的成分，[110]克里特的宗教信仰與古埃及的宗教崇拜也有著歷史淵源。高級文明對低級文明的影響和滲透，往往是潛移默化而又無孔不入的，克里特與近東地區尤其是與古埃及的文化交流和商貿往來，必然伴隨著不同文化之間的同化和整合。下面我們從具體財產形式來分析古埃及婦女的財產繼承制度與克里特的異同。

第一，彩禮和嫁妝。古埃及婚約最初是由新郎和新娘父親簽訂的，新娘的父親是彩禮的接收者。彩禮是男方在婚約中贈送給女方的禮物，古埃及人的彩禮通常是一筆錢；嫁妝是新娘在出嫁時帶到新郎家中的財產，其所有權歸屬妻子，婚姻存續期間，丈夫是這筆財產的實際所有者，由丈夫全權管理和掌控。但是一旦離婚，妻子有權索要這筆財產，丈夫必須歸還。[111]從格爾蒂法典可知，克里特的習俗與此極為相似。但到古埃及第26王朝時期（西元前664-前525年），埃及新郎開始直接與新娘本人締結婚約，且彩禮的接收者是新娘本人。[112]這與同時期古希臘人的風俗大相徑庭。但我們討論的是古代埃及國家統一、政權穩定時對地中海世界的影響，新王國之後的第三中間期（西元前1080-前664年）以及晚王朝時期（西元前664-前

---

[107] 瓦爾特·伯克特：《東方化革命》，劉智譯，上海三聯書店2014年版，第11頁。
[108] Plutarch, *Lycurgus*, 4.6.
[109] Herodotus, 2. 80.
[110] Martin Bernal, *Black Athena: The Afroasiatic Roots of Classical Civilization*, Volume 1, Edinburgh University Press, 1987, pp. 90-97.
[111] 徐海晴：《婚約中的婦女：托勒密埃及婦女家庭地位研究》，復旦大學2013年博士學位論文，第28頁。
[112] 徐海晴：《婚約中的婦女：托勒密埃及婦女家庭地位研究》，第20-21頁。

332 年），古埃及國家分裂，地方統治者各自為政，埃及已經逐漸喪失了往昔對古代世界的影響力。在古埃及的家庭中，女兒享有的權利主要體現在對家庭財產的繼承方面，由於古埃及人對於父母財產的繼承並不一定發生在父母去世之後，所以女兒在出嫁時，往往可以提前以嫁妝的形式帶走一部分家庭財產。而兒子則在父母過世後才能得到屬於自己的那部分遺產。[113]通常情況下，女兒所繼承的家庭財產主要為動產，且繼承份額與兒子繼承份額相比要少許多。克里特婦女繼承財產的份額與此相比本質上沒什麼不同。

第二，土地。古埃及家庭的母親可以通過「家庭協定」的方式把自己的土地財產轉讓給她的子女。這表明在埃及文明之初，婦女就擁有獲得不動產的權利。[114]法老時期的婦女在法律上擁有與男性相同的權利，她們能夠繼承、擁有並支配她們自己的財產。古代埃及社會在一定程度上是母權制社會，婦女不僅是家庭內的主人，而且地產的繼承也是按母系進行的。[115]古代埃及土地制度的特點使婦女處於有利地位，因為土地的買賣和轉讓需經過國家的批准和國王證書的承認。[116]這樣，贈送與繼承就成為財產轉移和傳遞的主要渠道。儘管男孩的地位在古埃及家庭中仍是無可取代的，並且在為死去的父母舉辦葬禮和主持祭祀活動等方面而言，兒子被認為是理所當然的人選。[117]但在子女繼承家產和土地的同時，兒子可能會因為沒有盡到對父母的贍養或喪葬義務而失去繼承資格。[118]一般而言，承擔喪葬義務的子女可以優先繼承家庭財產。[119]希羅多德提到在古代埃及，兒子除非出於自願，否則並沒有贍養雙親的義務，而婦女無論如何都要贍養雙親。[120]所以婦女繼承家庭財產和土地的資格是毋庸置疑的。克里特女性可以繼承家庭的土地財產，這一點《格爾蒂法典》

---

[113] Russ VerSteeg, *Law in Ancient Egypt*, Carolina Academic Press, 2002, p. 142.
[114] 張曄、劉洪采：《法老時代的埃及婦女在家庭中的地位》，《世界歷史》2004 年第 2 期。
[115] 鄒文星：《古埃及時代婦女地位較高原因之探析》，《東疆學刊》2009 年底 4 期。
[116] 劉文鵬：《古代埃及史》，商務印書館 2010 年版，第 170 頁。
[117] 金壽福：《永恆的輝煌——古埃及文明》，復旦大學出版社 2003 年版，第 75 頁。
[118] 徐海晴：《婚約中的婦女：托勒密埃及婦女家庭地位研究》，復旦大學 2013 年博士學位論文，第 80 頁。
[119] 同上。
[120] Herodotus, 2. 35.

裡也有規定。

　　第三，禮物及其他。古埃及婦女收到的禮物，除了服裝、首飾之類的小禮物，也會有土地或房屋這類不動產。例如父母送給女兒一塊土地作為禮物，女兒如果出售必須優先售給其兄弟姐妹，只有當其兄弟姐妹不願意購買時她才能將其賣給別人。古埃及婦女得到的土地、房屋等禮物，理論上丈夫無權過問，但實際生活中婦女經營的地產都處於丈夫的控制之下。[121]法老時期埃及婦女可以子女的名義獲取家庭財產和土地，其中以丈夫對妻子承諾的離婚補償最為常見。古代埃及夫妻之間習慣上並不互相繼承財產，一方去世之後財產通常由兩人的子女繼承，如果沒有孩子，死者的財產由其兄弟姐妹平均分配，如果沒有孩子也沒有兄弟姐妹，就由死者的父母繼承。[122]不難看出，格爾蒂法典中對於家庭財產的相關規定也與此相似，只不過在繼承順序上稍有差異，古埃及男人在無子嗣且無兄弟姐妹時，財產由其父母繼承；克里特在這種情況下，若無近親則由其家族內的遠親繼承。[123]

　　通過以上的比較，我們發現，格爾蒂婦女的土地繼承制度與古埃及婦女的土地繼承制度有很多相似的地方，甚至在某些方面是古埃及婦女土地繼承制度的翻版。那麼，克里特的城邦制度和法律制定是否受到古埃及的影響？如果這一設想成立的話，可否推測克里特婦女繼承土地的傳統既有克里特自身的原因，也有古埃及文明輻射的因素？荷蘭埃及學家 P. W. 佩斯特曼在其《古代埃及的婚姻和婚姻財產》[124]一文中，總結和評價了古埃及婦女的法律地位，認為法老時期的婦女享有極高的法律地位，在許多方面都近乎與男性完全平等，不過到了托勒密時期，在希臘法律的影響下，埃及婦女的這一法律地位逐漸喪失。裔昭印教授在其《古希臘的婦女——文化視域中的研究》一書中指出，古埃及法律規定婦女享有財產權和繼承權，並可以根據自己的意願自由地立遺囑，而且古埃及的女奴隸有時也像自由民一樣擁有土

---

[121] Carolyn Graves-Brown, *Dancing for Hathor: Women in Ancient Egypt*, New York: Continuum, 2010. p. 41.
[122] Russ VerSteeg, *Law in Ancient Egypt*, Carolina Academic Press, 2002, p. 138.
[123] R. F. Willetts translated and edited, *The Law Code of Gortyn*, Col. V. 15-20, De Gruyter Press, 1967, p. 43.
[124] P. W. Pestman, *Marriage and Matrimonial Property in Ancient Egypt*, Leiden, 1961.

地財產。[125]連女奴都能擁有土地，古埃及家庭婦女擁有土地更是無可厚非。通過現存的《格爾蒂法典》，我們多少瞭解到格爾蒂城邦以及克里特婦女的一些情況。不過，由於缺少考古學證據，克里特婦女土地繼承制度究竟有沒有受過古埃及的影響，這一點需要筆者留待以後再作研究。

馬丁·伯納爾(Martin Bernal)在《黑色雅典娜》中論證了西元前兩千年上半期古埃及人和腓尼基人殖民希臘的歷史真實性，[126]這一時期正是古埃及第十二王朝時期，前文已介紹過這一時期古埃及與克里特島的商貿往來頻繁。按照伯納爾的理論，如果古埃及人達納俄斯(Danaus)和他的五十個女兒曾經殖民伯羅奔尼薩斯半島的阿爾戈斯(Argos)[127]，那麼達納俄斯很可能會把古埃及的生活習慣和文化傳統帶到伯羅奔尼薩斯和克里特（因為到克里特殖民的有阿爾戈斯的多利安人），由於古埃及與當時的古希臘相比屬於高級文明，古埃及這種婦女繼承土地的習俗很可能會在多利安人中間產生影響。克里特人所沿襲的多利安方言和制度主要歸功於阿爾戈斯人的殖民，在整個古典時代，克里特一直置身希臘大陸各種事務之外。究其原因，大衛斯(J. K. Davis)認為，很可能源於阿爾戈斯人自身不介入希臘強權的政策影響到了克里特島。[128]此外，阿爾戈斯人還積極將習慣法制定成法典，如《格爾蒂法典》等。這裡的「阿爾戈斯人」，很可能就如伯納爾所說的，曾被古埃及人達納俄斯殖民的阿爾戈斯人的後代，他們之所以會有不介入希臘強權的政策，是由於當初埃及人在希臘大陸殖民時的勢單力孤、勉力自守的形勢所致。大衛斯的這種說法也驗證了伯納爾關於古代埃及曾經殖民希臘的理論。如果伯納爾的理論是正確的，古埃及人的這次殖民無論是對阿爾戈斯人，還是對伯羅奔尼薩斯半島的所有多利安人都意義深遠。隨

---

[125] 裔昭印：《古希臘的婦女——文化視域中的研究》，商務印書館 2001 年版，第 214 頁。
[126] Martin Bernal, *Black Athena: The Afroasiatic Roots of Classical Civilization,* Rutgers University Press, 1987, p. 2.
[127] 阿爾戈斯位於伯羅奔尼薩斯半島，擁有最肥沃的耕地和牧場，以及面向克裡特島的優良港口瑙普利亞和阿西涅，沿海岸往南是拉西第蒙人佔領的拉哥尼亞平原。參見哈蒙德《希臘史》，第 15-16 頁。
[128] J. K.大衛斯：《民主政治與古典希臘》，黃洋、宋可即譯，上海人民出版社 2010 年版，第 39 頁。

著埃及文化和生活習俗的傳入，古埃及關於婦女繼承土地的習俗，可否推測，在多利安人城邦形成之前，已經成為多利安人的一種傳統，並在城邦形成之後固定為習慣法，直到古典時代末期仍然影響著多利安人的生活？當然為了驗證這一推斷，還需要大量令人信服的考古學資料和嚴謹細緻的論證。

第三節　雅典婦女的土地財產權

一般認為，西元前 7 世紀以前，阿提卡的所有土地都為氏族所控制，個人沒有直接的所有權。[129]在梭倫之前，沒有子嗣的雅典人是沒有權利把自己耕種的土地遺贈給他人的，一個沒有子嗣的人死後，其土地和財產自動歸還氏族。也就是說，他們沒有全部的土地所有權，土地不可轉讓和買賣。到了西元前 4 世紀，雅典土地的佔有者不僅有權轉讓或抵押自己的土地，而且有權出賣它們。[130]土地始終是古希臘最重要的經濟資源和家庭財產形式。色諾芬在其《經濟論》中借蘇格拉底之口強調土地和農業的重要性——農業是其他技藝的母親和保姆。[131]也就是說，土地是其他一切物質活動的基礎。擁有土地也是一個人具有城邦公民權的象徵。復旦大學黃洋教授在其《古代希臘土地私有制的確立與城邦制度的形成》一文中指出，「無論是在斯巴達還是雅典，公民權都包括了兩方面的內容，即土地所有權，以及建立在此基礎之上的相應的社會與政治權利。」[132]可見土地對於古希臘城邦公民的重要意義。

---

[129] Fine, A. J. V., "*Horoi: Studies in Mortgage, Real Security, and Land Tenure in Ancient Athens*", *Hesperia Supplement,* Vol. 9, 1951, pp. 1-225.

[130] Fine, A. J. V., "*Horoi: Studies in Mortgage, Real Security, and Land Tenure in Ancient Athens*", *Hesperia Supplement,* Vol. 9, 1951, pp. 1-225; Finley, M. I., "Reviewed Work(s): Studies in Land and Credit in Ancient Athens 500-200 B. C. The Horos-Inscriptions." *Gnomon,* 25. Bd., H. 4(1953), pp. 223-231.

[131] 色諾芬：《經濟論、雅典的收入》，張伯健、陸大年譯，商務印書館 2014 年版，第 19-20 頁。

[132] 黃洋：《古代希臘土地私有制的確立與城邦制度的形成》，復旦大學學報（社科版）1995 年第 1 期。

一、雅典婦女不能佔有土地的原因

（一）從荷馬時代到古風時期的社會傳統

我們對古風時期以前的社會知之甚少，一般認為，荷馬史詩大體反映了希臘早期社會發展某個階段的歷史真實。[133]黃洋在《古希臘土地制度研究》中指出荷馬史詩反映的是西元前 9-8 世紀的希臘社會生活。[134]在荷馬史詩《奧德賽》中，奧德修斯的兒子對求婚者說：「既然奧德修斯已經身亡，我將統掌我的家庭……」[135]這表明一旦奧德修斯死亡，他的所有財產都將由其子忒勒馬科斯繼承；「我不能逼迫生我養我的母親，違背她的心意把她趕出家門……倘若我決議遣回母親，我得拿出大批財物，送給伊卡里俄斯(Icarius)——忒勒馬科斯母親珀涅羅珀的父親，否則我不光被他的父親傷害，還要受到神靈的譴責。」[136]這段話儘管是回復求婚者的託辭，但也表明荷馬時代的古希臘，如果父親死亡，成年的兒子有權讓母親離開或改嫁他人，但要支付給母親娘家一筆財物，這筆財物可能是嫁妝的擔保，但顯然不包括土地和房產。這樣看來，死者的妻子是沒有土地繼承權的。《伊利亞特》中當法伊諾普斯(Phaenops)在特洛伊(Troy)戰場痛失二子之後，史詩寫道：「……他們的父親已邁入淒慘的暮年，已不能續生子嗣繼承他的家產……遠親們將瓜分他的財產。」[137]這裡雖未提及法伊諾普斯有沒有女兒，但他的財產只能由兒子繼承，兒子死了，直接由其「遠親」繼承；排在兒子繼承順序後的是遠親，而不是其妻子或家中女性親屬。有關這樣的例子在荷馬史詩裡多處提到，這些內容給我們傳達的資訊是：荷馬時代一個男人的家產，是由兒子世襲繼承的；如果有多個兒子，家產會在兒子中間平分；如果沒有兒子，由其近親屬繼承。對於古希臘人來說，構成一個家庭的要素不僅包

---

[133] 參見 M. I. Finley, *The World of Odysseus*, Penguin Books, 1962。
[134] 黃洋：《古代希臘土地制度研究》，復旦大學出版社 1995 年版，第 23 頁。
[135] Homer, *Odyssey,* 1. 398-399, Translated by A. T. Murray, Loeb Classical Library, Harvard University Press, 1945.
[136] Homer, *Odyssey*, 2. 130-135.
[137] Homer, *Iliad*, 5. 151-160, Translated by A. T. Murray, PH.D., The Loeb Classical Library, Harvard University Press, 1928.

括家庭成員,而且包括它所佔有的財產,主要是土地和奴隸。[138]而擁有土地和奴隸的往往是貴族家庭,他們壟斷了社會生活的各個方面,並控制著農耕社會最主要的經濟資源——土地。

　　赫西俄德(Hesiod)的詩歌《工作與時日》,反映了古風時期的農耕生活和社會面貌。與荷馬史詩一樣,它所描述的仍然是以「*oikos*」為中心的經濟模式,家庭財產和土地為個人所有,人們要通過勞動增加羊群和財富。「應該只生一個兒子,家中的財富才能增加。」[139]可見,一個兒子能保全家產,幾個兒子分裂家產,結果大家都難以為生。無論荷馬史詩還是赫西俄德的作品裡,在家庭土地繼承和財產分配上,我們都找不到女性的影子。在以農業勞動為基礎的古希臘社會,很顯然婦女不能像男人一樣創造更多價值。而且古希臘女性在年齡很小時就必須嫁出去,如赫西俄德勸告自己的弟弟:「要娶一位少女,以便你可以教會她謹慎為人。」[140]波默羅伊也提到,雅典女孩的初婚年齡是 14 歲,[141]這就意味著,原生家庭剛剛把她撫養成人,她就要屬於夫家,並在夫家成長為一個具有熟練勞動能力的人,為夫家管理家務並生育子女。既然她不是原生家庭裡的常住人口,在分配家產時也就沒必要考慮在內,那麼在土地繼承上也就沒什麼權利。這種社會習俗和傳統從荷馬時代到古風、古典時期,已經在古代雅典人的生活觀念中根深蒂固。

(二) 阿提卡厭惡女性的社會傳統

　　阿提卡居民主要是愛奧尼亞人,直到古典時期阿提卡一直都在使用愛奧尼亞方言。雅典統一阿提卡之後,阿提卡也一直保留其愛奧尼亞傳統,如各氏族都敬奉自己的祖先神祠,都堅守其社會習俗和部落制度等等。那麼歧視甚至厭惡女性的觀念,很可能也是愛奧尼亞傳統的一部分。在西元前 8 世紀的赫西俄德和西元

---

[138] 黃洋:《古代希臘土地制度研究》,復旦大學出版社 1995 年版,第 42 頁。
[139] Hesiod, *Works and Days*, 376-379. Translated by Hugh G. Evelyn-White, M. A., Loeb Classical Library, Harvard University Press, 1920.
[140] Hesiod, *Works and Days*, 695-699.
[141] Sarah B. Pomeroy, *Goddesses, Whores, Wives, and Slaves, Women in Classical Antiquity*, Schocken Books, New York, 1975, p. 64.

前 7 世紀中期的塞蒙尼德斯(Semonides)的詩歌裡，我們很容易就能找到對女性的厭惡情緒。赫西俄德生活在彼奧提亞(Boeotia)的赫利孔山(Helicon)[142]，其地毗鄰阿提卡，都屬於愛奧尼亞人為主的中希臘地區。塞蒙尼德斯則生活在愛奧尼亞人的移民城邦薩摩斯島，愛奧尼亞人很早就在薩摩斯島上建立了赫拉神廟。[143]據說後來塞蒙尼德斯又去了愛奧尼亞人殖民的阿摩爾戈斯島[144]。希羅多德曾說，「老實講，所有的伊奧尼亞人都是起源於雅典的，都是舉行阿帕圖利亞祭[145]的。」[146]由於這一時期別的愛奧尼亞詩歌或文字記錄留存於世的不多，在有關對女人的描述方面，某種程度上可以說，赫西俄德和塞蒙尼德斯對婦女的厭惡態度，最能反映愛奧尼亞人歧視女性的傳統觀念。

　　阿提卡拋棄女嬰的習俗顯然是愛奧尼亞人歧視女性的典型表現。而且棄嬰現象並沒有隨著城邦制度的建立和社會的發展而消亡。一些古典學者指出即便到古典時期阿提卡棄嬰現象仍然很普遍。如蘇·布蘭戴爾在其《古希臘的婦女》一書中，認為「或許即使不從嬰兒的性別考慮，這些嬰兒也有很大被拋棄的風險，如私生子或庶子，生病或有殘疾的孩子。」[147]波默羅伊指出，「即便排除大量殺嬰的慣例，古典時期雅典嬰兒的自然死亡率也是相當之高……而且女嬰被拋棄的數量要多於男嬰。」[148]格爾登(M. Golden)則認為，雅典女性早婚和婦女頻繁再婚的事實導致適婚女性的供大於求，唯一能夠避免這種現狀的是雅典人拋棄 10%的女嬰。[149]遺棄女嬰

---

[142] *The Oxford Classical Dictionary*, Fourth edition, 2012, p. 678.
[143] N. G. L.哈蒙德：《希臘史——迄至西元前 322 年》朱龍華譯，商務印書館 2016 年版，第 119 頁。
[144] 阿摩爾戈斯島(Amorgos), 此島屬於古希臘基克拉底斯群島，西元前 900 年愛奧尼亞人在此建立三個殖民城邦 Arcesine, Minoa 和 Aegiale，參見 *The Oxford Classical Dictionary*, Fourth edition, 2012, p. 1343; p. 72.
[145] 伊奧尼亞就是愛奧尼亞。所謂阿帕圖利亞祭，指在雅典和大多數愛奧尼亞的城市中每一胞族的成員們，在十月末和十一月初這段時期舉行的祭典，每次持續三天，在最後一天裡，將正式接受成年的青年為胞族成員。
[146] Herodotus, 1. 147.
[147] Sue Blundell, *Women in Ancient Greece,* Harvard University Press, 1995, p. 130.
[148] Sarah B. Pomeroy, *Goddesses, Whores, Wives, and Slaves, Women in Classical Antiquity*, Schocken Books, New York, 1975, p. 69.
[149] M. Golden, "Demography and the Exposure of Girls at Athens", *Phoenix 38*, pp. 308-24.

的行為本身對婦女的財產繼承沒有直接影響，但厭惡和歧視女性的傳統觀念卻是導致婦女沒有土地繼承權的關鍵原因。無論是從宗教淨化的角度視女人為不潔之物[150]，還是從嫁妝的角度視女人為家庭經濟的累贅，總之女人對其原生家庭來說，即便不是負擔，也無法成為創造家庭財富的主要勞力。在古代農業社會，一個能夠承擔農田工作的勞動力對個體家庭尤為重要——社會分工本身決定了女人的日常活動內容。既然如此，土地這麼重要的家庭財產，不可能讓女兒擁有繼承權，她既不是耕地的主要勞力，也不算父親家庭的常住人口，那麼土地就只能留給兒子，以確保土地在家庭內傳承。但凡女兒出嫁的事實存在，家庭就會對女性繼承土地的可能性加以排斥。畢竟女兒終歸是「外人」。這一點也體現在雅典人對待取得公民權的外邦人的態度上。

（三）氏族與歸化民的劃分

在克利斯提尼改革之前，雅典一直建立在胞族[151]組織之上，胞族由氏族和歸化民[152]兩部分人組成，氏族成員擁有土地，且土地不可轉讓[153]；歸化民沒有土地只能經營工商業。這種部落制國家形成之初，氏族的數目已經固定下來，此後祖籍世代相傳，氏族數目也不再增加。土地也只在這些氏族各家庭內部世襲傳承，而且家族份地只傳於家內，若家族絕嗣，則留於氏族內。[154]份地是家庭的生命線，在此有他們的房屋、神龕和墓地，直接或間接地提供他們需要的一切。[155]歸化民可以通

---

[150] 古希臘人認為，女人的懷孕、分娩、月經、性交，都是一種「不潔」現象，並因此認為女人是「不潔」的代名詞。如果某人曾經接觸過死亡和分娩，那麼他將在一段時間內禁止參加祭祀活動，而且不能夠進入神廟。參見 Robert Parker, *Miasma: Pollution and Purification in Early Greek Religion*, Clarendon Press, 1983, pp. 32-53.
[151] 全體居民歸屬於四個部落，每一部落下有三個胞族，每一胞族成員擁有土地（份地）是特定而不可轉讓的。
[152] 歸化民即避難到阿提卡的外邦人。參見 N. G. L.Hammond:《希臘史——迄至西元前 322 年》，第 233-234 頁。
[153] 亞裡斯多德在《修辭學》中把「土地轉讓」定義為「贈送和買賣」；黃洋認為古希臘土地所有權的首要標誌是佔有者對土地的轉讓權，即贈送與買賣的權利。參見黃洋《古代希臘土地私有制的確立與城邦制度的形成》一文。
[154] Plutarch, *Solon*, 21. 2.
[155] 郝際陶:《古代雅典的商貿活動》,《東北師大學報》（哲學社會科學版）2000 年第 4 期。

過加入一個胞族取得公民權，卻無法取得土地。可見，雅典的土地是區分氏族和歸化民的重要標誌。國家以出身兼資財的雙重標準從氏族中挑選祭司和戰神山議事會的候補人員；德拉古立法確定了貴族至高無上的地位，各法庭的法官和胞族代表的選定都明文規定「按出身資格」，歸化民始終被排除在城邦政治權力之外。

　　西元前6世紀以後，隨著地中海地區海運的發展，愛奧尼亞藝術品尤其是雅典精美的阿提卡陶瓶遠銷埃及。以歸化民為主的手工業者和商人獲利甚豐，他們一旦擁有大筆財富，便以財富為資本與貴族聯姻，以提高自身地位。儘管雅典女人一般是在氏族內部聯姻，但在整個古風和古典時期，貴族共同體之外的婚姻很是普遍。同出身相比，財富決定了個人的社會地位。如第歐根尼(Diogenes)所說「人們推崇財富勝於一切，高貴者與下賤者結親，低賤者與高貴者聯姻；錢財毀滅了我們的血統」[156]這種情況下，女人如果繼承土地，而恰好她又嫁給了歸化民，按雅典法律，作為她丈夫的歸化民就有權管理和處置她的財產，男性歸化民會借此成為這份土地的實際佔有人。當歸化民和氏族成員一樣佔有土地，這勢必抹殺了歸化民和氏族成員的界限。雅典人寧可收養一個歸化民作為自己的養子，也不願把擁有土地繼承權的女兒嫁給歸化民。因為這兩種結果是不一樣的：養子是完全與原生家庭脫離關係的，所生的孩子隨養父姓氏，以延續養父的家庭香火；而如果擁有土地繼承權的雅典婦女嫁給歸化民，則意味著父親家庭土地財產的分割，從這一點上看，雅典不可能讓婦女繼承土地。

　　雅典婦女無權繼承土地，這一點我們可在德摩斯梯尼(Demosthenes)和伊塞俄斯(Isaeus)的法庭訴訟中找到證據，他們都沒有提到女性作為土地監護人的情況。「在那些描述不動產訴訟的銘文中，並沒有出現女性⋯⋯在阿提卡的抵押石上出現了女性的名字，但是只能表明所提到的土地是她們嫁妝的擔保——也就是說，土地保證了離婚時丈夫要向女方娘家償還債務。」[157]雅典家庭財產一般由兒子繼承，如果沒有兒子，則其女兒成為女繼承人(epikleros)。雅典男人如果沒有子嗣，他可以收養一個孩子作為

---

[156] 黃洋：《古代希臘土地制度研究》，第169頁。
[157] David M. Schaps, *Economic Rights of Women in Ancient Greece,* Edinburgh University Press, 1979, p. 6.

繼承人，且被收養的孩子必須放棄原生家庭的繼承權；如果他僅有女兒，他也可以收養一個兒子，但這個養子要娶這個女兒為妻。毫無疑問，保存家庭(oikos)是雅典法律的一個重要目的。雅典人一般收養親屬中的男性作為養子，但當親屬中間沒有合適的男性可以收養時，他們也會收養女孩作為養女，在養父沒有其他合法子女的情況下，養女也能得到遺產。[158]這種情況下，如果養女（意義上等同於女繼承人）未成年，則由女孩的親生父親管理這份財產；直到女孩成年，嫁給養父的近親屬，這名近親屬才能夠接管這筆財產。

Epikleros 意為附屬於家庭財產的人，也有人簡單譯作「女繼承人」，但實際上這種稱呼是有名無實的。[159]所有雅典婦女中，只有成為女繼承人，才有資格繼承父親的家產，並肩負延續家庭香火和守護家庭財產（尤其土地和房產）的使命，故女繼承人要和父親家族血緣最近的親屬(*anchisteia*[160])結婚。比如叔叔或堂兄弟，如果被選中的人已經結婚，那他就得離婚；如果這個女人在成為女繼承人時已經結婚（且尚未生下兒子 [161]），那她必須離婚回到自己父親家裡，和父系親屬中被指定的人再婚。如此婚配所生的兒子在青春期結束兩年後，繼承其外祖父的遺產。當她的兒子未成年時這筆財產由女繼承人被指定的「丈夫」作為監護人進行管理。雖然雅典法律規定女繼承人可以繼承土地，但她卻不是這份土地的 *kyrios*[162]，她被指定的丈夫既是她的家主，也是這份土地的監管人；關鍵是她自己無權選擇丈夫。

既然雅典婦女沒有土地繼承權，那麼她們會不會以別的方式得到土地？首先來看嫁妝，雅典婦女的嫁妝通常是金錢和動產（珠寶首飾和傢俱等），絕對不包括土地和房產。蘇·布蘭戴爾指出，「土地也可能是構成嫁妝的一個成分，但並不常見，因

---

[158] 裔昭印：《古希臘的婦女——文化視域中的研究》，商務印書館 2001 年版，第 82 頁。
[159] 薩拉·B.波默羅伊、斯坦利·M.伯斯坦等著：《古希臘政治、社會和文化史》，第 261 頁。
[160] Anchisteia 指與死者血緣最近的親屬，其通過法律有權和女繼承人結婚的人。見 David M. Schaps, *Economic Rights of Women in Ancient Greece,* Edinburgh University Press, 1979, p. 153.
[161] 如果女繼承人已經結婚並為夫家生下兒子，那麼其父親家族的近親屬就不能強迫其離婚，這種情況下其父親的財產將由近親屬繼承。
[162] *Kyrios*，一家之主，對家庭成員有監護權，對家庭財產有合法處置權。見 David M. Schaps, *Economic Rights of Women in Ancient Greece,*第 153 頁。

為大多數男人都想為他們的兒子保持地產的完整性。」[163]「婚姻初期，妻子的嫁妝和丈夫的彩禮構成家庭經濟基礎。」[164]彩禮是由丈夫家提供的，主要是土地和房子，有時也包括傢俱之類的物品。波默洛伊提到除嫁妝外，新娘還會有一小部分妝奩，梭倫限定為三套女裝和其他一些價值不大的隨身用具。[165]而且妝奩通常不包括在嫁妝之內，但在婚姻結束時通常會習慣性地作為她的個人財產。只要婚姻關係存續，嫁妝就完全由丈夫支配，而妝奩及其他沒有被認作是嫁妝的東西，都永久屬於丈夫且在其死亡或離婚時都不能重新獲得。[166]既然雅典婦女對自己的嫁妝都無權支配，更無權擁有和支配丈夫家的土地；其次，雅典婦女所能擁有的財產，除了嫁妝之外，還有禮物。但男人在自己家裡給予一個婦女的禮物是不可能具有任何法律效力的。只要男人仍是家庭的家主，他就是這份禮物的「主人」，當他把禮物（主要是食物和衣服）給予其家眷時，該禮物將被視為男性扶養家眷責任的一部分，而不是贈品。只要家庭仍然存在，如土地或金錢這種價值貴重的禮物，對雅典婦女來說就沒有意義，而且我們也沒有發現此類禮物的例子。[167]可見，雅典婦女的禮物不包括土地；再次，梭倫規定一個沒有子嗣的人，可以通過遺囑的形式把財產給予自己屬意的人。[168]但是這裡並沒有點明女性可以成為遺囑受益人。根據事實本身，受益人為女性的遺囑通常會被懷疑受了該女性的影響才確立的，雅典法庭並不歡迎這種根據遺囑要求權利的訴訟。[169]

綜上所述，雅典婦女所能繼承或擁有的財產都與土地無關；雖然她們能以女繼承人的身份擁有土地繼承權，但由於她們不是家庭的主宰，她的家主會隨即成為這份土地的監護人。只要婚姻存續，財產就屬於家庭，家主可以處置和管理這些地產，婦女本人卻不能。婦女充其量只能算是土地和其他財產在死者與下一個合法繼承人之間的一種過渡載體。

---

[163] Sue Blundell, *Women in Ancient Greece,* Harvard University Press, 1995, p. 115.
[164] 薩拉・B.波默羅伊、斯坦利・M.伯斯坦等著：《古希臘政治、社會和文化史》，第261頁。
[165] Sarah B. Pomeroy, *Goddesses, Whores, Wives, and Slaves, Women in Classical Antiquity*, Schocken Books, New York, 1975, p. 63.
[166] David M. Schaps, *Economic Rights of Women in Ancient Greece,* Edinburgh University Press, 1979, p. 11.
[167] David M. Schaps, *Economic Rights of Women in Ancient Greece,* p. 20.
[168] Plutarch, *Solon,* 21.2-3.
[169] David M. Schaps, *Economic Rights of Women in Ancient Greece,* p. 21.

二、古典時期土地轉讓對雅典婦女土地繼承權的影響

　　任何法律和制度都是立足於社會現實，也無疑是為瞭解決某種社會矛盾而制定。雅典的土地繼承法也必然建立在習慣法和傳統習俗的基礎之上。既然氏族部落最初分配土地時沒有女性的份額，那麼建立在氏族部落制之上的雅典城邦，在形成之初也不可能給予婦女土地繼承權。從古風到古典時代，城邦的政策都是基於習慣法的框架來制定的。隨著城邦建立和制度的逐步完善，雅典的家庭財產繼承模式已經定型並逐漸形成傳統，而且土地分配在城邦建立之初已經完成。正如郝際陶所指出的，阿提卡的耕地被分割成份地並分給各個家族。此後份地歸家族所有並世代相傳。一個家族要想獲得更多的土地是可恥之事；要想斷絕同份地的關係也屬違法。[170]儘管克利斯提尼改革按居住地（亦即按戶籍）給予公民權，使歸化民和氏族成員取得平等地位；梭倫的「解負令」和以麥鬥數目來劃分城邦公民的社會等級，這些政治措施也只是表面上平衡了各階層之間的利益關係，在一定程度上緩解了社會矛盾，並沒有對作為城邦根本經濟基礎的土地，進行再分配。那麼之前沒有資格擁有土地的人仍然不太容易擁有土地。如公民婦女和外邦人依然和土地無關。[171]即便女繼承人能夠繼承土地，由於雅典婦女處於父權制的保護之下，那麼土地的最終主人仍然是雅典男性公民，而不是女繼承人本身。

　　任何法律都不能涵蓋社會生活的所有方面，城邦最初規定土地不可轉讓，而且梭倫以土地生產的農業收入劃定政治等級的政策，實際上也是禁止土地買賣的表現：如果一個公民出賣他的土地，他就會在社會等級階梯中下降，從而失去從事國家公共事務的機會，因此雅典公民會儘量避免出賣和轉讓田產。[172]然而在一些古典時期的碑刻或銘文中還是可以發現土地被抵押或買賣的蛛絲馬跡。如在伊塞俄斯 7 中的演說家特拉斯魯斯(Thrasyllus)聲稱，他的幾位姑姑

---

[170] 郝際陶：〈黑暗時代的雅典國家〉，《東北師大學報》（哲學社會科學版），1995 年第 2 期。
[171] 當然也有例外，如「只有公民大會通過特別法令授予某個外邦人『獲得擁有土地和房屋的權利』，該外邦人才能獲得地產。」但這僅限於在戰爭期間對城邦做出巨大貢獻的少數外邦人。參見阮煒主編：《德摩斯梯尼時代的雅典民主——結構、原則與意識形態》，華東師範大學出版社 2014 年第 131 頁。
[172] 黃洋：《古希臘土地制度研究》，第 131 頁。

是收養的，屬於姑姑的土地被她們的丈夫以 5 塔蘭特的價格賣掉了。[173]到西元前 4 世紀，雅典土地的佔有者不僅可以轉讓或抵押自己的土地，而且有權出賣它們。[174]如此，那些沒有土地又擁有財富的外邦人，肯定能因此獲得土地；而已經擁有土地並企圖擴大土地份額的貴族，也會借此佔有更多地產。再如雅典女繼承人，在她和父親的近親屬結婚後，如果沒有兒子或者兒子尚未成年，其土地財產就會由這位近親屬丈夫負責管理和監護。如果土地管理方面需要支出，他會從這筆財產中支取；如果女繼承人的父親有債務留存，其丈夫就會變賣部分家產以償還債務。在此過程中，丈夫能否完全依規行事，是否借機私下受益，我們不得而知。古典時期土地轉讓和買賣情況的出現，也許是私有制發展過程中一個無可逆轉的趨勢，但這對於雅典婦女來說，並不是什麼好事情。因為無論如何她都不能親自掌管和支配土地，假手於人，很可能遭受被他人蒙蔽的風險。而對那些轉讓和變賣土地的一般公民家庭來說，婦女更不可能擁有土地繼承權，因為她的 kyrios 無論貧富，都已經到了轉讓和變賣土地的地步，家庭男性的利益尚且不保，又如何會把土地留給女性？

總之，在古希臘父權制的社會中，女性如果擁有土地繼承權，隨著女性嫁入夫家，其土地財產要麼被轉換成金錢的形式帶入夫家（這很可能牽涉到土地的買賣），要麼由丈夫來女方家庭進行土地的經營和收益，這就意味著婦女原來家族地產的減少，而丈夫家族地產的增多，這種家庭財富的此消彼長，勢必造成原生家族勢力的衰微。而建立在胞族之上的城邦體系，其中一個家族的衰微，很可能導致別的家族在城邦政治中的權力擴大。在城邦社會政治博弈中，權力的不平衡會導致共同體內部的混亂，從而使國家利益受損而面臨各種危機。梭倫竭力推行公平公正原則，以免國家權力落入少數貴族家族手中，其根本目的也是為了維護城邦和家族的整體利益。華南師範大學林中澤教授認為，「真正把婦女屈從地位納入法制軌道的是梭倫改革」。[175]他認為梭倫關於婦女繼承權的

---

[173] Isaeus, *On the Estate of Apollodorus*, 7. 31.
[174] 黃洋：《古希臘土地制度研究》，第 120 頁。
[175] 林中澤：〈古代雅典的婦女與民主政治〉，《華南師範大學學報》（社科版），1996 年第 3 期。

法律實質是把婦女變成維護家庭財產關係的犧牲品，這種說法不無道理。波伏娃(Simone de Beauvoir)指出，對女人壓迫的根源在於延續家族和保持財產原封不動的意願，只要女人擺脫家族，她就擺脫了這種絕對的從屬狀態。[176]然而雅典婦女擺脫父權制家庭，幾乎沒有可能性，雅典公民妻子是傳宗接代的工具和家庭事務的管家，而女兒是建立社會關係的紐帶。對雅典婦女來說，單個家庭的盛衰更有分量，外部社會的變幻則無足輕重。

---

[176] 西蒙娜·德·波伏娃：《第二性》I，鄭克魯譯，上海譯文出版社 2011 年版，第 117 頁。

第四章 雅典和斯巴達婦女的嫁妝

第一節 公民婦女的婚姻

在古代希臘的一些城邦，一個男人如果不結婚或沒有孩子會受到繳納金錢或者其他方式的懲罰，比如斯巴達就是如此。斯巴達的單身漢不被允許觀看青年男女的競技活動，地方官吏在冬天時會命令這些單身漢只穿內衣內褲繞市場列隊而行，邊走邊唱著一首為他們量身定做的歌曲，歌曲結尾的疊句則內涵了他們是因為不服從命令，而受到公正的懲罰等等。長者慣常享受青年的尊敬和謙讓，但如果一個斯巴達人沒有結婚生子，哪怕他是一位可敬的將領，當他到公共食堂進餐時，也無人願意給他讓座，反而對他說：「你還沒有生下將來某天給我讓座的兒子呢！」[1]對古希臘人來說，死者的禍福不取決於生前的行為善惡，而取決於他的子孫對他的祭祀。祖先亡靈的安寧與幸福，系於後代子孫對他們的祭祀。獨身之人將家中所有祖先的鬼魂的幸福置於危險之中；他自己死後也將得不到後人的祭祀，無法體驗到什麼是「亡靈的樂處」，這對他自己及其祖先都是一種詛咒。[2]伊塞俄斯 VII 中一位雅典演說家說，「沒有誰在彌留之際會不顧自己而希望他的家庭無後，因為若如此，以後便不會有人為死者提供應得的供奉。」[3]雖然沒有證據表明古代雅典也存在這種規定，但演說家德納科豪斯(Deinarkhos)宣稱一個男人如果沒有合法出生的孩子，依照規定他將不能成為一個演說家或者將軍。[4]

---

[1] Plutarch, *Lycurgus*, 15. 2.
[2] 法・古朗士：《古代城市——希臘羅馬宗教、法律及制度研究》，吳曉群譯，第 77 頁。
[3] Isaeus, *On the Estate of Apollodorus*, VII. 30.
[4] Douglas M. MacDowell, *The Law in Classical Athens*, Cornell University Press, 1986, p. 86.

一、訂婚和結婚

（一）訂婚

　　古希臘的婚姻通常由家主負責安排，這種婚姻沒有證書，大部分情況下會在證人面前舉行一個訂婚儀式，通常伴隨著嫁妝的許諾。只有通過正式婚姻的結合，夫妻所生的孩子才是家庭的合法子嗣。如果一個男人想結婚，他可以選中一個女孩，並和這名女孩的父親或其家主達成協議，一場婚姻只有通過訂立婚姻協定的程式和儀式（如 ἐγγύη[5]、engye 等）才算合法有效。Engye（訂婚）是女方的家主把這名女子交給其未來丈夫的一種儀式，但該女子沒必要在場或者沒必要知道她要嫁的人是誰。當這名女子進入她丈夫的家庭之後就達成了事實婚姻。

　　訂婚是女方監護人與未來新郎之間的一場口頭協定，協定的主題便是嫁妝數額的確定。雖然女方監護人沒有提供嫁妝的法定義務，但希臘社會生活習俗要求他必須這麼做，不管是雅典的普通家庭，還是權貴家庭都會盡可能為女兒籌辦嫁妝，嫁妝的多寡不僅代表著女方家族的榮耀，還決定著女子婚後的地位與命運。波默羅伊指出沒有嫁妝的婚姻會被認為是不合法的婚姻，「如果一個男人娶了沒有嫁妝或者沒有監護人為其安排婚姻的女子，則該女子不得不成為妾(pallake)，而不是妻子。」[6]訂婚和事實婚姻之間在法律上的區別是，前者是訂立一個合同，後者是對合同的執行。[7]如果一個女孩的父親在她結婚時已經去世，而且這名女孩沒有兄弟，*epidikasia*[8]將取代訂婚儀式，她將按規定與指定的近親屬結婚。在一些戲劇場景中，往往會有兒子請求他的父親同意他的婚姻，或者有父親為其兒子安排一場婚姻的情

---

[5] ἐγγύη 指一種伴隨著莊嚴許諾的抵押品，一個雅典父親只有通過這種方式給他的女兒訂婚，才是合法的正式婚姻不可缺少的儀式和程式。參見 A. R. W. Harrison, *The Law of Athens: The Family and Property*, Oxford: Clarendon Press, 1968. pp. 3-8.

[6] Pomeroy, *Goddesses, Whores, Wives, and Slaves, Women in Classical Antiquity*, p. 63.

[7] A. R. W. Harrison, *The Law of Athens: The Family and Property*, Oxford: Clarendon Press, 1968, i, 3-9.

[8] ἐπιδικασία 指一種法律上的程式，以確保雅典女繼承人為了延續父親的 *Oikoi*，按指定順序在最近的男性親屬中嫁給有合適資格的男人。參見 A. R. W. Harrison, *The Law of Athens: The Family and Property*, pp. 9-12.

況。這可能意味著他的父親是那個家庭的家主,事實上兒子很難去違背其父親的意願。但這只是家庭實際情況而不是法律規定必須如此,目前為止沒有證據表明,兒子不經父親同意而訂立的婚約在法律上是無效的。[9]一個婦女在法律上不能和其直系的長輩（如父親、祖父）和晚輩（如兒子、孫子）結婚,也不能和她同父同母的兄弟或同母異父的兄弟結婚。但她可以與同父異母的兄弟結婚,也可以同其父收養的兒子,以及她的叔伯、堂兄弟、舅舅、表兄弟或者更遠的親屬結婚,當然也可以和一個根本不是親屬的男人結婚。[10]

一般情況下婚姻的締結,首先需要由女方的一位血緣最親近、最有權威的男性親屬來為之許婚。這個男性親屬在優先順序上如下：首先是其父親；沒有父親,則是父親的父親；然後是父親的兒子,或其同胞兄弟。必要時,即將死亡的丈夫有權將自己的妻子留給他指定的一個繼承人為妻,例如他的某個侄子——他兄弟的兒子。[11]雅典人的身份首先要看其出生是否合法,而出生合法與否取決於父母締結的婚姻合法與否。按照法律,出生的意思是「一個由父親、由同胞兄弟或由叔祖父許婚嫁出、正常結婚的女子」所生。[12]妻子出生合法不僅僅是正常婚姻的條件,而且也是將來能否接受孩子進入胞族(phratry)的條件,這是個體融入城邦必不可少的一個步驟。[13]雅典公民首先是一個合法出生、出身清楚的人。對雅典人來說,沒有父親便沒有城邦。雅典人的名號得自於他的父親,也得自於其母親,即便證明出生合法（通過宣誓或通過一些文件）的權力一直是父親的特有職能。不合法子女（他自己或者他母親是不合法子嗣）,若他又是男性,他的一生所受的影響要嚴重的多。一個非合法出生的男子,如果其生父不承認他,他除了被剝奪繼承權和公民權,還要忍受更多的歧視。通過父親的承認,一個人獲得了「一個城邦、一份祖傳遺產、

---

[9] A. R. W. Harrison, *The Law of Athens: The Family and Property*, Oxford: Clarendon Press, 1968, i, 18.
[10] A. R. W. Harrison, *The Law of Athens: The Family and Property*, Oxford: Clarendon Press, 1968, i, 21-4.
[11] Demosthenes, *Against Aphobus*, 28. 16
[12] Demosthenes, *Against Stepanus,* 28. 18.
[13] Isaeus, *On the Estate of Ciron*. 8.

一個父親」三樣東西。[14]所以某種程度上說，公民權與父親的承認是相對應的。[15]

在早些時期雅典公民可以和一個外邦婦女結婚，但到西元前5世紀中期這種婚姻不再合法。伯里克利在西元前451年規定雅典公民不能和外邦人結婚，並規定雅典公民和外邦人結合所生的孩子沒有公民權。到西元前4世紀中期，一個外邦人以一個丈夫或者妻子的身份加入一個雅典公民的家庭，將會被執政官起訴，如果發現此人有罪，他將被作為奴隸出售；接收外邦女子進入其家庭成為妻子的這名雅典公民男性，將被罰款1000德拉克馬。而擔任一個外邦婦女的家主，並因為婚姻而給予其公民權的也可能會被起訴，如果發現他有罪，他將被剝奪公民權，其財產將被沒收。[16]新娘的父親（或者結婚之前她的家主無論誰）通常情況下會給予她一份嫁妝，但從法律意義上來說並非必須如此。一份嫁妝有助於維持這位妻子和她未來孩子的生活。嫁妝被當作本金，而不是收益。這個丈夫會使用這筆財產並致力於收益，以養活妻子和孩子。但是他不能花掉本金總額，一旦婚姻關係終結他不得不向原來的提供人歸還這筆嫁妝。關於嫁妝的數額，是未來新郎和新娘父親在達成一致意見之前討價還價的主題，新郎希望有一大筆嫁妝，而新娘父親希望提供少一些數額，最終達成協議。伊塞俄斯提到恩第烏斯(Endius)擁有3塔蘭特的財產，他把養父皮洛斯(Pyrrhus)的合法女兒嫁給了別人，而僅僅贈送給她1000德拉克馬的財產份額作為嫁妝，並說沒有一位養子敢給其養父的合法女兒低於其繼承財產的十分之一。[17]古代立法者傾向於將嫁妝限定為金錢和服裝，任何地方都禁止轉移不動產，房產和土地不應通過出嫁的女兒而拆分，而應傳給男性繼承人以保持其完整性。嫁妝有時在訂婚時進行交付，有時晚些時候移交，也有可能分期支付。如果嫁妝不能立刻移交，新娘的家主會訂立一個正式的協議詳細說明後期將支付的是哪些內容；他也許同意同時支付利息；也許會為所許諾

---

[14] Demosthenes, *Against Boeotus,* 39, 40.
[15] Isaeus, *On Behalf of Euphiletus,* 12, 7; Demosthenes, *Against Eubulides,* 57. 20.
[16] Demosthenes, *Against Neaeram,* 59. 16, 59. 52; A. R. W. Harrison, *The Law of Athens: The Family and Property*, Oxford: Clarendon Press, 1968, i, 26-8.
[17] Isaeus, *On the Estate of Pyrrhus,* 49.

的數量提供一個擔保。[18]如果他不能執行協議,那個丈夫將因為違反協議而起訴他（和他的繼承人）。但是,既然嫁妝不是一個法律上的要求,新娘的家主如果沒有正式同意提供嫁妝他將不會被起訴。[19]

（二）結婚

婚姻一般是由男女雙方的父母或監護人來安排的,如果一名男性已經成年,且沒有父兄,他本人也可以與準岳父商定自己的婚事;但一名婦女,無論是初婚還是再婚,都必須通過自己的家主 kyrios 來安排婚事。新娘通常（儘管並不總是）去和新郎的家人住在一起。在古風時代早期,從荷馬詩歌描述的內容來看,上層社會的男性成員通常與來自不同地區、與他們沒有血緣關係的女性結婚。如墨涅拉俄斯與女僕所生的兒子墨伽彭塞斯(Megapenthes)娶的是斯巴達人阿勒克托爾(Alector)的女兒;而他和海倫所生的女兒赫耳彌俄奈(Hermione)則嫁給慕耳彌冬人(Myrmidons)阿喀琉斯的兒子為妻。[20]上層階級這種異族通婚的習慣,與不同城邦的貴族之間建立政治聯盟,以此鞏固和擴大各自在當地的權勢有關。這種習俗一直延續到古風時代的末期,隨著城邦的興起,不同部落、不同氏族之間通婚的外婚制開始逐漸讓位於同部族之間的內婚制,對上層階級來說,這意味著居住在同一個城邦的諸多貴族家庭構成的緊密圈子之內產生婚姻。

婚姻安排總會涉及財產的轉移,在荷馬時代,新郎在達成婚姻協定時要給新娘父親送聘禮。以赫克托耳為例,當他把安德羅瑪科從她父親俄提昂(Eetion)的家裡帶走時,他已經給她父親送了數不清的聘禮。[21]古風時代早期聘禮的具體細節已無從得知,但從荷馬詩歌中可以瞭解到貴族階層婚姻安排的某些資訊。出身權勢家族的女性往往成為貴族青年青睞的對象,婚姻的締結始於求婚者與未來岳父之間交換求

---

[18] Demosthenes, *Against Onetor,* 30. 7; Demosthenes, *Against Spudias,* 41. 5-6.
[19] A. R. W. Harrison, *The Law of Athens: The Family and Property*, Oxford: Clarendon Press, 1968, i, 45-60.
[20] Homer, *Odyssey*, 4.5-10, Translated by A. T. Murray, PH. D., Loeb Classical Library, Harvard University Press, 1945.
[21] Homer, *Iliad*, 22.472.

婚信物，這一儀式有助於建立雙方友好關係。然後，求婚者許下聘禮的數量，只有在雙方都明確同意的情況下，新娘的父親才會接受聘禮，允諾達成婚姻。如果新郎對他未來的岳父特別有用，他可能不送任何禮物就能贏得新娘。例如，當阿伽門農試圖說服阿喀琉斯重新加入希臘軍隊時，他提出讓他擁有自己的一個女兒，外加許多禮物，而不是聘禮：

> 我有三個女兒，生活在我精美牢固的城堡，克盧梭塞彌斯、勞迪凱和伊菲阿納莎，由他選帶一位，不要聘禮，回到佩琉斯的家宅。我還要陪送一份嫁妝，份量之巨，為父者前所未及。我將給他七座人丁興旺的城堡……[22]

有時聘禮的許諾會被多個求婚者之間的競賽所取代，作為一種確定哪位求婚者最終贏得女孩的方法。這些婚姻競賽在青銅時代的希臘是相當普遍的（神話中經常出現這種情況）；但在古風時代，已不常被採用。希羅多德提到，西元前6世紀初西庫翁(Sicyon)的僭主克萊斯鐵尼斯(Cleisthenes)，他花了整整一年的時間招待13個向他的女兒阿加莉斯忒(Agariste)求婚的求婚者。在此期間，求婚者接受了廣泛的測試，包括戰車比賽、角力賽和音樂等各種比賽，僭主本人還親自詢問求婚者的籍貫和家世，體察他們的德行、氣質、教養和日常行為，而後在百牛大祭時宴請所有求婚者和西庫翁的人們，並就某一題目讓求婚者相互辯論，以考察他們的才能。其中最受歡迎的候選人之一，希波克里代斯(Hippocleides)，卻被他的雅典同行墨伽克勒斯(Megacles)擊敗了，因為在克萊斯鐵尼斯做出決定的那一天，希波克里代斯在宴會上喝醉了，堅持要展示他的舞蹈技巧。當他在桌上表演兩腿倒立表演花樣時，克萊斯鐵尼斯再也忍不住便對他喊道：「提桑德羅斯(Tisandros)的兒子啊，跳的好！你把你的婚事都跳跑了。」[23]

這種婚姻安排，女性對自己的未來幾乎沒有發言權。在古風時代希臘貴族社會中，婚姻的締結，與其說是在一男一女之間建立關係，不如說是在岳父和女婿之間

---

[22] Homer, *Iliad*, 9. 146.
[23] Herodotus, 6. 127-131.

建立關係。其中需要考慮的因素，包括雙方的財富以及彼此的政治權力。貴族為了維護和延續他們獨有的社會經濟地位，僅與同一階層的人通婚，目的是為了加強聯盟，並在表面維持家族間的平等。到了古風時代末期，有些非貴族家庭獲得了財富，生活相對富足；而有些貴族家庭則因落魄而跌落到貴族階層的最底層。財富和社會地位的變化，沒落貴族階層開始與富有的平民家族通婚。金錢逐漸取代出身，成為政治影響力的資本。西元前六世紀墨伽拉(Megara)的貴族抒情詩人泰奧根尼斯(Theognis)將這種趨勢視為他所處時代墮落的標誌，即「財富玷污了血統」，他寫道：「……一個出身好的男人，會毫不猶豫地從一個出身卑賤的父親那裡娶他卑賤的女兒，只要嫁妝豐厚；一個富有的男人無論他出身多麼低賤，一個寧要財富而不在乎出身的女人，不會以做他的妻子為恥。」[24]

當然，性吸引也是造就婚姻的一個動機。例如培利安多羅斯(Periander)在西元前7世紀末成為科林斯的僭主，據說當他在田野裡看到他未來的妻子梅麗莎(Melissa)時，便對她一見鍾情，當時她穿著一件簡單的束腰外衣，正給一些工人倒酒。[25]然而他似乎沒有考慮梅麗莎本人的感受。外表的吸引作為婚姻基礎似乎特別不可靠，因為培利安多羅斯後來在一次莫名其妙的嫉妒中殺害了梅麗莎，然後與她的屍體發生了性關係。[26]

到古風時代末期，伴隨著婚姻的締結，家庭財產轉移的性質發生了變化，聘禮作為新郎送給新娘父親的禮物，逐漸變得微不足道；而嫁妝作為一個父親在女兒結婚時分配給她的財產，越來越凸顯其重要性。到了古典時期，帶有嫁妝的婚姻成為古希臘人的通常慣例，它將希臘人與其他同時代的歐洲人區分開來，比如凱爾特人和德國人，後者習慣於為新娘支付聘禮。從聘禮式微到嫁妝興盛的變化，某種程度上與家庭財產的繼承模式有關，嫁妝是分配給一個婦女的財產（儘管嫁妝是由她的丈夫管理）。但嫁妝不能是家庭不動產，希臘城邦往往禁止通過婚姻轉移家庭不動產，因為在古代農業社會，土地的重要性不言而喻，它既是公民身份的象徵，也是一個

---

[24] Theognis, 183-192.
[25] Blundell, Sue, *Women in Ancient Greece,* Harvard University Press, 1995, p. 68.
[26] Herodotus, 3.50; 5.92.

家庭安身立命的根本，更是確保城邦穩定的根基。西元前7世紀，貧富分化極端嚴重，貴族家庭霸佔了最好的耕地，還要將這些肥沃的耕地牢牢控制在貴族階層內部。餘下的良田大都已經被佔用，人們要麼選擇移民海外——也確有許多人離開了希臘本土；要麼尋找遠離村莊的貧瘠荒地，但要讓荒地出產作物，他們需要花費更多的時間走更多的路程，需要勞動力和耕田牲畜以及生產工具。在古風時代末期，嫁妝通常採取金錢或貴重物品的形式，它允許父親供養女兒，同時要確保他的財產中最重要的部分——土地——不被分割，從而完整地傳給兒子。嫁妝制度的一個特點是，如果離婚，男方必須將嫁妝歸還給妻子的父親或新的監護人。因此就丈夫而言，他本人不大可能因為生活瑣事而發起離婚，因為離婚退還嫁妝會給自己帶來損失；如果他虐待妻子，他的岳父會提出離婚的威脅。因此嫁妝制度某種程度上可以確保已婚婦女的家庭權益。

　　城邦是一個由家庭組成的集合體，隨著城邦制度的發展與完善，許多私人事務被納入國家管理體系中，為了消除貴族階層和平民階層的矛盾，城邦開始制定各種法律限制貴族家族特權，以維護平民個體家庭 oikos 的存在和延續，這也使得立法者越來越意識到對家庭、婚姻內的婦女進行保護的重要性。如梭倫制定了大量有關性別和婚姻的法律，如監護人制度、嫁妝制度、女繼承人制度等等，旨在使家庭受到合理的管制。家庭的穩定對於城邦極其重要，家庭穩定才會有新公民不斷產生，充實城邦人口。「需要保護」某種程度上意味著婦女地位的降低，這可能是城邦的憲法機制逐漸發揮作用的結果，貴族的權力逐漸轉移給國家機構，通過婚姻建立的聯盟將失去很大的意義。同時也意味著婦女作為「商品」的價值正在喪失。這種情況下，人們可能認為沒有必要繼續用「聘禮」來增加未來岳父的財富。相反，父親將有更大的義務為女兒提供嫁妝，這既能吸引來一個富有的丈夫，也是女兒未來生活的一筆保障金。城邦出現的婚姻習俗的變化，對下層階級的影響可能比對貴族的影響要小得多，因為下層階級已經有了與自己社區的女人結婚的習慣。男人結婚是為了生下兒子，否則到了晚年就不會有人贍養他，儘管他活著的時候不缺少生活資料，

但等他死後，親戚們會來分割他的遺產。[27]可見個體家庭的生存也是一個令人非常擔憂的問題。赫西俄德建議：

> 男人應該在 30 歲左右娶妻完婚，別太早也別太遲，這是適時的婚姻。女性在青春期之後 4 年才發育成熟，在第 5 年應娶她過門。要娶一位少女，以便你可以教會她謹慎為人。要娶一位鄰近的姑娘，但是要謹慎，免得你的婚姻成為鄰居們的笑柄。[28]

赫西俄德還建議只生一個兒子，因為養育更多的孩子是有代價的，儘管他承認，從長遠來看，兒子多的家庭，「宙斯也易於多給他們財富」。在農耕社會，農田裡的勞動力人數越多，也意味著能夠創造更多的財富。[29]這位詩人沒有提到女兒。

雅典男女的婚姻對象由雙方家庭的 *kyrios* 決定，由於婚姻關係著家庭財產的傳承和血脈的延續，因而家主在子女婚配對象的選擇上，首先要考慮的是家庭的利益，財富、政治地位、家世都是選擇一個合適對象需要考慮的因素。婚姻的目的不是為了快樂，也不是為了兩個人聯合起來福禍共用。從宗教和法律的意義上看，結婚的目的在於將夫妻二人結合在同一宗教內，並因之產生第三者，以繼其家庭宗教。對於貴族階層而言，婚姻不僅僅是兩個男女之間的結合，更是兩個家族建立政治聯盟的有效工具。有時貴族家庭之間的婚姻糾葛會引起城邦內訌，如亞里斯多德在《政治學》中提到，在德爾斐(Delphi)發生一起相持甚久的內訌，起因是一個新郎在迎娶之際，在女方家中偶見一個不吉祥的徵兆，便匆忙丟下新娘脫身而歸；女家的親戚們以此為奇辱，就合謀報復，當新郎於神廟獻祭之時，他們將一些祭器混入新郎的獻禮內，揚言他盜竊聖物，並當場殺死了他。同樣，在米提林(Mitylene)，為了爭娶一個富裕的女繼承人，引起了邦內不絕的騷亂。另有個名叫提莫豐尼(Timophanes)的富豪，留有兩個女兒，另一富室名叫多克山德(Doxander)，他的兒子歐斯克拉提斯(Euthykrates)向提莫豐尼的嗣女提出了聯姻的請求，在請求

---

[27] Hesiod, *Theogony*.602-7.
[28] Hesiod, *Works and Days*, 695-700.
[29] Hesiod, *Works and Days*, 376-380.

不能如願時，多克山德煽動了暴亂，由於他曾經做過雅典僑民的領事，還鼓動雅典人干涉本邦內政，終至造成了戰禍。[30]可見，婚姻的締結不僅關乎兩個家庭的福祉，尤其貴族之間的婚姻，更是與城邦的穩定息息相關。

對於一般公民家庭而言，婚姻對象的選擇也更多的與財產的傳遞和繼承相關。斯巴達人在選擇配偶時有多種方式，最主要的有兩種，一種是為了城邦共同體的利益而生育孩子，國家會對婚姻的達成進行激勵；另一種則純粹是為了個體家庭的永存和繁榮而生育後代而結婚，個人的愛好和追求決定其對結婚對象的選擇。普魯塔克確信斯巴達的婚姻是強制性的，而色諾芬卻說可以自由選擇結婚與否。畢竟在斯巴達，有沒有婚姻都不影響為城邦生育公民。波利比烏斯提到斯巴達七個兄弟共妻的事，[31]這種現象可能僅存在於兄弟之間（或親戚之間共妻），主要是保證繼承權不旁落他人。雅典人會更傾向於將女兒和一部分嫁妝送給一個家族內部的人，使那部分財產和女兒的後代都保留在自己的大家族內。雅典城邦的重要特徵是它是一個排外的以血緣關係為紐帶的宗教祭祀團體。西元前5世紀中葉，伯利克里頒佈了一條限制公民權的規定，即父母雙方皆為雅典公民者，才能成為雅典公民，這使得雅典人不再把外邦人納入婚姻對象的選擇範圍。柏拉圖在《法律篇》裡告誡人們，一個男子年齡在30歲到35歲之間必須結婚，如果他不結婚他就必須處以罰金和不名譽罪，而每年繳納的罰金數目是規定好的，這筆罰金數目至少使他不再感到光棍生活是無比幸福的。[32]亞里斯多德在《政治學》中強調婦女的出嫁年齡應規定在18歲，男子的成婚年齡應該是37歲前後。這樣夫妻雙方生殖能力的消失也不致相差太多，子女的繼承對雙親而言也恰好相當，兒子就可在自己壯年接替老父的事業，此時父親年屆70，已是生機耗竭、風燭殘年了。[33]雅典的父母們通常在女孩們月經初潮來臨時，便開始為其安排婚姻了。雅典演說家德摩斯梯尼的妹妹結婚時是15歲。[34]伊

---

[30] Aristotle. *Politics*, 1303b. 35-1304a. 1-5.
[31] 陳戎女譯箋：《色諾芬〈斯巴達政制〉譯箋》，華東師大出版社，2019年版，第60頁。
[32] Aristotle. *Politics*, V. III. 1304a. 3-4.
[33] Aristotle. *Politics*, 1335a, 25-35.
[34] W. K. Lacey, *The Family in Classical Greece*, p. 108.

斯可馬可斯的妻子成婚時甚至還不到 15 歲。[35]斯巴達女子的結婚年齡比較遲,「不是在她們年幼不適合性交時,而是在她們達到盛年,完全成熟時。」[36]女子的初婚年齡大概是 18 歲,而男子的初婚年齡約為 25 歲。[37]由於女孩在結婚時已經處於成人階段,與雅典婦女相比,斯巴達婦女在婚姻生活中擁有更多優勢。

　　婚姻對一個女子來說,不是從一個家庭搬到另一個家庭裡生活,而是意味著她必須放棄父親的家庭聖火,不再祭拜父親的家神,而加入到丈夫家的家庭祭祀中去。家內祭祀要求凡有權祭祀者,必降生於聖火旁,當一個雅典年輕人將一個外人(新娘)帶到家火旁,他要與她一起舉行神聖的祭禮,一起念誦代代相傳的禱詞,祈求神靈賜福和保佑他們開枝散葉,延續家庭香火。而婚禮是高於其他一切儀式的聖禮。婚禮包括三部分:第一部分「許配」(εγγυησις)是在新娘父親的灶火前舉行,如果父親沒有把她從父家的家火中分離出去,新娘將不得祭拜丈夫的家火,而她自己無權自行脫離父親的家火;第二部分「迎娶」(πομπη)則是從一個家庭到另一個家庭的過渡,期間會伴隨婚禮遊行,目的是在公共活動空間能夠被人們見證;第三部分「完婚」(τέλος)是在新郎的家火前舉行,經過奠酒和祈禱的一系列儀式,丈夫和妻子在親友的見證下完成婚禮,從此一起生兒育女,供奉共同的家神,延續家庭聖火。既然婚姻是由夫妻共同的祭祀和信仰締結而成,如此莊嚴肅穆,以至於人們相信每家只能有一個妻子,要解除這種婚姻,必須舉行宗教儀式才能解除這種結合。想要離婚的夫妻再次來到家火前,必須有親友在場為他們作證,只不過祈福的禱詞變成可怕的詛咒,婦女遂脫離夫家的宗教與祭祀,從此家庭宗教的連帶關係中止,也就意味著婚姻的解除。[38]

　　斯巴達的婚姻以生育為目的,婦女在家庭和婚姻中有相對較多的自由,此外為了

---

[35] 古希臘‧色諾芬:《經濟論——雅典的收入》,張伯健、陸大年譯,商務印書館 2014 年版,第 12 頁,第 24 頁。

[36] 普魯塔克:《希臘羅馬名人傳》(上),陸永庭、吳彭鵬等譯,商務印書館,1990 年,第 104 頁。

[37] Paul Cartledge, "Sparta Wives: Liberation or Licence?" *The Classical Quarterly*, New Series, Vol. 31, No. 1, 1981, p. 94.

[38] 法‧庫朗熱(Fustel de Coulanges):《古代城邦——古希臘羅馬祭祀、權利和政制研究》,譚立鑄等譯,華東師大出版社 2006 年,第 37-38 頁。

滿足斯巴達軍事共同體的需要，斯巴達男人可能並不十分關心新娘的貞潔。而雅典人卻認為貞操是體面婚姻的前提條件，並極度重視妻子的性貞潔和子女的合法性。[39]雅典法律在性道德上有著雙重標準，即無論是法律上或道德上都沒有禁止男人與妾、情婦、妓女、奴隸或常住的外邦人發生性關係，而女性公民的性行為卻受到法律和道德的雙重約束，婦女一生都被限制在與丈夫的性關係上。梭倫時代一個未婚女性的監護人如果發現她失去貞操可以將其賣為奴隸。[40]婚姻的目的是組建家庭，進而產生合法子女。男性把女性放在生育的重要位置，在家庭內部維護血統，延續後代。而通姦作為一種公共罪行，可能產生一個與丈夫無關的孩子(也許是一個非雅典人的後代)進入丈夫的家庭親屬群，從而進入雅典公民的名冊。[41]我們無法考察雅典婦女捲入不正當戀情的機會有多高，相關資料表明婦女在家庭之外結識男人的機會並不多。在阿里斯托芬的《公民大會婦女》中，涉及到一些婦女的婚外戀。[42]這些喜劇情節似乎根植於男性對婦女性欲的幻想，存在於把婦女描繪成放蕩的、本能的以及需要男性控制的意識形態中。

雅典法律規定，女繼承人的丈夫每月要和她同房三次，[43]當然主要目的是為了生下一個繼承人。普盧塔克提到，丈夫都應該每月三次向一個「好」妻子表達愛意，以此減少婚姻緊張局面。[44]這種規定可能使夫妻之間的房事成為一種強制性行為，即以生育為目的而非自然親密的情感接觸，同時也說明合法婚姻內部夫妻之間的疏離已經給家庭和社會帶來某種問題。當然，男女初婚年齡的差距（男性30歲左右初

---

[39] David Cohen, *Law, Sexuality, and Society*, Cambridge University Press, 1991, p. 103.
[40] Plutarch, *Solon*, 23. 1-2, Translated by Bernadotte Perrin, Loeb Classical Library, Harvard University Press, 1967.
[41] Pomeroy, Sarah B., *Goddesses, Whores, Wives, and Slaves, Women in Classical Antiquity*, Schocken Books, New York, 1975, p. 72.
[42] Aristophanes, *Women in the Assembly*, 223-225, Translated by B. B. Rogers, Loeb Classical Library, Harvard University Press, 1924；阿裡斯托芬：《阿裡斯托芬喜劇》下，張竹明譯，鳳凰出版傳媒集團，譯林出版社，2007年版，第401頁，221-226行。
[43] Macdowell, D. M., *The Law in Classical Athens*, London, 1978, p. 96.
[44] Plutarch, *Solon*, 20. 3, Translated by Bernadotte Perrin, Loeb Classical Library, Harvard University Press, 1967.

婚，女性 14 歲左右初婚[45]）也使得夫妻之間很難建立現代意義上的親密關係。色諾芬在《經濟論》中多處提到丈夫應對年輕的妻子進行教導，教她如何正確的做事和管理家務。[46]德摩斯梯尼(Demosthenes)筆下的阿波羅多洛斯(Apollodorus)所說：「我們有妓女為我們提供快樂，有妾滿足我們的日常需要，我們的妻子則能夠為我們生育合法子嗣，並且為我們忠實地料理家務。」[47]日常生活中丈夫會外出參與公共事務，參加城邦軍事行動，也可能享受同性戀關係中同伴的陪伴，還可能找妓女尋歡作樂，如果他已經擁有必要數量的孩子，他很可能會單獨睡在其他房間或與他的女奴睡在一起，而不是冒著妻子墮胎或殺害嬰兒的風險與妻子溫存。因此可以假設，大多數雅典公民婦女的性經歷並不令人滿意。[48]雅典婚姻中丈夫與妻子之間的年齡差和彼此之間的疏離關係，使得雅典婦女似乎把自慰視為一種可接受的排解方式。一些花瓶畫描繪了女性用來自我滿足的陽具，在阿里斯托芬喜劇中受人尊敬的妻子們也提到了這種工具。[49]在這種性欲不能滿足的背景下，某些妻子求助於丈夫之外的性愛關係幾乎是意料之中的事情。

既然雅典婦女可能很少或根本沒有機會與陌生的男性交談，[50]她們在沒有合法理由的情況下也很少離開家門，大多數讓女性走出家門的活動也不需要與男性進行大量的接觸，那麼通姦行為又是如何發生的？事實遠比史料中的文字更複雜。男性之間在公共領域的競爭，通過「通姦」行為滲透到家庭私人領域，這可能也是雅典通姦法把姦夫(*moichos*)[51]視為行為主導方，而把通姦婦女視為被動方的潛在原因之一。

---

[45] Hunter, Virginia, "The Athenian Widow and Her Kin," *Journal of Family History*, Vol. 14, No. 4, 1989, p.291; Pomeroy, Sarah B., *Goddesses, Whores, Wives, and Slaves, Women in Classical Antiquity*, Schocken Books, New York, 1975, p. 57; W. K. Lacey, *The Family in Classical Greece*, London Press, 1968, pp. 106-107; M. Golden, "Demography and the Exposure of Girls at Athens", *Phoenix*, Vol. 35, No. 4 (winter, 1981), p. 322.

[46] Xenophon, *Oeconomicus*, 3. 13, Translated by E. C. Marchant, Loeb Classical Library, Harvard University Press, 1979.

[47] Demosthenes, *Against Neaera*, 59. 122.

[48] Sarah B. Pomeroy, *Goddesses, Whores, Wives, and Slaves, Women in Classical Antiquity*, Schocken Books, New York, 1975, p. 73.

[49] Aristophanes, *Lysistrate*, 26-28.

[50] Sue Blundell, *Women in Ancient Greece*, Harvard University Press, 1995, p. 126.

[51] 而"*moicheia*"這個單詞常用來表示通姦行為，但肯尼斯・多佛爾(Kenneth Dover)卻暗示雅典的

二、通姦和離婚對婦女財產的影響

（一）通姦(moicheia)

Moicheia （通姦，具體指通姦行為）不單是褻瀆了神聖的婚姻（此處的通姦是對已婚婦女而言[52]），「或者更為諷刺地說，是對丈夫之於妻子要求享有專屬性權利的侵犯」。[53]Moicheia是一種特殊的罪行，雖然通姦是男女雙方的共同行為，但行為主導者被視為是男方，在此過程中女方的意願如何似乎無關緊要。波默洛伊(Sarah B. Pomeroy)認為雅典人沒有清楚地區分強姦和通姦，所以在這兩種情況下婦女都被視為處於被動。[54]但派特森(Cynthia B. Patterson)認為這項法律關注的不是婦女的精神狀態，而是更具體的、可能更古老的入侵家庭私人空間的犯罪問題。[55]即 moichos （通姦者，尤指姦夫）侵入另一個男人的房屋並與一名婦女（尤指妻子）在一個受保護的私人空間內實施犯罪。這種犯罪是將個人性慾與他人榮譽密切聯繫在一起，在雅典是要被處死的罪行。[56]普魯塔克(Plutarch)在《呂庫古傳》裡提到一則軼事：

> 傳說古代斯巴達(Sparta)有個叫格拉達斯(Geradas)的人，一位外邦人向他打聽斯巴達人怎樣處治通姦犯，他說：「我們這裡沒有通姦犯。」外邦人又說：「那

---

moicheia 只是通姦罪的一種類型。參閱 Cynthia B. Patterson, *The Family in Greek History*, Harvard University Press, Cambridge, Massachusetts, and London, England, 1998. pp.114-125; Kenneth Dover, *Greek Popular Morality in The Time of Plato and Aristotle*, Oxford 1974, p. 209.

[52] 大衛·科恩(David Cohen)對雅典通姦法的觀點基本上包括兩點：一是關於犯罪的本質，二是關於犯罪中的公共利益（公共興趣）的本質。他認為雅典的語言用法、社會規範和法律文化反映了對 moicheia 的理解，認為 moicheia 是對婚姻關係的冒犯。並指出古典時期雅典民主關注的不是私下的性（不當）行為本身，而是該行為的公共後果。但是派特森(Cynthia B. Patterson)認為，Moicheia 泛指對一個男人的家庭中的任何女性成員的侵犯，並構成對他的男性財產權、公民身份及其財產的侵犯。參見 David Cohen, *Law, Sexuality, and Society-The Enforcement of Morals in Classical Athens,* pp.109, 124; Cynthia B. Patterson, *The Family in Greek History*, Harvard University Press, Cambridge, Massachusetts, and London, England, 1998. P. 127.

[53] David Cohen, *Law, Sexuality, and Society-The Enforcement of Morals in Classical Athens,* Cambridge University Press, 1991, p. 109.

[54] Sarah B. Pomeroy, *Goddesses, Whores, Wives, and Slaves-Women in Classical Antiquity*, Schocken Books New York, 1995, p. 86.

[55] Cynthia B. Patterson, *The Family in Greek History*, Harvard University Press, Cambridge, Massachusetts, and London, England, 1998. P. 171.

[56] David Cohen, *Law, Sexuality, and Society-The Enforcement of Morals in Classical Athens,* p. 82.

就假設有一個吧。」格拉達斯說:「我們將處罰他一頭奇大無比的公牛,能把頭伸過泰吉圖山(Taÿgetus)去飲歐羅塔斯河(Eurotas)的河水。」外邦人十分驚訝地問道:「哪來這麼大的公牛呢?」格拉達斯面帶微笑,回答說:「斯巴達怎麼能有通姦犯呢!」[57]

　　由於古代斯巴達取消了婚姻與婚外戀、婚生子女與非婚生子女的區別,也就沒有通姦的說法。[58]德摩斯梯尼的演說辭提到對通姦後果的規定,即丈夫不能繼續和通姦的妻子一起生活,否則他將失去公民權;被通姦的婦女將不能參加公共獻祭。[59]需要說明的是,首先,法律要求丈夫一旦發現妻子與人通姦,他必須與妻子離婚,但只有在其他公民對此提出訴訟,並證明該丈夫知道妻子犯了通姦罪時,才能施加這種懲罰。假定丈夫明知妻子與人通姦而不願離婚,再假定沒有其他公民舉報,只要丈夫不願作證,這種通姦將很難被證明。[60]其次,如果丈夫願意離婚,那就意味著妻子要離開丈夫的住宅,離開通姦發生的場所。一旦離開這所住宅和犯罪場所,其罪行也就自動減輕或部分消解。如法律確實允許丈夫當場殺死姦夫,但卻限制丈夫在審判後殺死通姦者的「法律自助」權,[61]用格奈特(Gernet)的話來說,「極端惡劣」的犯罪時刻已經過去了。[62]

　　雅典人把通姦案中的住宅視為重要犯罪現場,源於他們習慣上認為誘姦罪比強姦罪更為嚴重,此時房屋對誘姦罪來說,具有某種加重罪行的功能,但無論強姦、誘姦還是通姦,「姦夫一經當場捉住可直接被殺死」。[63]以呂西阿斯(Lysias)演說辭中艾拉托斯提尼(Eratosthenes)謀殺案為例,歐菲萊托斯(Euphiletos)當場捉住與妻子通姦的艾拉托斯尼,艾拉托斯尼懇求憤怒的丈夫接

---

[57] Plutarch, *Lycurgus*, 15. 10.
[58] 陳戎女譯箋:《色諾芬〈斯巴達政制〉譯箋》,華東師大出版社,2019 年版,第 63 頁。
[59] Demosthenes. *Against Neaera,* 59. 87. Demosthenes, Translated by N. W. De Witt and N. J. De Witt, Loeb Classical Library, Harvard University Press, 1949.
[60] Roy, J., "Polis and *Oikos* in Classical Athens", *Greece & Rome,* Vol. 46, No. 1(1999), p. 11.
[61] David Cohen, *Law, Sexuality, and Society-The Enforcement of Morals in Classical Athens*, p. 116.
[62] Gernet, *Anthropologie de la Grèce Antique*(Paris)(1976) Introduction to Budé edition of Plato's Laws (Paris), pp. 267-8, 320-323.
[63] Plutarch, *Solon*, 23. 1-2, Translated by Bernadotte Perrin, Loeb Classical Library, Harvard University Press, 1967.

受金錢賠償，但歐菲萊托斯拒絕了，選擇殺死艾拉托斯尼。[64]在家庭私人空間犯下的罪行，除了涉及侵犯私人財產，也涉及損害家庭中女性成員的性貞潔。對於未婚女性失去貞操的現象，法律允許通姦者雙方最終結婚，如在米南德(Menander)的《薩摩斯婦女》(*The Girl from Samos*)中，[65]在歐里庇德斯的劇作《厄勒克特拉》(*Electra*)中，[66]都有此類情節出現。

通姦對女性的懲罰，即通姦的婦女不能參加公共儀式，也不能佩戴珠寶，並不得進入公共聖殿，如果她堅持進入，她將遭受除了死亡之外的一切虐待。[67]除了法律禁止的場所和區域，那麼其他場所她們是否可以自由進出？目前沒有資料能證明，她們去泉水邊打水，去鄰居家串門，諸如此類的日常交往活動也被禁止。法律對通姦的婦女也不會罰款，雅典婦女除了嫁妝沒有屬於自己的財產，而嫁妝嚴格意義上只是婦女名義上的財產，實際上並不由婦女本人支配。

至於通姦妻子的嫁妝問題，雅典法律規定，無論離婚出於何種原因，也無論離婚是由誰發起的，在解除婚姻關係時，嫁妝都必須歸還妻子原來的監護人。[68]即使離婚是由妻子的通姦行為導致的，嫁妝也很可能必須歸還。[69]既然如此，受辱的丈夫會因此面臨人財兩空的危險，那他是否會為了現實利益，而選擇寬恕妻子的背叛？在通姦案發後，受辱的丈夫必須與犯有通姦罪的妻子離婚，如果他繼續和她生活在一起，他將遭受剝奪公民權的處罰。[70]但前提是，只有在其他公民對此提出指控，並證明該丈夫知道

---

[64] Lysias, *Against Eratosthenes*, 1. 25, Translated by W. R. M. Lamb, M. A., Loeb Classical Library, Harvard University Press, 1967.

[65] Menander, *The Girl from Samos*, 35-54, Translated by Francis G. Allinson, Loeb Classical Library, London: Willian Heinemann, 2008.

[66] Euripides, *Electra*, 916-925. Translated by Arthur S. Way. D. Lr r., Loeb Classical Library, Harvard University Press, 1925；參考歐裡庇德斯：《厄勒克特拉》（中），張竹明譯，鳳凰出版傳媒集體，譯林出版社2007年版，第133-134頁。

[67] Demosthenes, *Against Neaera,* 59. 86-87, Translated by N. W. De Witt and N. J. De Witt, Loeb Classical Library, Harvard University Press, 1949.

[68] A. R. W. Harrison, *The Law of Athens：The Family and Property*, Oxford Clarendon Press, 1968, p. 55; D. M. Macdowell, *The Law in Classical Athens*, London, 1978, pp. 87-88.

[69] Sue Blundell, *Women in Ancient Greece,* Harvard University Press, 1995, p. 116; A. R. W. Harrison, *The Law of Athens：The Family and Property*, Oxford Clarendon Press, 1968, pp. 55-56.

[70] Demosthenes, *Against Neaera,* 59. 87, Translated by N. W. De Witt and N. J. De Witt, Loeb Classical Library, Harvard University Press, 1949; David Cohen, *Law, Sexuality, and Society*, Cambridge

自己妻子通姦時，才能施加這種懲罰。[71]假定妻子和情人謹慎行事而不被當場抓住，那麼通姦就很難被證明，尤其是沒有丈夫作證的情況下。亞里斯多德在其《修辭學》中提到，有些男人羞於揭露他們妻子的性犯罪，[72]埃斯基尼斯(Aeschines)在駁提馬庫斯(Timarchus)的演說中，也提到那些選擇在沉默中掩蓋誘姦妻子的男人。[73]歐里庇德斯在《希波呂托斯》中也有同樣的事情，「你知道有多少明智的人，知道自己的婚床受辱，卻裝作看不見嗎？……賢者明智行事，凡人對生活不必求全責備。」[74]在高度重視男性榮譽和女性貞操的社會中，這樣的策略可能並不罕見。

至於通姦的女性能否再婚，蘇伊達斯(Suidas)詞書中提到 ἐγχυτρίστριαι 指那些「淨化不潔之人的婦女，她們把祭牲的血澆在這些人的身上。」[75]古希臘把婦女的懷孕、分娩、月經、性交都視為一種「不潔」現象，以及褻瀆神靈、接觸過死亡或參與謀殺的人，都被視為「不潔之人」，[76]甚至某人曾經接觸過死亡或分娩，那麼他將在一段時間內禁止參加祭祀活動，並不能夠進入神廟。[77]而通姦的婦女是褻瀆了婚姻神聖性的人，也是不潔之人，但如果舉行了這種淨化儀式，她們是否可以像正常婦女一樣再婚？我們不得而知。在民主政治下的雅典，除了在一些極端情況下，雅典公民無論男女，都不可能遭受身體折磨或被賣為奴隸，[78]對人身的保護可追溯至梭倫時代的法律。[79]鑑於每個雅典公民都是一個享有特權的人，都擁有一個受

University Press, 1991, p. 124.
[71] J. Roy, "Polis and *Oikos* in Classical Athens", *Greece & Rome,* Vol. 46, No. 1(1999), p. 11.
[72] Aristotle, *Rhetoric*, 1373a, Translated by H. Rackham, M. A., Loeb Classical Library, Harvard University Press, 1959.
[73] Aeschines, *Against Timarchus*, Translated by C. D. Adams, Loeb Classical Library, Harvard University Press, 1919; David Cohen, *Law, Sexuality, and Society*, Cambridge University Press, 1991, p. 130.
[74] Euripides, *Hippolytus*, 470, Translated by Arthur S. Way. D. Lrr., Loeb Classical Library, Harvard University Press, 1946.
[75] 蘇伊達斯詞典中的有關條目，參見簡‧艾倫‧赫麗生：《希臘宗教研究導論》，謝世堅譯，廣西師範大學出版社 2006 年版，第 35 頁。
[76] J. G. 弗雷澤：《金枝》上冊，汪培基等譯，商務印書館 2012 年版，第 347 頁。
[77] Robert Parker, *Miasma: Pollution and Purification in Early Greek Religion*, Oxford: Clarendon Press, 1983, p. 32-53.
[78] Hunter, Virginia, *Policing Athens. Social Control in the Attic Lawsuits, 420-320 B. C.*, Princeton, 1994, pp. 174-184.
[79] Plutarch, *Solon*, 15. 3-5, Translated by Bernadotte Perrin, Loeb Classical Library, Harvard University

保護的身體，即使她被指控或者她被抓到與人通姦，她也不會被整個社區孤立，因為法律沒有明令禁止她再婚，況且通姦罪中女性被認定為是被動的。[80]因此，這種因通姦被離婚的婦女，在回到原來的家庭後，也會由其原來家庭的家主（父親若離世，則其兄弟或侄子就是家主）為其操辦再婚事宜。嫁妝對一個女人至關重要，是女人生活的基本保障，也被視為是構成合法婚姻的要素之一。既然通姦的婦女被離婚時能夠帶走嫁妝，她就具有了再婚的條件和可能性，除非她超過育齡期而導致無法再婚。[81]儘管派特森認為，最初阻止婦女通姦行為發生的正是受保護的公民身份，而不是受保護的私人領域。被指控通姦的婦女基本上相當於 *atimia*[82]，被剝奪了一個婦女基於家庭和宗教的公民責任和特權，她被排除在聖所及其丈夫的 *oikos* 之外，因此這樣一個婦女不可能期望再婚。[83]但科恩(David Cohen)卻強調對通姦婦女的這種懲罰本質上是私人的，它不像其他古代地中海法典那樣強制要求公開體罰，因此他認為被通姦的婦女仍然可以嫁給其他人而不失其公民身份，[84]這裡，筆者認同科恩的觀點。

一個丈夫不必對自己的妻子性忠誠，而妻子則必須對丈夫忠誠。一個丈夫如果

Press, 1967.
[80] 關於此問題，波默洛伊(S B. Pomeroy)認為被指控通姦的婦女沒有機會證明自己的清白，她將成為一個被社會遺棄的人而再也找不到另外一個丈夫。參閱 Sarah B. Pomeroy, *Goddesses, Whores, Wives, and Slaves, Women in Classical Antiquity*, Schocken Books, New York, 1975, p. 73.
[81] 梭倫對於婚姻的規定，男女結合應該只是為了愛情的歡樂生兒育女。狄奧尼修斯在他母親要求把她嫁給他治下的一個公民的時候，曾說：他雖然做了僭主，破壞了國家的法律，但不能因為讓超齡的人結婚，而破壞自然的法律。因為城邦不允許這種不正常的事情發生，這種不能實現婚姻生兒育女的目的。參見 Plutarch, *Solon,* 20. 4-5, Translated by Bernadotte Perrin, Loeb Classical Library, Harvard University Press, 1967。
[82] *Atimia*，西元前五世紀末，該詞指被排除在雅典人公共生活特權之外的人，這是一種對雅典公民施加的懲罰，不適用於外國人。*Atimia* 意為剝奪公民權的人，當然這裡不僅僅是投票權的喪失，他將不能進入神廟和市政廣場，不能擔任任何公職，也不能擔任議事會成員或法庭陪審員，他是否喪失了公民的其他權利和義務還不太清楚，也許他仍然可以娶一個雅典人妻子，在阿提卡擁有土地，仍然有義務納稅和服兵役。被剝奪公民權的人不等同於外國人，一個被剝奪公民權的人可能不得不忍受許多人身傷害和侮辱，因為他不能提起訴訟。參閱 Douglas M. MacDowell, *The Law in Classical Athens*, London, 1978, pp. 73-75.
[83] Cynthia B. Patterson, *The Family in Greek History*, Harvard University Press, Cambridge, Massachusetts, and London, England, 1998. pp. 131-132.
[84] David Cohen, *Law, Sexuality, and Society*, Cambridge University Press, 1991, pp. 123-124.

因為通姦而欺騙自己的妻子，則法律會判他和妻子離婚，[85]誘姦者將會受到嚴厲的懲罰。一個男人若當場抓住一個和自己的妻子、母親、姐妹、女兒或者妾通姦的人，他可以當場殺死姦夫。如果他被指控謀殺，他可以通過申訴過失殺人是合法的而為自己辯護；[86]或者他可以要求一定數目補償金，並把姦夫投進監獄直到他完全支付或提供支付保證。梭倫時代未出嫁的少女若是犯下通姦罪，將被賣為奴隸，不過後來這種事情不再發生。夫妻一旦結合成一個新的家庭，妻子就被期望生養合法的孩子，生產紡織物並照管丈夫的財產。而且只有當她為丈夫生下一個孩子之後，才能得到丈夫的信任從而擁有更多管理家務的權力。生養孩子與婦女的家庭權利聯繫起來並不是偶然的，在一個以男性世系計算血統的社會，最重要的是生下一個合法繼承人，而這個繼承人必須是其母親的丈夫的合法兒子。這種對繼承人合法性的焦慮，以多種方式在希臘文獻中重複出現，也表現在這種觀念上，即不忠誠的妻子，必須交出家庭儲藏室的鑰匙。當把家庭財富的完整性與妻子對丈夫的忠誠度緊緊捆綁在一起時，婦女的經濟權利以各種各樣的方式被限制。

（二）離婚

　　古代雅典有四種不同的離婚程式，即由丈夫提出的離婚(apopempsis)、由妻子提出的離婚(apoleipsis)、由妻子的父親提出的離婚(aphairesis)以及由女繼承人的規定(epidikasia)而被迫發起的離婚。雖然一個男人可以任何理由與妻子離婚，只要能把她送回她父親的家，但一個父親顯然也同樣可以無需任何理由奪回他已婚的女兒，法律也許沒有明文規定，這種情況卻被社會習俗普遍認同。

1. 丈夫發起的離婚

　　丈夫可以很容易地終止婚姻。他只要把他的妻子送走，也就是回到她的父系家庭，並歸還嫁妝，婚姻就結束了。如在普魯塔克《伯里克利傳》(Pericles)中，據說這位著名的政治家，對米利都人阿斯帕西婭(Aspasia)的寵愛幾乎到了癡情的地步。他原先的妻子是他的近親，但他們生活不美滿，伯里克利徵得妻子的同意，依法把

---

[85] Demosthenes, *Against Neaeram*, 59. 87.
[86] Demosthenes, *Against Aristocrates*, 23. 53.

她嫁給了別人，他自己娶了阿斯帕西婭，十分恩愛，據說，他每天出去和從市場上回來，都要和她親吻。在雙方協定的情況下與他的妻子離婚，這筆交易的友好性質體現在他為妻子的立即再婚作了安排。[87]如狄奧多圖斯(Diodotos)在遺囑中還提供了嫁妝，以使他的妻子能夠順利再婚。[88]再如伊塞俄斯演說辭中提到墨涅克萊斯(Menekles)年紀太大不能生育子女，他希望年輕的妻子再婚，而不是等她年老時沒有子女，於是安排妻子與另一名男子結婚，並收養了她的一個兄弟。[89]著名的阿爾基比亞德斯(Alkibiades)的女兒被她的丈夫提出離婚，理由是她的兄弟可以進入房子，「不是作為兄弟，而是作為丈夫」拜訪她。雖然在雅典眾多再婚案中，有些男人離婚是為了續娶女繼承人，以改善自己的經濟狀況，[90]但一些離婚的男人大都幫助自己的前妻尋找新丈夫。還有一些年長的丈夫會為妻子的將來憂慮，在他臨終時會物色一個好男人來接替其位置。他把妻子、子女和財產託付給他認為可靠的親戚。[91]如德摩斯梯尼的父親臨終前安排他的妻子克萊歐布勒(Kleoboule)嫁給阿弗布斯(Aphobus)，但阿弗布斯食言了繼而娶了一個離婚的女人。克萊歐布勒和她的兩個孩子（德摩斯梯尼本人和他的妹妹）住在她已故的丈夫房子裡。她的丈夫將她訂婚給他自己的姪子阿弗布斯 （他也是德摩斯梯尼的監護人之一），並留下了房子及其傢俱，以供阿弗布斯和克萊歐布勒及被監護人（年幼的德摩斯梯尼和妹妹）使用。在這場被規劃的第二次婚姻中，克萊歐布勒的嫁妝是 80 穆納，其中 50 穆納那是由她的珠寶和一些杯子、盤子組成的，這些應該都是她嫁妝的一部分，另外 30 穆納來自於奴隸的買賣。剛開始的時候，克萊歐布勒和阿弗布斯就珠寶的事發生了爭執，導致阿弗布斯沒有娶她而娶了其他女人。當德摩斯梯尼成年後便起訴他的監護人，指控阿弗布斯欠他母親

---

[87] Plutarch, *Pericles*, 24. 5.
[88] Lysias, *Against Diogeiton,* 32. 6, Translated by W. R. M. Lamb, M. A., Loeb Classical Library, Harvard University Press, 1967.
[89] Isaeus, *On the Estate of Menecles*, 2. 7-9, Translated by Edward Seymour Forster, M. A., Loeb Classical Library, Harvard University Press, 1943; Louis Cohn-Haft, "Divorce in Classical Athens", *The Journal of Hellenic Studies*, Vol. 115(1995), p. 3.
[90] Demosthenes, *Against Onetor,* 30.7; Demosthenes, *Against Theocrines,* 57. 41, Translated by N. W. De Witt and N. J. De Witt, Loeb Classical Library, Harvard University Press, 1949.
[91] Demosthenes, *Against Aphobus,* 27. 4-6, *Against Aphobus,*28.15-16, *Against Aphobus,* 29. 43.

的嫁妝和利息，也沒有盡到扶養他母親的責任。[92]再如帕西歐(Pasio)的遺孀阿基珀(Archippe)的例子，她的情況與此類似。她的丈夫臨終前給她提供一筆巨額嫁妝，還把家裡的除她嫁妝之外的所有物品都遺贈給她，[93]她因此被稱為這些財產的 *kyria*，其中特別指出，當她與弗米歐(Phormio)再婚後，弗米歐在成為她的 *kyrios* 時獲得了對這筆財產的控制權。[94]古代雅典的離婚率比現代希臘高得多，雅典婦女一旦離婚或喪偶，會被要求再婚，而年老未婚的前景令人恐懼。[95]除了高離婚率，雅典社會的死亡率也很高，因此再婚在雅典社會是非常普遍的現象，寡居者和離婚者通常會被要求再婚。[96]單身無論對一個人還是對一個家庭來說都是不體面的事情。再婚的基本目的是建立一個家庭，即使丈夫已經有了自己的合法子嗣。

2. 由妻子發起的離婚

婦女要求離婚的例子很少，其中阿爾基比亞德斯(Alkibiades)的妻子西帕瑞特(Hipparete)就是一例。在得到一份大額的嫁妝以後，奧塞庇德斯卻把妓女帶到家，其中既有奴隸也有自由人，這使他的妻子，一位正派人忍無可忍，她到執政官那裡去要求離婚。但是奧塞庇德斯卻糾集一幫人，把他的妻子從執政官處強拉了回來。[97]該離婚未遂案最重要的特點是其正式和公開性質。即要求離婚的婦女必須出現在執政官(*archon*)面前，這顯然是一個與丈夫將妻子送回家娘家的權利極其不同的程式。此案的另一個顯著特點是西帕瑞特試圖離婚失敗，因為阿爾基比亞德斯打斷了訴訟程式，並用武力將她帶走。另一例由妻子提出的離婚案件很奇怪，因為這件事之所以為人所知，是因為說話人在伊塞俄斯 III 的演說辭中否認這種離婚曾經實際發生過，在嘲笑對方的主張時，他指出對方沒有提供所稱離婚的證據，不過這個案例證實了尋求離婚的

---

[92] Demosthenes, *Against Aphobus*, 27. 5, 17, *Against Aphobus*, 28. 15-16, *Against Aphobus*, 29. 43, *Against Onetor*, 30. 7, Translated by A. T. Murray, Loeb Classical Library, Harvard University Press, 1939.

[93] Demosthenes, *Against Stephanus*, 45. 28.

[94] Demosthenes, *Against Stephanus*, 45. 74.

[95] Wesley E. Thompson, "Athenian Marriage Pattern: Remarriage", *California Studies in Classical Antiquity*, Vol. 5 (1972), p. 221, p.222.

[96] 薩拉‧B.波默羅伊、斯坦利‧M.伯斯坦等著：《古希臘政治、社會和文化史》，第 256 頁。

[97] Louis Cohn-Haft, "Divorce in Classical Athens", *The Journal of Hellenic Studies*, Vol. 115(1995), p. 4.

婦女被要求出現在執法官面前，其作用是使這一行為成為公共記錄的事情。[98]

3. 由妻子的父親發起的離婚

由妻子的父親發起的離婚案件，在德摩斯梯尼 41 的演說辭中提到，據說一位父親波利歐克圖斯(Polyeuktos)與女兒的丈夫萊歐克萊提斯(Leokrates)發生了爭吵，把女兒從他身邊帶走，並把她嫁給一個叫斯普第阿斯(Spudias)的男人，[99]這說明在雅典法律中，父親有權將女兒從他不再認可的婚姻中帶走。不過本案中最引人矚目的是主要當事人之間複雜的家庭關係，以及父親強行終止女兒婚姻的後果。本案中的丈夫萊歐克萊提斯是他妻子的舅舅，也就是她母親的弟弟，她父親的內兄。如果這不是一種足夠密切的家庭關係，那麼在結婚之前，他就被妻子的父親收養，甚至更確切地被帶進了這個家庭。因此，丈夫與岳父的關係是三重的：按照時間順序，他成了內兄、兒子和女婿。此外，該案中的發言人是波利歐克圖斯的另一個女兒的丈夫，被告斯普第阿斯是接替萊歐克萊提斯成為小女兒丈夫的人。演說辭中並沒有提示在波利歐克圖斯和他的女婿之間爭吵的原因，但這次爭吵導致他帶回了他的女兒。然而它詳細描述了萊歐克萊提斯的憤怒，以及他對這位父親和那名新丈夫提起的訴訟。

對於那些丈夫需要離開很長一段時間的妻子的監護權有什麼規定？一般雅典男人的日常活動比如服兵役或外出經商，這就意味著丈夫在家庭生活中一段時間的缺席。[100]在漫長的商務旅行中或服役期間離開的丈夫，很可能指定一個替代者作為妻子和孩子的監護人，或者最重要的是，照顧他妻子的權利和責任可以自動移交給妻子的父親。[101]這說明父親對女兒的監護權不因女兒的結婚而消失，一旦女婿不能盡到監護責任，父親將重新啟動對女兒的監護權。

4. 由女繼承人的規定發起的離婚

德摩斯梯尼演說辭中也提到女繼承人(*epikleros*)的案例，她必須與血親結婚的要

---

[98] Isaeus, On the Estate of Pyrrhus, 78.
[99] Demosthenes, *Against Spudias*, 41. 4.
[100] Lysias, *Against Diogeiton*, 4-6.
[101] Louis Cohn-Haft, "Divorce in Classical Athens", *The Journal of Hellenic Studies,* Vol. 115(1995), pp. 7-8.

求，可能因她或指定的親屬或雙方都已結婚而妥協。在這種情況下，一個貧窮的男人普羅圖馬庫斯(Protomachus)，因為有權認領一名女繼承人，並因此獲得一大筆財產。[102]他按照丈夫的正常特權，放棄了他已經擁有的妻子，他與妻子結婚的時間足夠長，而且使她生下一個女兒。不過，他在特殊情況下與一個無可指摘的妻子離婚的行為，雖然不令人欽佩，但卻是可以接受的。人們很容易將丈夫的離婚自由，聯想到是為了金錢或其他世俗的利益，並出於同樣的動機而解除婚姻。在一種互惠的情況下，已經結婚的婦女成為繼承人，符合條件的男性親屬有權認領她，從而將她從她的丈夫身邊帶走，結束她當前的婚姻。但在伊塞俄斯 10 的演說辭中離婚沒有發生，因為該已婚的女繼承人選擇與其丈夫在一起，而把祖傳遺產由本來可以認領她的男子拿走。[103]她保留婚姻的條件是她通過她現在的 *kyrios* （這裡是她的丈夫）宣誓，她不對父親祖傳遺產的侵吞提出異議，僭取者原本有權要求她離婚娶她為妻，從而獲得這筆遺產。可見，即使是在 *epikleros* 的情況下，純粹唯利是圖的離婚也可以出於感情的原因而被繞過。

綜上所述，由於雅典男人貌似比較在乎女人的貞潔，一個丈夫會與對他不忠的妻子離婚，而且離婚對丈夫來說是簡單的。如果他願意，他可以隨時送自己的妻子離開，婚姻的終止不需要什麼手續。同樣，妻子的父親也有權隨時從其丈夫身邊把她帶走（除非這個妻子已經生下兒子）[104]。但一個妻子希望和其丈夫離婚的願望卻很難實現，她必須到執政官那裡交上有關離婚的書面申請。[105]至於為什麼法律要求她到執政官面前申訴，可能是執政官有意在給她丈夫某種機會去干涉此事（如果她丈夫願意的話），普魯塔克認為這條規定的目的是給她丈夫一個抓住他妻子並把她再次帶回家的機會。[106]這表明執政官並不接受來自妻子的離婚請求，尤其是在她丈夫反對的情況下。可見，一個妻子沒有丈夫的默許是不太容易實現離婚的。

---

[102] Demosthenes, *Against Eubulides*, 57. 41.
[103] Isaeus, On the Estate of *Aristarchus*, 19.
[104] Demosthenes, *Against Spudias,* 41. 4.
[105] Isaeus, *On the Estate of Pyrrhus,* 3. 78; Demosthenes, *Against Onetor,* 30. 17, 30. 26, 4.14; Plut. *Alkibiades* 8. 5.
[106] Plut. *Alkibiades* 8. 6.

如果婚姻關係通過離婚終止，不管是哪種原因，嫁妝都必須歸還給這個婦女原來的家主（或其繼承人）。丈夫和那些租有屬於孤兒不動產的人都要將他們財產的一部分置為抵押品(*apotimēma*)——前者作為婚姻解除時嫁妝返還的擔保，後者作為租賃結束或監護權終止時租物（不動產）返還的擔保。[107]在一些案例中，丈夫阻止妻子發起的離婚時所考慮的主要問題是必須歸還其嫁妝。這也是一個新娘的家主最初提供嫁妝的強烈動機：這是對這名婦女的一種保護而且其親屬都希望這個婚姻長久。[108]如果妻子沒有留下孩子而離世，她的嫁妝同樣要歸還其原來的家主（或其繼承人）；但是如果留有孩子，孩子將繼承嫁妝。[109]如果丈夫死去沒有孩子且留下一個寡婦，她必須回到原來的家庭；這種情況其丈夫的繼承人必須歸還嫁妝。[110]但是如果她有孩子（或者懷孕），她可以和孩子一起留在丈夫的家庭，然而將由他們的監護人經營其嫁妝。[111]一個有孩子的寡婦的情形，也許是雅典婦女唯一能夠為自己在家庭和監護人之間做出選擇的情形。[112]

法律規定，誰掌管婦女的嫁妝誰就有責任養活她。一個擁有婦女嫁妝的男人，當他不再有權經營這份嫁妝，他必須立刻歸還嫁妝的所有數額，且同時必須按月支付一定數目的利息用來養活這名婦女或她死後留下的孩子，否則他很容易因沒有盡到扶養義務而被新的認領者起訴。[113]一個丈夫在婚姻存續期間有時要為萬一離婚時被要求歸還的嫁妝而提供一個抵押品，例如土地、房屋等不動產。寡婦或者離婚的婦女可以再婚，如果她回到原來的家庭中，她的家主可能通過常見的訂婚方式給她找一個新的丈夫，然後她帶著從第一個丈夫那裡取回的嫁妝而結婚。[114]作為一種選擇她第一個丈夫

---

[107] 加加林(Michael Gagarin)、科恩(David Cohen)：《劍橋古希臘法律指南》，鄒麗、葉友珍等譯，華東師範大學出版社，2017年版，第293-294頁。

[108] Isaeus, *On the Estate of Menecles*, 2. 9, 3. 35-6; Demosthenes, *Against Neaeram*, 59. 52.

[109] Isaeus, *On the Estate of Pyrrhus*, 3. 36; Demosthenes, *Against Boeotus*, 40. 14, 40. 50.

[110] Isaeus, *On the Estate of Pyrrhus*, 3. 8-9, 3. 78, Isaeus, *On the Estate of Ciron*, 8. 8.

[111] Demosthenes, *Against Phaenippus*, 42. 27, *Against Macartatus*, 43. 75.

[112] Demosthenes, *Against Boeotus*, 40. 6.

[113] Isaeus, *On the Estate of Pyrrhus*, 3. 8-9, 3. 78; Demosthenes, *Against Aphobus*, 27. 17, *Against Neaeram*, 59. 52.

[114] Isaeus, *On the Estate of Ciron*, 8. 8; Demosthenes, *Against Boeotus*, 40. 6-7.

臨終之時或者在其遺囑中也能給他的遺孀（帶著其嫁妝）安排一個新丈夫。[115]

在格爾蒂情況有所不同，如果夫妻離婚，妻子要得到她來夫家時所帶來的自己的財產，若這些個人財產有收益，她則得之一半，她在這家所編織的某種物品，無論其為何物，亦得之一半。倘若丈夫發起的離婚，妻子還額外得到 5 斯塔特（Stater，格爾蒂貨幣單位）；如果丈夫宣稱他不是離婚的起因，法官宣誓做出判決，這種情況下，如果她拿走了屬於丈夫的任何東西，不論她拿走了什麼都要罰款 5 斯塔特，並歸還所拿之物。但是，倘若她否認順手牽羊，法官將令該婦女在阿米克萊神廟(The Amyklaian Temple)女弓弩手的像前憑阿爾忒彌斯(Artemis)起誓否認。在她已做出否認的起誓之後，無論誰從她那裡拿走該物，他要賠付 5 斯塔特的錢款並歸還原物。若一個非當事人幫她拿了東西，他要支付法官認定他幫她所拿之物價值的雙倍的款額，並額外支付 10 斯塔特的罰款。[116]

三、近親結婚

古希臘的婚姻主要是為家庭和城邦生產和養育公民，男女之間的感情和夫妻關係的默契不是首要目的。在斯巴達，同母異父的兄弟姐妹可以結婚，[117]雅典則只有異母的兄弟姐妹才可結婚，如普魯塔克《地米斯托克利傳》記載：雅典人地米斯托克利「有幾個女兒，其中莫西普托勒馬(Mnesiptolema)是第二個妻子所生，後來成為她異母哥哥阿克普托利斯的妻子」。[118]湯普森(Wesley E. Thompson)論證了雅典堂兄妹之間的婚姻，在雅典貴族中間是很常見的，雅典社會的特徵導致雅典公民對親屬有強烈的感情。依靠親屬紐帶，一個雅典父親能夠為自己的兒女在近親屬之間安排一個可靠的婚姻，通過這種結合保存或加強他自己的家族勢力。[119]在伊塞俄斯 7 中，

---

[115] Demosthenes, *Against Aphobus*, 27. 5, *Against Stephanus*, 45. 28.
[116] Willetts, R F., translated and edited, *The Law Code of Gortyn*, De Gruyter Press, 1967, p. 43；中文版，參閱《古史新譯》第二卷：《格爾蒂法典》，郝際陶譯，高等教育出版社 1992 年版，第 11-13 頁。
[117] 古希臘•色諾芬：《斯巴達政制》，陳戎女譯箋：《斯巴達政制譯箋》，華東師範大學出版社，2019 年版，第 56 頁。
[118] Plutarch, *Themistocles*, 32. 2.
[119] Wesley E. Thompson, "The Marriage of First Cousins in Athenian Society", *Phoenix*, Vol. 21, No.

有兩種類型的醜聞影響著卡利阿斯三世(Callias III)，第一類是亂倫的指控，即一個男人與其家庭中的直系女性親屬發生性關係；第二類是一個男人的孩子是非合法出生的，即混合雙親或者非正式結合的後代。當處理有關卡利阿斯三世和他的親屬的這兩類醜聞時，為瞭解釋卡利阿斯對阿爾西比阿德斯(Alcibiades)的矛盾心理和發生在西元前 5 世紀最後 20 幾年的這次事件，首先要回顧一下發生在這一世紀上半葉的事情，這些早期的事件涉及卡利阿斯三世的長輩，卡利阿斯二世和其後來的內兄克蒙(Cimon)，還有克蒙的主要對手和姻親伯里克利(Pericles)。普魯塔克提到「當他（克蒙）還是青年時就被人們指責他與其姐姐厄爾庇尼斯(Elpinice)有不正當的男女關係。」[120]「還有人說厄爾庇尼斯並非與克蒙秘密同居，而是公開作為明媒正娶的妻子，因為她貧窮而找不到配得上她高貴門第的丈夫。」[121]在西元前 480 年已經成為著名政治家的克蒙娶了阿克邁尼德·伊索蒂斯(Alcmaeonid Isodice)，而克蒙的姐姐厄爾庇尼斯則嫁給了雅典最富有的男人之一卡利阿斯二世。在西元前 450 年卡利阿斯二世的兒子希波旁尼庫斯二世(Hipponicus Ⅱ)，娶了伯里克利的前妻——卡利阿斯三世的母親，後來他和伯里克利的前妻離婚，又娶了伯里克利的女性親屬——西帕萊特(Hipparete)的母親。無論如何這種結合的政治含義是不確定的：卡利阿斯二世的政治忠誠長期以來在代表對抗的克蒙和伯里克利之間極不清晰。伯里克利和克蒙之間的恩怨起於西元前 460 年，伯里克利起訴克蒙受賄案，並因此流放了克蒙。西元前 440 年伯里克利控告克蒙的孿生兒子的母親是非雅典公民身份，這種做法侮辱了這名母親的尊嚴並質疑她和她兒子的公民身份，即便克蒙的兒子被認定生於西元前 451 年之前並不會受到伯里克利公民法的影響。[122]

（一）堂兄妹之間的婚姻、叔伯與侄女之間的婚姻。阿提卡的習俗一般是族內通婚制，很少有女子嫁給家族之外或者部落之外的男人。一個雅典父親在兒女的

4(Winter, 1967), pp. 278-282.
[120] Plutarch, *Cimon*. 4-5.
[121] Plutarch, *Cimon*. 6-7.
[122] Cheryl Anne Cox, "Incest, Inheritance and the Political Forum in Fifth-Century Athens", *The Classical Journal*, Vol. 85, No. 1(Oct.-Nov., 1989), pp. 34-46.

婚事上，傾向於在近親屬中間選擇合適的人選，一方面是對候選人的人品、才能和其家庭情況比較瞭解，另一方面也是出於通過家庭聯姻而保存家族勢力和財力的考慮。雅典青年男女最常見的結婚對象是在堂兄弟（或堂姐妹）等這些近親屬中間篩選。在雅典，女繼承人的婚姻情況比較特殊，如果一個女繼承人在其父親去世時已經結婚，且還沒有生下兒子，她要和現有的丈夫離婚而回到父親的家庭中繼承遺產，同時要和其父血緣關係最近的一個男性親屬結婚，這名男性親屬按順序首先是其父親的兄弟，其次是其父親的侄子，然後是父親姐妹的子嗣，甚至父親的堂兄弟及其子嗣；如果沒有這些親屬，要從其母親一方最近的親屬選擇，首先是其母親的兄弟，其次是母親兄弟的子嗣，然後母親姐妹的子嗣等等，按血緣關係的親疏依順序而定。那麼一個女繼承人可以結婚的對象包括其伯父、叔叔、堂兄弟、姑表兄弟、舅舅、姨表兄弟等，女繼承人和這樣的近親屬結婚所生的孩子才能繼承其父親的遺產，並保持父親家庭香火的延續。如果已婚的女繼承人不想和現在的丈夫離婚，那只有一種方式，就是通過死後收養的方式，女繼承人的丈夫成為其死去父親的養子，這樣才能合法地繼承父親的遺產。如果女繼承人在父親死時尚未結婚，且父親決定收養一名養子，那女繼承人要和養子結婚；同時法律規定養子在繼承養父家產的同時，他必須一併繼承這名女繼承人——最好的方式是和這名女繼承人結婚，因為女繼承人和父親的遺產是一個整體而不可分割。有關女繼承人的婚姻，後文會專門論述。

在斯巴達，婦女在婚姻選擇上，也是由其父親或者家庭的家主做主訂立婚約，一般也是在近親屬中間選擇合適的對象。斯巴達對婦女的貞潔觀與雅典截然不同，斯巴達不存在通姦之說，[123]但在古典時期的雅典，「通常被接受的觀點是，性道德期望公民婦女不但保持貞潔，限制婚姻中的性活動，而且避免任何與不合適的男人接觸的嫌疑。一些最近的著作仍然表明雅典公民婦女確實遵守社會對她們的期望，甚至為了踐行貞潔而過著隱居的生活。其他的觀點一致認為斯巴達婦女展現出一個較寬的行為範圍，至少有時，與不是自己丈夫的男人發生性關係。」[124]無論如何，斯

---

[123] Plutarch, *Lycurgus*, 15. 10.
[124] J. Roy, "An Alternative Sexual Morality for Classical Athenians", *Greece & Rome,* Vol. 44, No. 1(Apr., 1997), pp. 11-22.

巴達婦女在婚姻上相比於雅典婦女，有許多可能性。她們不只是侷限於近親屬之間通婚，因為斯巴達婦女的主要職責是為城邦生育戰士。在斯巴達，一個年老的丈夫如果想要一個體格健魄的兒子，他會找一個高尚英俊的年輕男子和自己的妻子發生關係，只需這名男子同意即可。同樣，如果一名男子欽佩一名婦女能夠生下健壯英俊的兒子，他可以和這名婦女的丈夫協商，徵得這名丈夫的同意他即可與這名婦女發生關係，讓這名婦女為自己生下子嗣。[125]關於斯巴達女繼承人的婚姻，如果其父親去世時她尚未訂婚，則由斯巴達國王指定人選和女繼承人結婚；[126]如果這名女繼承人已婚，且她願意，她可以回到亡父的家庭繼承財產，並和其父親健在的兄弟中最年長者結婚，若女繼承人和其父的兄弟各有數個，她們要依次嫁給此長者。若其父的兄弟都已不在，她要嫁給其父之兄弟中最長者之子。[127]

（二）同父異母之間的婚姻。菲洛(Philo[128])斷言梭倫在雅典允許同父異母的兄妹（姐弟）之間可以結婚，而禁止同母異父的兄妹（姐弟）之間的婚姻。法庭演說辭也表明西元前5世紀到西元前4世紀的雅典確有此事發生，如德摩斯梯尼57中，「因為我的祖父娶了與自己不是同一個母親的妹妹……」[129]在利西阿斯(Lysias)14中，「在地米斯托克利(Themistocles)的兒子阿開普托里斯(Archeptolis)和他的女兒穆奈斯普托萊瑪(Mnesiptolema)（與阿開普托里斯不是同一個母親）之間的婚姻因此是合法的，」[130]也許這正如克蒙和他姐姐厄爾庇尼斯之間的婚姻關係。[131]對克蒙亂倫的指控是政治醜聞和克蒙與卡利阿斯家族之間鬥爭的一部分。[132]但這些都沒有提

---

[125] Plutarch, *Lycurgus*, 15. 7. 8.
[126] Herodotus, 6. 57, Translated by A. D. Godley, Loeb Classical Library, 1975.
[127] R. F. Willetts translated and edited, *The Law Code of Gortyn*, De Gruyter Press, 1967, pp. 45-46.
[128] 猶太人神秘主義哲學家，希臘化時代居住在亞歷山大城。
[129] Demosthenes, *Against Theocrines,* 57. 21.
[130] Lysias, *Against Alcibiades, 1: For Deserting the Ranks,* 14. 41, Translated by W. R. M. Lamb, M. A., Loeb Classical Library, Harvard University Press, 1967.
[131] Jane Rowlandson and Ryosuke Takahashi, "Brother-Sister Marriage and Inheritance Strategies in Greco-Roman Egypt", *The Journal of Roman Studies*, Vol. 99(2009), p. 108; Cheryl Anne Cox, "Incest, Inheritance and the Political Forum in Fifth-Century Athens", *The Classical Journal*, Vol. 85, No. 1(Oct.-Nov., 1989), pp. 34-46.
[132] Cheryl Anne Cox, "Incest, Inheritance and the Political Forum in Fifth-Century Athens", *The*

供雅典人通常不贊同兄妹婚姻甚至同父異母婚姻的證據。古典時期的雅典,被引用更多的贊同兄妹婚姻的證據與戲劇特殊的場景相聯繫,在阿里斯托芬的劇作《雲》(Clouds)[133]中,斯特普斯阿德斯(Strepsiades)的兒子吟誦歐里庇德斯的阿奧路斯(Aeolus),斯特普斯阿德斯對這種不道德行為很是憤慨,因為其中暗含同母異父的兄妹婚姻。這個戲劇涉及阿奧路斯的兒子和女兒(同一個母親)之間的結合,對雅典人的傳統思想是一種挑戰。但是這些並不是告訴我們雅典人普遍贊成同父異母的結合,阿里斯托芬對同母關係的強調有助於證實同父異母婚姻的公眾接受度。雅典法律沒有規定必須禁止同一對父母所生的孩子結合,似乎在希臘其他城邦也是如此。[134]作為由神規定的不成文法律之一,它們激發的道德感把此奉為神聖。[135]相反,梭倫立法明確禁止同母異父兄妹之間的婚姻,然而卻允許同父異母兄妹之間的婚姻。這彷彿表明,一些正在進行中的兄弟姐妹之間的婚姻,看起來更像是一種妥協的結果,意在迎合這些希望加強他們家庭世系的父親的利益,而平息道德上對生於同一個子宮的孩子之間性關係的不贊同。梭倫法律的存在證明雅典兄妹婚姻普遍存在的事實,歐克斯透斯(Euxitheus)在法庭上也沒有憎惡他祖父的這種結合。菲洛關於斯巴達允許同母異父的兄弟姐妹之間的婚姻,並沒有被其他資料所證實,所以有關斯巴達的這種婚姻(除了皇室婚姻以外)我們不得而知。同族聯姻在斯巴達社會十分普遍,斯巴達皇室產生了很多近親婚姻的案例,最顯著的是叔伯(舅)與侄女(外甥女)和姑(姨)和侄子(外甥)之間的婚姻。據希羅多德記載,斯巴達國王阿納克山德里戴斯(Anaxandrides)的妻子就是他姐姐的女兒,李奧尼達斯(Leonidas)的妻子是他的親侄女,阿爾奇達莫斯(Archidemus)的妻子則是他堂兄的女兒。[136]波利比烏斯記載的一妻多夫制,三四個甚至更多的兄弟分享一個妻子,是斯

Classical Journal, Vol. 85, No. 1(Oct.-Nov., 1989), pp. 34-46.

[133] Aristophanes, *Clouds,* 1371-2, Translated by Benjamin Bickley Rogers, M. A., D. Litt., Barrister-at-law, Loeb Classical Library, Harvard University Press, 1930.

[134] Jane Rowlandson and Ryosuke Takahashi, "Brother-Sister Marriage and Inheritance Strategies in Greco-Roman Egypt", *The Journal of Roman Studies*, Vol. 99(2009), p. 108.

[135] Plato, *Laws*, 838a-839a; Plato, Republic 461b-c; Xenophon, *Mem.* 4.4.19-23.

[136] Herodotus, *History*, V, 39; VII, 239; VI, 71.

巴達傳統和普遍的風俗。[137]無論如何，有關婚姻的這些規定和條款很可能是為了保存家庭財產的完整性。

　　古希臘婦女只有通過正式的訂婚和舉行婚禮的一系列程式，才能擁有合法婚姻，這種婚姻結合所生育的孩子才是家庭的合法子嗣；這名婦女在家庭裡才能擁有合法女主人的身份和地位，只有具備家庭女主人的身份和地位，才能有資格和權利協助丈夫管理家務和家庭經濟，並在丈夫許可的範圍內擁有部分處理家庭財產的權利。如西元前 4 世紀一位殺死妻子姦夫的丈夫在法庭上說，「當我決定結婚並將一位妻子帶進我的家門，我以一種合理的態度不去打擾她，並在一段時間內觀察她，但當我的兒子出生後，我便開始信任她，並把我所有的財產交給她掌管……」[138]而誘姦、通姦結合所生的孩子被稱為私生子，他首先需要被其生父承認，然後才能被生父的家庭所接受，這名私生子能否擁有合法繼承權還要視情況而定，而生下私生子的婦女，要面臨社會道德的譴責和排斥（斯巴達婦女除外，因為斯巴達婦女不存在誘姦、通姦一說[139]），如普魯塔克記載失貞的少女會被其家主賣身為奴，[140]犯有通姦罪的婦女會受到鞭打和唾棄，孕婦、產婦和犯有通姦罪的婦女都被視為「不潔」之人。

　　古希臘的近親結婚，主要是一個大家族之內兩個小家庭的子女通過親屬關係而結合的婚姻形式，這種結合為了保存或加強男女雙方家庭或者整個家族的財富或勢力，婦女在這種婚姻關係中實質上起著紐帶的作用。那麼古希臘婦女作為營建家族社會關係的紐帶，雖然對鞏固單個家庭的權勢有著重要作用和意義，但是她們在家庭中的經濟權利並不會因此而有所改善和提高。因為是由家族內部或遠或近的有血緣關係的男女結成的婚姻，所以婦女婚後的各種權益一般情況下會更容易獲得保障；雖然嫁妝這筆財富借助婦女自身的婚姻而實現從一個家庭到另一個家庭名正言順地

---

[137] Polybius, *The Histories,* 12. 6b. 8, Translated by W. R. Paton, Loeb Classical Library, Harvard University Press, 1978.
[138] Lysias, I, *On the Murder of Eratosthenes*. 6-14.
[139] Plutarch, *Lycurgus*, 15. 10.
[140] Plutarch, *Solon*, 23. 2.

轉移，但是這種轉移只不過從一個親屬成員的家庭轉到另一個親屬成員的家庭，財富始終在整個大家族內部交接，而不可能流轉到大家族之外。因此，無論是斯巴達還是雅典，有關婚姻的種種規定和條款，一般是為了保存整個家族利益的穩定性和單個家庭財產的完整性。

第二節　公民婦女的嫁妝

在雅典，婚姻是新娘父親和新郎之間的契約。這種婚姻的形式是一種有條件的贈與。在法律上，新娘自己不能訂立婚約；只有當適合之人把她嫁出去時，婚姻才算有效，子女才合法。[141]一個女人生在一個家庭，這個家庭的主宰——父親，其主要責任就是為女兒安排婚姻。如果父親去世，這種責任就由其兄弟承擔，如果沒有兄弟，將由其祖父[142]代表其父親行使這一職責。除了婚禮是必須的之外，家庭還有責任為待嫁女子提供一份嫁妝；而嫁妝決定的遠不止是這個女人在新家的經濟地位。女性出身的合法性是非常重要的，如果一個姑娘有嫁妝，且由其父或符合規定的監護人為其許婚，就證明她的父親或監護人承認她不是私生的；相反，如果由其監護人照管，將按照與傳統約定方式不同的方法許婚，那麼該女性會被認是非婚生女子。[143]某種程度上，嫁妝的存在也是婚姻合法性和產生合法子嗣的因素之一。

一、雅典婦女的嫁妝

在雅典，婚姻是婦女社會和家庭生活的全部，那麼嫁妝也就是她家庭經濟中的所有。法庭演說家提到古典時期雅典婦女的嫁妝從 10 穆納(*mnai*)到 50 穆納的數額不等，但真正屬於女人的財產微乎其微。嫁妝的首要目的是吸引一個合適的男人做丈夫。雅典良家女孩不會隨便與男人交往，也不可能通過個人優點來吸引未來的丈夫。有時女孩的家庭和出身可能就是一筆無形的財富，如呂西阿斯(Lysias)19 的演說

---

[141] Demosthenes, *Against Stephanus*, 46. 18; Demosthenes, *Against Phormio*, 36. 32.
[142] Demosthenes, *Against Stephanus*, 46. 18.
[143] 7Isaeus, *On the Estate of Pyrrhus*, 3, 48.

家聲稱,他和他父親選擇妻子是因為她們是大戶人家的女兒。[144]也有演說家宣稱,沒有哪個男人能拒絕真心朋友的女兒,[145]但是在沒有真心、慷慨的朋友時,嫁妝就成為男方考慮的關鍵因素。沒有嫁妝的女人很難嫁得出去,男人一般不太可能從一貧如洗的家庭中娶一個沒有嫁妝的妻子,更不用說娶一個其父親為債務人的女孩。[146]一筆豐厚的嫁妝會吸引來一個各方面條件都很出眾的丈夫,伊塞俄斯兩次提到,一個富裕的新郎接受一個毫無嫁妝或嫁妝微薄的女人做妻子,是很不尋常的事情。[147]新郎自收到新娘的嫁妝開始,他就要對妻子承擔起扶養義務,只要他擁有妻子的嫁妝就要對妻子負責。在婚姻存續期間,一個男人養自己的妻子和家中的其他成員是他不可推卸的責任和義務,一旦婚姻關係解除,丈夫必須歸還妻子的嫁妝,否則,這位妻子原來的家主可以起訴該丈夫,讓他從嫁妝產生的利息中支付妻子的生活費,利息以18%的比率計算。[148]

(一)嫁妝的規模。梭倫把雅典居民按財富多寡劃分為四個等級,即第一等級為五百麥門(*pentakosiomedimnoi*)階層,第二等級為騎士(*hippeis*)階層,第三等級為步兵(*zeugitai*)階層,第四等級為傭工(*thetes*)階層。[149]一般而言,較低的經濟階層,嫁妝的價值當然也較低。一個擁有不動產的婦女的嫁妝大約在20穆納或更少;[150]在最低公民階層,婦女也許根本沒有嫁妝。[151]基隆(Ciron)擁有的財富超過1.5塔蘭特,[152]他給女兒的嫁妝是25穆納;當他的女婿死亡時,他沒能收

---

[144] Lysias, *On the Property of Aristophanes: Against the Treasury,* 19. 14, 16, Translated by W. R. M. Lamb, M. A., Loeb Classical Library, Harvard University Press, 1967.
[145] Isaeus, *On the Estate of Apollodorus,* 7. 11.
[146] Demosthenes, *Against Neaeram,* 59. 8; Demosthenes, *Against Aphobus,* 28. 21.
[147] Isaeus, *On the Estate of Pyrrhus,* 3. 25, 29; Isaeus, *On the Estate of Hagnias,* 11. 40
[148] Wolff, RE, 154-6.
[149] N. G. L.哈蒙德著:《希臘史——迄至西元前322年》,朱龍華譯,商務印書館2016年版,第244-245頁。
[150] David M. Schaps, *Economic Rights of Women in Ancient Greece,* Edinburgh University Press, 1979, p. 77.
[151] Lysias, *On the Property of Aristophanes: Against the Treasury,* 19. 14, cf. Isaeus, *On the Estate of Pyrrhus,* 3. 38, Demosthenes, *Against Boeotus,* 40. 20-7.
[152] Isaeus, *On the Estate of Ciron,* 8. 35.

回所有的嫁妝，於是又給女兒 10 穆納。[153]恩迪烏斯(Endius)擁有 3 塔蘭特的財富，據稱給了他養父的女兒 10 穆納。伊塞俄斯 3 的演說家聲稱，養子給合法女兒的嫁妝不能少於財產的十分之一。[154]德摩斯梯尼的父親從 14 塔蘭特的財產中拿出 2 特蘭特給女兒，給他的妻子 80 穆納；但是這些是無遺囑贈與，給女兒的這筆錢應該包括供她到達適婚年齡之間 10 年的必需生活費用。迪奧多圖斯(Diodotus)在遺囑中給女兒和妻子每人準備了 1 塔蘭特，他的財產總量超過 30 塔蘭特。[155]帕西歐給妻子留下了 5 塔蘭特，其中有 3 塔蘭特零 40 穆納大概是她的嫁妝。[156]不同家庭給家中女性提供的嫁妝數值不同，嫁妝占家庭財產百分比存在很大差異，除了嫁妝提供者的財產，還有其他因素影響到嫁妝的規模。與只有一個女兒、擁有的財產相差無幾的男人相比，有幾個女兒的男人給每個女兒的嫁妝規模就比較小。[157]由於嫁妝的主要目的是招徠丈夫，大筆嫁妝會給競爭添加籌碼，當然也有家庭將嫁妝用於炫耀。

（二）窮人的嫁妝。對雅典的窮人來說，如果他們拿不出一筆錢作為女兒的嫁妝，就很難得到一個新郎，一個家庭如果不能為待嫁的女兒提供一份嫁妝是非常不光彩的事情。雅典的嫁妝是必需品，與富人相比，它應該佔據了貧窮家庭預算的一大部分開支。貧窮家庭會因置辦一筆嫁妝而背負很大壓力，這在梭倫對嫁妝的立法中有所體現。[158]從法庭演說辭中可知，富裕家庭不會將妻子的衣物飾品估算在嫁妝數值之內，離婚的女人帶走其衣物是很自然的事情，對丈夫而言，除了歸還嫁妝，儘管法律並沒有規定，但他出於習俗和道義一般都會歸還妻子的衣物。雅典嫁妝所包含的任何財物，只要它被送到新郎的房子裡，都可以被估價。但對於一個經濟困難、無法提供嫁妝的父親來說，他可能更樂意把女兒的衣物飾品也算入嫁妝總數；他或許會謹慎地確保他所給的東西在女兒離婚時能夠如數歸還。當然由於沒有關於雅典貧窮家庭嫁妝的直接證據和文獻記錄，這些只是推測。不過，雅典貧困家庭能

---

[153] Isaeus, *On the Estate of Ciron*, 8.
[154] Isaeus, *On the Estate of Pyrrhus,* 3. 49, 51.
[155] Lysias, *Against Diogeiton*, 32.6, cf, ibid. 15.
[156] Demosthenes, *Against Stephanus,* 74.
[157] Isaeus, *On the Estate of Hagnias,* 11. 41.
[158] Plutarch, *Solon*, 20. 6.

給女兒多少嫁妝，不僅僅依賴於他們自身的經濟狀況，還依賴於他們親戚朋友的財富和慷慨度。給貧窮親戚提供嫁妝被認為是一種善舉和美德，所以利西阿斯19的演說家在描述自己父親的祭祀儀式之後，補充道，「他自己也掏錢幫助了一些貧困的公民，幫他們把女兒或姐妹嫁出去。」[159]再如米南德劇作中的凱萊斯特拉圖斯(Chaerestratus)，他的兄弟沒能從戰場回來，他準備給他的侄女提供一筆嫁妝。[160]柏拉圖的一封信談到了他有責任給他的侄孫女準備嫁妝：「有生之年，我和我朋友得把這些女人嫁出去；結婚太晚對誰都不好。那些父親比我有錢的女孩，我不必擔心她們的婚嫁；但是現在我也是他們中最有錢的人之一，除了迪翁(Dion)等人之外，我甚至還把他們的母親也嫁出去了。」[161]可見家庭成員對籌集待嫁女性的嫁妝有共同責任。

最著名的受到嫁妝資助的受益人是阿里斯特德斯(Aristeides)的女兒，據說是由城邦為她們提供的嫁妝。[162]還有一個例子是奈阿拉(Neaera)所謂的女兒法諾(Phano)，伊法奈圖斯(Epaenetus)被逮到與法諾在一起，斯提法努斯(Stephanus)稱之為通姦（*moicheia*，在希臘，這個詞語意味著對原告妻子姐妹和女兒的冒犯），伊法奈圖斯花錢贖回自由……因為伊法奈圖斯經常跟法諾睡覺，所以他要向她支付1000德拉克馬用於其婚禮支出，[163]顯然這個情人要為女孩的嫁妝做出貢獻。當然這個例子並非來自於低階層人們，他們大部分是經濟寬裕的雅典人，即使他們在困難時期沒落，也能夠受到家人的幫助。如果一個人能得到經濟上的幫助，那麼其女兒也就有可能從親戚那裡得到嫁妝的捐助。

二、斯巴達和格爾蒂婦女的嫁妝

以上內容主要圍繞雅典展開討論，所用的文獻資料主要來自法庭演說家。至於

---

[159] Lysias, *On the Property of Aristophanes: Against the Treasury,* 19. 59.
[160] Menander, *Aspis,* 130.
[161] Plato, *Epist.* 13. 361 d-e.
[162] Plutarch, *Aristides,* 27. 1-2.
[163] Demosthenes, *Against Neaeram,* 59. 71.

希臘的其他地方，文獻資料非常少，但可以想像整個希臘地區關於嫁妝的法律、習俗、或者社會功能不可能整齊劃一。嫁妝在斯巴達經濟制度中顯得更加引人注目，曾一度成為眾多富有家庭通過婚姻來積聚財富的重要手段。亞里斯多德在《政治學》中提到，斯巴達繼承遺產的嗣女特別多，而且當地又盛行奩贈的習俗，於是她們成了邦內的大財主。[164]亞里斯多德認為奩贈不是良法，最好是不給陪嫁，如果必須要有的話也應限制於少數或某些適當的財物。因為一位斯巴達公民可以把繼承他財產的女兒嫁給任何男子，無論該男子是貧是富；即便他在臨終前女兒尚未出嫁而遺囑又未經言明的情況下，這個女兒的監護人也會把她嫁給他所選中的任何男子。斯巴達這種制度，即父親可以憑意志分配遺產給子女，也可以憑意志為女選婿，因此富家女常常嫁入富裕之家為妻，富裕之家因得到新娘豐厚的嫁妝而變得更富，貧窮之家則很難與富裕之家婚配，或者反因陪嫁而更窮。斯巴達這種盛行奩贈的習俗，使得本家本族常有喪失產業之虞，也不利於男子的財產繼承。斯巴達法律規定不能支付公共食堂的餐費會被取消公民資格，男子貧困者大多因此失去公民權資格。亞里斯多德認為這是斯巴達戶籍中軍籍衰減的主要原因。[165]

在格爾蒂，婦女的嫁妝就是她分得的財產份額。[166]一些即將出嫁的斯巴達女孩如果被未婚夫發現她們十分貧窮，會面臨解除婚約的危險；一個婦女會因為女婿的財產（其中包括女兒的嫁妝）被政敵奪走，由此導致其女兒陷入貧困而瘋狂復仇。[167]我們對斯巴達嫁妝的情況知之甚少，但從多利安人的傳統習俗和《格爾蒂法典》可以推測，斯巴達的情況與克里特大同小異。在格爾蒂圍繞嫁妝的律法條文大部分缺失，但格爾蒂婦女可以獨立擁有財產，且丈夫無權處置妻子的財產，兒子也無權支配其母親的財產。只有在她死亡之後，她的孩子才能繼承她的財產。在格爾蒂，丈夫不能處置妻子的財產，兒子也不能處置母親的財產。如果丈夫或兒子違反此規定，除了付兩倍罰款給買者或接受抵押者，該財產還將無條件歸還其妻子或這

---

[164] Aristotle. *Politics*, 1270a. 20-25.
[165] Aristotle. *Politics*, 1270a. 25-30.
[166] David M. Schaps, *Economic Rights of Women in Ancient Greece,* p. 86.
[167] Sarah B. Pomeroy, *Spartan Women*, Oxford University Press, 2002, p.84

位母親。[168]《格爾蒂法典》規定把女兒嫁妝的規模限制為她能繼承的遺產份額（也就是兒子繼承份額的一半），似乎暗示該法成文之前存在更大規模的嫁妝。如果一位父親要把財產給予一個女兒，在分割財產時，應有三位及以上的成年自由人在場見證。[169]在雅典，需要見證人在場的現象也很普遍，但並不是必須的。[170]

如果說格爾蒂婦女的嫁妝就是她們分得的財產份額，那麼大部分女人不可能等到父親死亡才收到她那一份財產。埃弗魯斯(Ephorus)認為女孩得到的那份遺產就是她的嫁妝：「如果她有兄弟，她的嫁妝就是兄弟所得財產份額的一半。」[171]可見，嫁妝和繼承物其本質都是對父親財產的繼承。如果父親在女兒婚禮上給出一筆財產，我們稱之為嫁妝；如果女兒在父親死後得到這筆財產，則是繼承物；但是無論哪種情況，這種財產在女人生活中的作用都是一樣的。一般希臘法律中，當有血緣關係相近的男性親屬存在時，女性是無權繼承財產的。西元前5世紀前後對婦女繼承權的限制，某種程度上也是對婦女嫁妝的一種保障。既然婦女的嫁妝被當作她所繼承的財產，這也向我們解釋了繼承法中何以會有某些限制，如某些形式的家庭財產，包括市鎮房屋及房子裡的物品和牲畜等，為什麼會只在兒子中間分割，而女兒無權獲得。一般情況下，一個父親不會把家庭房屋作為嫁妝給女兒，法律規定在他死後房屋、土地這些不動產也不得被作為禮物轉讓或贈送。因為兒子是真正的繼承人，當他們分割完家庭不動產之後，則從剩餘財產（一般是動產）中拿出一個兒子繼承份額的一半當做女兒的嫁妝，這也就是女兒從父親那裡繼承的財產。

第三節 公民婦女與嫁妝的關係

嫁妝給予一個婦女的保護並不會在她離婚或丈夫死亡時終止。只要這筆錢財在她前夫或前夫的繼承人手中，她就有權以這筆財產所產生的利息維持生活。

---

[168] R. F. Willetts translated and edited, *The Law Code of Gortyn*, p. 44.
[169] R. F. Willetts translated and edited, *The Law Code of Gortyn*, p. 42.
[170] A. R. W. Harrison, *The Law of Athens: The Family and Property*, Oxford: Clarendon Press, 1968, p. 50.
[171] Ephorus ap. Strabo, *Geography*, 10. 4. 20.

一個女人離婚回到了娘家，她的兄弟（或者家庭的任何成員）不可能在等待嫁妝的歸還期間讓她挨餓。[172]一個女人在丈夫死亡時有孩子，或者懷有身孕，她就有權留在丈夫的家中。[173]如果孩子已成年，孩子就成為她的監護人，並且對她的生活負責；如果他們未成年，她顯然要從他們的家主那裡得到資助。這位死去丈夫的孕婦從懷孕到孩子出生，都在執政官的保護之下，[174]執政官大概會因此給她腹中的胎兒指派監護人，該監護人也會成為這個女人的家主。當一個婦女的嫁妝被歸還給其家主或者是傳給其兒子，嫁妝的法律意義似乎就此結束。兒子贍養母親的責任獨立於她們的嫁妝之外，並且她現有家主對她的義務與她婚前的家主對她的責任並無兩樣，如果這個女人仍然適婚，現有家主的責任就是再次把她嫁出去。

一、婦女與嫁妝的處置權

古希臘婦女的嫁妝，在不同地區情況略有不同，在雅典，婦女的嫁妝雖然名義上是婦女的財產，但並不由婦女本人掌控和支配，婚後婦女的嫁妝一般是由她的新家主——丈夫來處置和管理，丈夫既是這名婦女的監護人，也是嫁妝這筆財產的監護人。只不過丈夫不能任意揮霍這筆財產，因為一旦婚姻關係因一方死亡或離婚而解除，這筆財產要歸還女方原來的家主。在斯巴達和格爾蒂，婦女的嫁妝屬於她們的個人財產，她們可以自己掌控並自由支配。在格爾蒂，丈夫無權處置妻子的嫁妝和財產，妻子也無權處置其個人財產之外的家庭財產。

既然嫁妝是女人一生基本生活的保障，無論婚姻關係存續期間還是婚姻關係解除之後，誰掌控婦女的嫁妝，誰就務必對這名婦女負責，嫁妝用來提供對這名婦女的扶養和日常開支。法庭演說辭中有無數關於女人再婚的事例，[175]實際上，有些女人並未回到父親家裡，而是被瀕臨死亡的丈夫許配給了別人，並且給這些

---

[172] E. E. Cohen, *Ancient Athenian Maritime Courts*, Princeton University Press 1973, pp. 9-42.
[173] Demosthenes, *Against Phaenippus*, 42. 27; Demosthenes, *Against Stephanus*, 46. 20.
[174] Aristotle, *Athenian Constitution*, 56. 7, Demosthenes, *Against Macartatus*, 43. 75.
[175] Demosthenes, *Against Onetor*, 30. 33; *Against Spudias*, 41. 4; *Against Boeotus*, 40.6; Isaeus, *On the Estate of Menecles*, 2. 9; *On the Estate of Apollodorus*, 7. 7; *On the Estate of Ciron*, 8. 8.

再婚女人的嫁妝幾乎和她們帶到前夫家的規模一樣。[176]一旦一個女人回到她的家中，她再婚時仍需要嫁妝，給第二個丈夫比第一個丈夫的嫁妝少是合法的，也是可以理解的。伊塞俄斯 8 的演說家對此給出以下理由：「我祖父把她接回來，由於納西門尼斯(Nausimenes)經濟拮据——祖父沒能收回所給出的嫁妝，他就再次把她嫁給了我父親，嫁妝是 1000 德拉克馬。」[177]這與她前夫收到的 25 穆納形成對比。雅典的富人家庭一般在收回家庭中離婚女性的嫁妝時，其他家庭成員不太可能霸佔這些財產。[178]如果一個男人死去而其兒子已經成年，那麼兒子有義務為母親再找一位丈夫。德摩斯梯尼 59 中提到的，一個雅典人把他外邦人身份的妻子所生的女兒許配給另一個雅典公民，這個雅典人岳父根本不可能從被他欺騙的這個女婿手中要回嫁妝。從法律意義上說，他違背了雅典法律並被剝奪公民權，那他肯定也沒有追索權。而且如果他在該女兒婚姻解除之前死亡，他的兒子是否會繼承他對這筆嫁妝的認領和追索權，也是個問題。在希臘別的地方，妻子若犯下通姦罪行，則會喪失其嫁妝。[179]但在雅典，一個犯有通姦罪的妻子離婚時也可以拿回她的嫁妝，沃爾夫(H. J. Wolff)認為，「由於歸還嫁妝通常都是以給予嫁妝的人的利益為基準的，所以給予者不可能承擔與他無關的過錯。」[180]也就是說，雖然該名婦女犯有通姦的過錯，但原來給她提供嫁妝的家主並無過錯，所以他有權在這名婦女離婚時向其丈夫追索嫁妝。但是這種觀點可以用具有同樣說服力的理由來反駁：為什麼這名丈夫（需要休掉妻子，還要歸還嫁妝）要承擔並非他犯下的、而且是不利於他的過錯？如果遭遇感情背叛的男人需要歸還妻子的嫁妝，那麼雅典法庭就為這個男人提供了充分的理由，令他不管法律如何，儘管保持沉默並且讓妻子通姦一事繼續。當然沒有證據表明他們沒有這麼做，但是

---

[176] Demosthenes, *Against Aphobus,* 27. 5; *Against Phormio,* 36. 8.
[177] Isaeus, *On the Estate of Ciron,* 8. 8.
[178] Demosthenes, *Against Boeotus,* 40. 25.
[179] David M. Schaps, *Economic Rights of Women in Ancient Greece,* Edinburgh University Press, 1979, p. 83.
[180] H. J. Wolff, *Traditio,* 61n. 95.

也很難想像他們能夠這麼做。[181]然而在雅典法庭上，慣例通常沒有法律地位，成文法中任何不清楚或有歧義的條款，都可進行論證。[182]

二、婦女與嫁妝的關係

從法律意義上講，嫁妝並不屬於婦女本人，一個女人的嫁妝實際上由其丈夫控制和支配，但丈夫並不能隨意處置，因為一旦婚姻關係解除，這份嫁妝必須轉到她新的家主(kyrios)或者原生家庭的家主(kyrios)手中。[183]否則，這位妻子原來的家主可以起訴該丈夫，讓他從嫁妝產生的利息中支付妻子的生活費，利息以18%的比率計算。[184]一個妻子在家庭經濟中所能處理的財產權限為價值不超過1.5蒲式耳的大麥。她的嫁妝和她帶來的其他財產都要交給丈夫管理，[185]丈夫可以自由處置家庭財產，而她本人不能。如米南德(Menander)的《仲裁》(Epitrepontes)向我們描述了一個老人，他急於在女兒的嫁妝被其丈夫揮霍殆盡之前實現女兒的離婚。[186]法律對丈夫權利的唯一法律限制就是在離婚（或妻子無子女而死亡）的情況下，妻子原來的家主所提出的歸還嫁妝的要求。[187]如一個債務人的妻子央求債主不要碰傢俱，是由於傢俱也是其嫁妝的一部分；[188]曼提特烏斯(Mantitheus)努力證明，他母親有嫁妝，因為她的兄弟很富有並且不可能「從妹妹那裡奪取這筆錢財」。[189]一般來說，嫁妝豐厚的妻子可以主導家中的經濟生活。普魯塔克也說，「有些男人，娶了財產多於自己財產的女人，會成為這些女人的嫁妝的奴隸，而非是這些女人的丈夫，但是他們意識不到這一點。」[190]類似的看法在歐里庇德

---

[181] Demosthenes, *Against Neaeram*, 59. 86-7; Lacey. *The Family in Classical Greece*, London, 1968, p. 115.
[182] Aristotle, *Athenian Constitution*, 9. 2.
[183] John Gould, "Law, Custom and Myth: Aspects of the Social Position of Women in Classical Athens", *The Journal of Hellenic Studies,* Vol. 100, Centenary Issue (1980), p. 44.
[184] Schaps, David M., *Economic Rights of Women in Ancient Greece,* Edinburgh University Press, 1979, p. 75.
[185] Wolff, *Traditio*, 63; Lipsius, 484.
[186] Menander, *Epitrepontes*, 1063-7.
[187] Lysias, *On the Property of Aristophanes: Against the Treasury,* 19. 32.
[188] Demosthenes, *Against Evergus*, 47. 57.
[189] Demosthenes, *Against Boeotus*, 40. 25.
[190] Plutarch, *Moralia,* 13f.

斯(Euripides)的隻言片語中也能找到蛛絲馬跡，「即使他是自由的，他也是婚床的奴隸，他已經把身體出賣給了嫁妝。」[191]因為如若婦女要與其丈夫離婚，丈夫必須把嫁妝歸還給她的家主，如果丈夫花掉了婦女的嫁妝，當他的個人財產抵不過嫁妝的價值，嫁妝的歸還根本無法實現。[192]當一個不善經營的男人揮霍掉自己的財產，他就只能依靠妻子的嫁妝生活，他很可能會設法取悅妻子避免自己破產。

雅典人認為嫁妝是妻子對家庭財產的貢獻，而嫁妝多於丈夫財產的女人在家庭中會有著明顯的經濟地位。如色諾芬筆下的伊斯霍馬庫斯發現有必要說服妻子時，「我把我擁有的一切都列入家庭財產，你也儲蓄了你帶來我家的一切財產，我們不應該計算誰貢獻得多，而應該清楚誰貢獻的東西最有價值。」[193]一個已婚男人通常要根據妻子嫁妝的價值來扶養妻子，否則他會被人看不起，如特奧弗拉斯圖斯(Theophrastus)提到的一則軼事，「簡直無與倫比的小氣啊！告訴你吧：他的妻子帶來了 1 塔蘭特的嫁妝，並且生了個兒子，他給她 3 枚銅幣作為獎賞，並且逼迫她在新年那一天洗冷水澡。」[194]但並非每個人都在乎這種道德譴責或公共鄙棄，如米南德所描述的，「他得到 4 塔蘭特銀幣的嫁妝，但是他不認為自己是妻子的僕人；他不在家睡覺，並且每天付給皮條客 12 德拉克馬。」[195]這種情況唯有通過離婚才能終結。普魯塔克提到阿爾西比阿德斯的妻子西帕萊特(Hipparete)曾嘗試離婚，「他得到一筆豐厚的嫁妝之後，[196]便在家裡召來妓女尋歡作樂，他妻子被迫去找執政官來依法讓其離婚。然而他找來好友，把這個女人從廣場上抓走，並強行帶她回家。」[197]這個悲傷的妻子最後以死了之。但正常情況下，一個妻子一旦決定離開丈夫，她一般能夠得到她原生家庭給予的支

---

[191] Euripides, *Fr, Nauck*, 775.
[192] Wolff, RE, 137; Isaeus, *On the Estate of Pyrrhus,* 3. 35.
[193] Xenophon, *Oeconomicus*, 7. 13.
[194] Theophrastus, *Characters,* 28. 4, Translated by J. M. Edmonds, Loeb Classical library, Harvard University Press, 1968; ibid. 22. 10.
[195] Menander, *Epitrepontes*, 134-7.
[196] Demosthenes, *Against Stephanus,* 45. 66.
[197] Plutarch, *Alcibiades,* 8. 6.

持和保護。

三、斯巴達和格爾蒂婦女與嫁妝的關係

斯巴達和格爾蒂有著共同的多利安人傳統，即婦女的嫁妝（或繼承物），是她們個人的財產。當她們離婚或丈夫死亡時，這些財產自然伴隨她本人；她死亡時則傳給她的孩子。關於她在丈夫家中的身份，這一點很明顯和雅典婦女一樣：如果丈夫死時無子女，女人則離開這個家庭；如果有孩子，她要得到允許才能離開，當然她也可以留在這個家中。[198]如果她確實要離開，那她可以在 3 位成年自由人的見證下從丈夫那裡得到一份禮物，她帶著自己的財產和丈夫依法給予她的東西，準備再婚。[199]在古希臘，一個丈夫在臨終前會給妻子準備一筆嫁妝，並把她嫁給自己指定的男人。如雅典男人遺囑中寫明給予妻子作為嫁妝的財產似乎都要比妻子父親當初置辦的嫁妝要多些。[200]現有案例也表明婦女的第一次嫁妝與丈夫臨終前所給予的嫁妝相比，有時後者給的嫁妝規模反而更大。[201]可見，丈夫臨終之際給妻子一筆嫁妝使她再嫁他人，是古代希臘社會的通常習俗。格爾蒂婦女有權保留她的原始嫁妝，法律規定丈夫瀕臨死亡時，應該增加這個女人嫁妝的規模。這種規定的目的應該是讓寡婦擁有更多的資本以吸引未來的丈夫娶她；並且確保即使沒有家主為其安排婚姻，寡婦也能夠順利再婚。丈夫留給自己遺孀財產（通常以嫁妝的形式）的價值被限制在 100 個硬幣以內；兒子給予母親的財物也受到此限制。[202]格爾蒂婦女結婚時家主給予她的禮物是在 3 個自由人的見證下進行的，婦女成婚後一旦離開夫家這些禮物依然跟隨著她，她死亡時傳給她的孩子，儘管法律的主旨是限制嫁妝的規模，但婦女的丈夫在自己臨終之際可以增加這種規模。

---

[198] R. F. Willetts translated and edited, *The Law Code of Gortyn*, De Gruyter Press, 1967, p. 41.
[199] R. F. Willetts translated and edited, *The Law Code of Gortyn*, p. 41.
[200] David M. Schaps, *Economic Rights of Women in Ancient Greece*, Edinburgh University Press, 1979, p.87.
[201] Demosthenes, *Against Aphobus,* 27. 4.
[202] R. F. Willetts translated and edited, *The Law Code of Gortyn*, p. 48.

綜上所述，斯巴達和格爾蒂婦女的嫁妝依照繼承法屬於婦女本人而非其家主，並且只能由她本人來支配。[203]雅典男人實際上沒有法律義務去給女兒準備嫁妝，[204]即使在斯巴達和格爾蒂，父親並非必須在女兒結婚時準備一份嫁妝，但是希臘社會習俗和慣例卻能確保幾乎每一個新娘都能得到一份嫁妝。雅典婦女不能管理自己的嫁妝，即便與祖傳遺產綁在一起的女繼承人也不能管理自己的嫁妝。但斯巴達婦女卻能獨立擁有財產，她們是自己財產的主人。按照普魯塔克的說法，阿基斯四世(Agis IV)的母親和祖母是古代斯巴達最有錢的人，也正是他所提到的斯巴達婦女的財富，成為阿基斯改革的重要阻礙。[205]斯巴達婦女的嫁妝規模使得她們擁有巨額財富，當然她們除了嫁妝還通過繼承和遺贈等方式獲得財產。格爾蒂婦女也同樣擁有自己的嫁妝和財產，遺憾的是我們沒有關於格爾蒂婦女在家庭中擁有實際權利的更多資訊。

---

[203] R. F. Willetts translated and edited, *The Law Code of Gortyn*, p. 44.
[204] Demosthenes, *Against Spudias,* 41. 26; Isaeus, *On the Estate of Pyrrhus,* 3. 49; Demosthenes, *Against Boeotus,* 40. 25.
[205] Plutarch, *Agis*, 4, 7. 4.

第五章　雅典和斯巴達的女繼承人

第一節　女繼承人的定義

在雅典，如果一個父親死時沒有合法的兒子（或合法的孫子、曾孫），而僅有一個女兒（或多個女兒），他可能會把財產留給女兒（或孫女、曾孫女），這種做法主要目的是期望這名女子能夠生出一個兒子繼承他的遺產並延續其家庭；為此必須有一個人成為她的丈夫並照管這些財產，這筆財產會和她一起保留到她的兒子長大成人，之後由這兒子來繼承。[1]那麼這名女性就成為死者財產的女繼承人。到西元前5世紀後期，一個雅典父親在自己生前通過收養或遺囑的方式來安排女繼承人的婚事是很常見的現象。女繼承人本人要和遺產一起留在他父親的家庭裡，並被其父親的直系親屬認領。這位親屬一般會在執政官(archon)面前申請認領她和這筆財產；如果認領成功，他就要娶這個女人為妻。[2]

一、女繼承人的定義

一般來說，女繼承人指在其父親死亡時其沒有兄弟的婦女。*Epikleros* 翻譯成英文一般用「heiress」這個單詞來表示，但是古希臘的女繼承人與現代意義上的「heiress」不同，前者和其父親的財產是一個整體而不可分割，而後者是繼承父親的財產。哈里森(A. R. W. Harrison)指出，如果一個男人死去身後沒有留下兒子，僅有女兒；而且他沒有把這名女兒嫁給他收養的那名養子為妻，這個女兒就成為女繼承人。[3]雅典法律對這名男人的家產、女繼承人的身份及其婚姻進行了專門的規定。《蘇達辭書》

---

[1] Douglas M. MacDowell, *The Law in Classical Athens*, Cornell University Press, 1986, p. 95.
[2] David M. Schaps, *Economic Rights of Women in Ancient Greece,* Edinburgh University Press, 1979. P. 25.
[3] A. R. W. Harrison, *The Law of Athens: The Family and Property*, Oxford: Clarendon Press, 1968, pp.132.

中對女繼承人下了精確的定義：當一個女孩無父無母無兄弟，且當她有財產屬於她，那麼她就被稱為女繼承人；同理，一個已婚女性，父親的全部財產都留給她，其身份也是女繼承人；與父親住在一起的未婚女性，鑒於所有的財產也會歸於她，這個女人也被稱為女繼承人。[4]如果有兩個或兩個以上這樣的女兒，則她們都被稱為女兒承人，無論這個女孩的母親是否在世，對女兒繼承父親的遺產都沒有影響。[5]而且「屬於她的財產」也可能是一筆債務。[6]可見，女繼承人包括未婚女性、已婚女性和有姐妹的女性，也包括「潛在的」女繼承人，即父親已故或仍在，但足以確定是繼承人的女性。保存下來的雅典法律沒有對這個詞作出具體的解釋，我們只能從一些法庭演說辭中瞭解相關內容。如阿波羅多魯斯(Apollodorus)試圖證明他母親是女繼承人，他引用了一部有關婚約的法律，他聲稱這部法律給女繼承人下了定義，即任何沒有父親、沒有同父兄弟、或沒有祖父的女人。[7]伊塞俄斯 10 中的演說家的說法也是一種假定，即他母親未成年的兄弟在她父親故去後也死亡，他母親變成了女繼承人；這種說法可能遭到了執政官的否認。[8]不過，這個單詞的基本意思很清晰，而且大部分女性都應該知道她們自己是否是女繼承人。

在雅典法律中，女繼承人的身份比較特殊，歸結起來其身份主要有四條顯著特點：第一，一個沒有兒子的男人死去，他最近的旁系親屬可能會認領其財產。但當有關係更近的女性出現時，其近親屬就不能正常繼承；雖然女性依據自己的權利不能成為財產的繼承人，但是血緣上還是先於父親的男性親屬；第二，除了財產之外，近親屬也繼承了死者的女兒——每一個近親屬繼承一個女兒和相應份額的財產。整體而言，該近親屬也就成了這筆財產和這名女兒的監護人；但通常情況下，這名監護人不會通過娶這個女人來得到財產，因為一個單身的男性會成為家庭內很多女性

---

[4] David M. Schaps, *Economic Rights of Women in Ancient Greece,* P. 25.
[5] Isaeus, *On the Estate of Aristarchus,* 10. 4, Isaeus, *On the Estate of Pyrrhus,* 3. 64; Demosthenes, *Against Spudias,* 41. 9.
[6] Isaeus, *On the Estate of Aristarchus,* 10. 16.
[7] Demosthenes, *Against Stephanus,* 18-19.
[8] Isaeus, *On the Estate of Aristarchus,* 10. 2.

親屬的監護人；第三,「繼承」女繼承人在法律上等同於婚約,近親屬應該讓這樁婚姻完整來保留其財產所有權,但是一個女人的監護人(與和她訂婚的男性不同)基本上沒有義務或權利來娶她；第四,他跟這個女孩所生的兒子青春期結束兩年之後,由這個兒子來接管這筆財產。一般情況下,只有男人死亡或放棄財產給兒子,兒子才會成為他們父親財產的監護人。總之,如果一個女人成為「女繼承人」,其父親的財產將進入她的家庭；但是由於她不是這個家庭的家主,財產最終的受託人將是成為她家主的那個人。如果她結婚了,這個人就是她丈夫；如果她未婚,那就是她的最近親屬。如果她結婚生兒育女了,那她顯然就不是完全意義上的女繼承人；但是只要她沒有孩子,婚姻就被認為不完整,至少她父親可以解除這樁婚姻。如果這種權利在她父親死亡時移交給了近親屬,那麼該近親屬就通過解除她的婚姻而成為這個女繼承人的監護人。如果財產歸於這個女人,那麼她的近親屬會成為財產的監護人。

但是實際情況要比這些情況複雜得多,我們一般所說的女繼承人,是就一個男人僅有一個女兒而言,當一個沒有兒子的男人,有兩個或兩個以上的女兒時,可能會出現以下情況：第一,當這個男人有不止一個女兒時,其財產會在這些女兒中間分配,近親屬也會按照既定的順序認領她們；第二,也可能僅有一個在世的女兒,另一個已經在結婚之後死去,留下一個孩子。如果這個孩子是女性,理論上這個女孩將有權分享她母親的財產份額。雖然實際上她分享財產的法定機會(這也是她外公的男性近親屬將會認領她的機會)很大程度上依賴於她的年齡和她姨媽的年齡；第三,如果這個孩子是男性,那麼很難決定的問題是,近親屬是認領他還是認領他姨媽,也許他會要求繼承他死去的母親的財產份額；第四,養子通過被收養與其生父的家庭切斷聯繫,但並沒有與其生母切斷關係,[9]這將根據他是他外祖父家庭的成員而繼承其母親的份額。一個外甥當然也可以通過娶他的姨媽為妻來享受外祖父的財產,這種婚姻顯然很有可能存在。[10]如果一個女繼承人有好幾個兒子,有人認為除

---

[9] A. R. W. Harrison, *The Law of Athens: The Family and Property*, Oxford: Clarendon Press, 1968, pp. 93-94.

[10] A. R. W. Harrison, *The Law of Athens: The Family and Property*, p.134.

非女繼承人的丈夫作為女繼承人父親的養子被收養,否則她只有一個兒子可以繼承外祖父的遺產,這種情況只有通過死後收養的方式,這名丈夫才能進入女繼承人父親的家庭,他們的兒子才能分享外祖父的遺產。

對於屬於傭工階層[11]的女繼承人,如果最近的親屬屬於「五百麥鬥」階層,且不想娶她,那麼除了女繼承人自己的財產,他要給她提供價值500德拉克馬的嫁妝把她嫁給別人;如果近親屬是騎士階層,需要提供價值300德拉克馬的嫁妝;如果他是步兵階層,則需要提供150德拉克馬的嫁妝。如果有不止一個同等階層的男性親屬,那麼他們將按比例支付嫁妝。若同時有幾個女繼承人,那麼單身近親屬不止為一個女繼承人許婚,但每一種情況下,近親屬按繼承順序都必須為她許婚並提供嫁妝或者娶她為妻。否則,地方法官將迫使這個近親屬要麼娶她要麼把她嫁出去,除非他上交1000德拉克馬的罰金用於供奉女神赫拉,他才能放棄相關義務。所有人都有權向執政官告發任何違背這項法律的人。[12]不過,法律對本身是傭工階層的近親屬沒有規定,我們無法得知他是否被迫把女繼承人嫁出而不用支付嫁妝,或者他僅僅是被忽略而不加考慮,以至於這個義務落在那三個階層之一的近親屬身上。[13]可以推測,如果一個男人死去沒有留下後代,但是有一個活著的姐(妹),這個姐(妹)被認為是女繼承人,但她繼承的是其父親的財產而不是其兄弟的財產。德摩斯梯尼43所引用的法律條文中,沒有提到死者的上一代。如果死者的父親可以認領其財產得以頤養天年,可以推測一個男人不但有兒子時不能立遺囑,而且當其父親在世時他也不能立遺囑處理自己的財產。但目前沒有發現雅典法律有這樣的規定。奇怪的是,一個男人的繼承人也許是其父系的叔伯或母系的舅舅,而死者的父親卻被排除在外,如果從繼承的血緣關係遠近來看,這些親屬與死者的關係顯然不如死

---

[11] 梭倫改革按「資財」為標準來限制官職候選人的資格,他把阿提卡居民分為四個階層,即:傭工階層、步兵階層、騎士階層、五百麥鬥階層。參見 N. G. L.哈蒙德著,朱龍華譯:《希臘史——迄至西元前322年》,商務印書館2016年版,第244頁。

[12] Demosthenes, *Against Macartatus*, 43. 54.

[13] A. R. W. Harrison, *The Law of Athens: The Family and Property*, Oxford: Clarendon Press, 1968, p.136.

者與其父親的關係更近。[14]筆者認為，一種可能是，從與女繼承人可能發生的關係上來說，這些親屬越過死者的父親而繼承財產，其實是合理的。因為，一個父親可以收養女兒的舅舅為養子，並把女兒嫁給這個舅舅；女繼承人的叔叔和伯父都有權娶女繼承人為妻，那麼叔伯和舅舅在能夠和女繼承人結婚這一點上，都屬於該繼承人父親的晚輩，所以能夠繼承財產；而女繼承人的爺爺卻不能通過與女繼承人結婚來繼承死去兒子的財產。某種程度上可以說，凡是法律規定能和女繼承人結婚的親屬，都可以繼承死者的財產，而不能和女繼承人結婚的就被排除在繼承順序之外（女繼承人的兒子除外）。另外一種可能是，一個家庭當父親在世時，家庭聖火便不可分，家庭財產亦不可分，一個男人只有當其父親去世後他才能繼承財產，而當他去世時他的父親早已不在人世，故其處理財產需要立下遺囑時不必考慮父親。

二、女繼承人與父親的養子

梭倫立法允許沒有子嗣的男人收養一個兒子，這個養子就是他的繼承人，並且養子的生父家族要認可這名養父；同時他也不能再從生父那裡繼承財產。梭倫遺囑法制定之前，一個沒有孩子的男人無法選擇由誰來繼承自己的遺產，他的全部財產要留在家族內部，由近親屬分割繼承。如果他的財產被其叔父或者侄子或者堂兄弟繼承，那麼他的財產將被家族另一個親屬分支的家庭所吞併和吸收，這將意味著他單個家庭的滅絕；那樣紀念他的宗教祭儀也將被人忽略，因為這名近親屬將會更關心他自己的家庭和祖先的祭儀。為了避免這種情況發生，收養一個兒子就非常有必要。被收養者通常是年輕男性且他至少有一個兄弟，這樣他離開後將不會導致生父家庭的滅絕。他被收養後就完全失去原生家庭的成員資格和繼承權，而變成養父家庭的合法繼承人。如果一個男人有兒子，那麼他就必須把財產傳給兒子而不能通過收養剝奪親生兒子的繼承權。一個女兒的女繼承人身份也不能被剝奪，一個有女兒的男人可以收養一個兒子，這個養子要麼自己娶了養父的女兒，要麼把她嫁給別人但要提供養父財產的一半作為她的嫁妝，而且當她最終有兒子的時候，這個兒子將

---

[14] A. R. W. Harrison, *The Law of Athens: The Family and Property*, pp.138-139.

能夠認領他外祖父的所有財產。[15]這種情況下，養子一般不會把這名女子嫁出去，而是自己娶她為妻，以避免將來可能發生的財產糾紛。

事實上，養子通常都是在親戚內部收養，有時是收養者最近的親屬，例如侄子和女婿等，無論他被收養與否其實他都能繼承這筆財產。例如伊塞俄斯演說辭提到的案例中，有人對一個人的繼承權提出異議，這個人為自己辯護：「……這一收養是合法的。立法者、法官定下這條法律，因為在他們看來，對於那些沒有子女的人來說，唯一補救孤獨和安慰他們的辦法是讓他們有權收養討他們喜歡的人。由於法律允許他們收養，而且他們沒有子嗣，所以他便收養了我。」[16]大部分收養涉及到旁系親屬。「我不是外人，而是他的親侄子」，這是所有被收養人的標籤，[17]即親屬優先權。但當一個男人與其家族中的其他親屬相處不是特別融洽的時候，他寧願收養一個無關的人而不是近親屬來作為繼承人。[18]當然這只是例外，而不是通常情況。被收養的孩子繼承養父財產之後他將不能再收養孩子，也無權立遺囑。[19]一方面被收養人不能自然而然地得到父親的祖傳遺產，他必須履行要求遺產的法律手續；[20]另一方面，被收養者之所以不能再收養，是因為養子不應該讓養父家庭滅絕，尤其不應引起祖傳財產的向外分流。所以一般來說，養子娶養父的女兒為妻是最好的結局，他們的子女將合法的繼承收養者的遺產。[21]

現代意義上的收養是為缺乏父母之愛的孩子提供一個溫暖的家庭。但對古代雅典人來說，收養意味著獲得一個繼承人，意味著一個人老有所養，並在死後得到合適安葬的同時延續其家庭的香火。因此被收養者不一定是個孩子，成年人也常常被收養。另一方面，收養一個女孩或婦女並不常見，因為當收養者去世時她將成為女

---

[15] Isaeus, *On the Estate of Pyrrhus*, 3. 45-51.
[16] Isaeus, *On the Estate of Menecles*, 2. 13-14.
[17] Isaeus, *On the Estate of Apollodorus*, 7. 35.
[18] Isaeus, *On the Estate of Nicostratus*, 4. 18.
[19] 安德列・比爾基埃、瑪律蒂娜・雪伽蓮等主編：《家庭史——遙遠的世界；古老的世界》，袁樹仁、姚靜等譯，三聯書店出版社 1998 年版，第 255 頁。
[20] Isaeus, *On the Estate of Nicostratus*, 4. 60.
[21] Isaeus, *On the Estate of Pyrrhus*, 3. 50.

繼承人，[22]收養一個男性顯然比收養一個女性更有利。一個男人在他還有希望生育一個兒子的時候通常不會去收養，所以一個收養者常常是在其身體和記憶力衰弱的年老時實施收養。因此，為了保護家庭其他成員的利益，法律規定，「當一個人在疾病、藥物或監禁以及受迫無奈之下，或在婦女的影響之下」所作的收養決定是無效的。這既適用於在一個人有生之年所實施的收養，同時也適用於一個人所立的遺囑。[23]如果一個男人死時沒有留下男性後代，他近親屬中的繼承人以及繼承人之一，可以通過「死後收養」得到合法繼承人，這種策略可能用於當他有不止兩個兄弟共同繼承其財產的情況。假設兩兄弟既是其父親的繼承人又是外祖父的繼承人，他父親的財產是位於阿提卡某處的農場，他們外祖父的農場在阿提卡的另外一處地方，如果兄弟兩人都擁有每一處農場的一半，將非常不方便；最好的方式是兄弟之一成為其外祖父的養子，這樣他將擁有外祖父整個的農場，而讓兄弟中的另一個人單獨繼承父親的農場。很可能為了實現這種便利安排，家庭成員有時實行「死後收養」的手續，只不過這種程式還不太明確。[24]

一個男人不能使用遺囑把其所有財產給予任何人，除非他收養這個人為兒子。法律允許一個男人遺贈少許財產（不確定是 5 穆納還是 10 穆納）給自己的私生子。[25]在西元前 4 世紀有一些例子，一個有兒子的男人會立遺囑指導兒子們分享其遺產，或者遺贈一小部分給自己的孀婦或其他近親屬，或者向神獻祭。[26]直到古典時代末期及之後，雅典人才能通過遺囑把自己的全部財產自由地遺贈給任何他願意的人。[27]西元前 6 世紀初的法律允許一個沒有兒子的男人通過遺囑收養一個兒子作為其合法繼承人，但這種收養要在他死後才能生效。這種變革的意義是死者個人的意

---

[22] Isaeus, *On the Estate of Apollodorus,* 7. 9; Isaeus, *On the Estate of Hagnias,* 11. 8, 11. 41.
[23] Isaeus, *On the Estate of Menecles,* 2. 19; Demosthenes, *Against Stephanus,* 46. 14; Demosthenes, *Against Olympiodorus,* 48. 56.
[24] Isaeus, *On the Estate of Apollodorus,* 7. 31, *On the Estate of Hagnias,* 11. 49; Demosthenes, *Against Macartatus,* 43. 11-15, *Against Leochares,* 44. 43.
[25] A. R. W. Harrison, *The Law of Athens: The Family and Property*, Oxford: Clarendon Press, 1968, i. p. 67.
[26] Demosthenes, *Against Aphobus,* 27. 44-5, *Against Phormio,* 36. 7-8, *Against Stephanus,* 45. 28.
[27] Douglas M. MacDowell, *The Law in Classical Athens*, Cornell University Press, 1986, p. 101.

願在成文法中得到表達，並優先於家族近親屬的繼承權利。因此沒有兒子的男人可以通過收養的方式自由選擇繼承人，一個父親可以通過收養女婿來阻止自己死後女兒被判給他人。由於收養排除了養子繼承生父財產的權利，所以這個養子可能拒絕被收養；而且有兩個女兒的男人可能不想把他的財產只給其中一個女兒。如德摩斯梯尼 41 中的案例，波利克里托斯(Polyeuctus)給大女兒 40 穆納的嫁妝，把小女兒嫁給了她的舅舅並收養了這個舅舅。後來波利克里托斯與這位舅舅發生了爭吵，便解除了婚姻，又把小女兒嫁給了斯普蒂阿斯(Spudias)，並給了她 30 穆納的嫁妝；為瞭解決離婚引發的經濟問題，在波利克里托斯和小女兒前夫之間需要裁決，最終的判決是解除對這名舅舅的收養關係，[28]波利克里托斯的財產會在他死亡後分給兩個女兒。反過來，他的兩個女婿為財產的分割起了爭執：承諾給大女兒的 40 穆納的嫁妝包括波利克里托斯死亡時分給養子的 10 穆納。在波利克里托斯死亡時，收養已經無效，這個女婿想要把這 10 穆納從財產中劃出來，但是遭到了斯普蒂阿斯的反對。[29] 顯然波利克里托斯收養的小女兒的第一個丈夫，給自己帶來了很多麻煩，而且他沒能通過收養女兒的第二個丈夫來扭轉他的局面。

第二節 女繼承人的婚姻

女繼承人的問題在古希臘繼承法中是最棘手的問題之一，布倫代爾指出女繼承人本人並不能繼承亡父的財產，她只是財產不可分割的一部分，一個男人如果接手這筆財產必須首先娶她為妻。[30]如果一個男人僅有一個女兒，也沒有收養兒子，他的財產就和這個女兒一起被其近親屬認領，這名近親屬要承擔起娶這個女兒為妻的義務和照管這些財產的責任。近親屬認領人的第一人選是死者的兄弟，也即女繼承人的叔（伯）父。如果女子的叔（伯）父不在世，那麼法定認領人就是叔（伯）父最年長的兒子，依次類推。如果女繼承人在父親去世時已婚，且她還沒有為丈夫的家

---

[28] Demosthenes, *Against Spudias,* 41. 3-4
[29] Demosthenes, *Against Spudias,* 41. 5.
[30] Sue Blundell, *Women in Ancient Greece,* Harvard University Press, 1995, p. 117.

庭生下兒子，並且他的父親也沒有預先收養她的丈夫作為養子，那麼認領人可以迫使她與現在的丈夫離婚。如果認領人已經結婚，他要麼與現有妻子離婚，要麼放棄要求娶女繼承人的認領請求。死者留下的遺產，從來都不屬於女繼承人和與其結婚的近親屬丈夫，遺產只是通過女繼承人新組建的家庭得以保存，這種婚姻結合所生的兒子才是這筆遺產的真正主人。

一般情況下，女繼承人會嫁給其父親血緣最近的親屬，這些男性近親屬認領女繼承人的法定順序，即女繼承人父親的兄弟（或其父親同父異母的弟弟）和他們的後代；父親的姐妹（或其同父異母的姐妹）和她們的後代；父親一方的叔伯及其後代以及父親的祖父及其後代；其父親同母異父的兄弟，和他們的後代；其父親同母異父的姐妹，和她們的後代。[31]以上這些一般是父系家族的近親屬，母系一方因為屬於別的家庭，一般不在考慮之內。如果在這些範圍內仍然沒有親屬，那麼父親更遠的親戚將會認領這筆財產及女繼承人，如果同等程度的關係中有兩個或者更多的認領者，將由地方法官裁決此事。任何希望認領她的男人要根據與她父親的關係遠近，在地方法官面前做一個聲明，陳述他認領的原因。如果她的父親是一名公民，由與執政官齊名的地方法官負責此事；如果她的父親是一個外邦人，此事則由軍事執政官負責。地方法官將指定審判的日子，到期舉行公民大會，如果大會上無人提出異議，地方法官將做出由他認領的判決，反之，如果有別的認領者出現，會由地方法官根據情況裁決最終由誰來認領這位女繼承人和這筆財產。其實，即便在女繼承人被判領之後，仍然會有認領競爭者出現，而質疑之前的認領，只有當女繼承人和最初的認領者結合生下一個男性繼承人，這種質疑才會終止。[32]因為這種制度的主要目的之一，即延續女繼承人父親的家庭香火，隨著這名男性繼承人的出生而實現了，所以之後的其他認領要求也就不再有意義。任何人不經過法律上的裁決獲得繼承權或一個女繼承人，都將是不合法的。[33]

---

[31] Douglas M. MacDowell, *The Law in Classical Athens*, Cornell University Press, 1986, p. 98.
[32] A. R. W. Harrison, *The Law of Athens: The Family and Property*, Oxford: Clarendon Press, 1968, pp. 9-11.
[33] Demosthenes, *Against Stephanus*, 46.

並非每一個女繼承人在其父親去世時都是未婚。即使一個父親沒有兒子，一旦女兒達到法定年齡，這位父親必須為女兒安排婚姻；而且他不一定把女兒嫁給他的近親屬。然而在其父親死後，近親屬在認領她和她父親的遺產時，有權迫使她解除現存的婚姻。但是如果女繼承人已經生下一個兒子，或者她已經懷孕，她則有權留在丈夫家裡。一個訴訟者提到「許多已婚男人讓自己的妻子被人帶走」，[34]這在雅典應該是普遍現象。現代學者認可的觀點是，只要這名已婚的女繼承人沒有生下男性繼承人，她的婚姻就可以被解除。哈里森指出，被認領的女繼承人之前的丈夫可能完全是一個父親家族之外的人，至少不是其直系親屬，城邦也許更贊同在家族之內的婚姻，但目前並沒有確鑿的證據。[35]在女繼承人的兒子降生以前，近親屬隨時能夠憑藉女繼承人家主的身份解除這樁婚姻。那麼女繼承人原來的婚姻，只要已經生下子嗣，一般能夠繼續維持；[36]當然如果不存在近親屬，或者近親屬不去破壞她的婚姻，她原來的婚姻也就可繼續存在。如德摩斯梯尼43中，伯利埃烏克圖斯(Polyeuctus)的幾個女兒也是這種情況，他們的婚姻在伯利埃烏克圖斯死後仍然存在，雖然沒有證據表明他們的丈夫是伯利埃烏克圖斯的近親屬；[37]再如德摩斯梯尼44中，麥蒂里德斯(Meidylides)在世時想把女兒嫁給其近親屬，並且只有當他兄弟說「自己情願不結婚，一個人住在薩拉米斯(Salamis)，就這樣讓財產得到完整保存」，他才把女兒嫁給了第三方。[38]實際上，也有些近親屬可能會把女繼承人嫁給其他男人，自己更願意擁有他自己的妻子，或者不結婚，或者是為了避免給自己找一份負債累累的財產負擔。當然，或許還為了給這個女孩找一個更合適的男人。[39]

不論是與近親屬還是一個家族之外的男人結婚，女繼承人的財產始終是傳給其

---

[34] Isaeus, *On the Estate of Pyrrhus,* 3. 64.
[35] A. R. W. Harrison, *The Law of Athens: The Family and Property*, Oxford: Clarendon Press, 1968, p. 12.
[36] Isaeus, *On the Estate of Philoctemon,* 6. 46.
[37] Demosthenes, *Against Spudias,* 41.
[38] Demosthenes, *Against Leochares,* 44. 10.
[39] Demosthenes, *Against Macartatus,* 43. 54, Isaeus, *On the Estate of Aristarchus,* 10. 6.

兒子的，沒有合法兒子的人可以通過遺囑支配自己的財產。[40]一個少女沒有兄弟（合法的或父親收養的），當父親死亡時她成了祖傳財產唯一直接「繼承人」時，要由其父親的血緣兄弟來擔任監護人的角色，該監護人有義務置辦嫁妝將其嫁出。關於這一點，德摩斯梯尼和伊塞俄斯所引用的法律如下：「當死者未曾安排繼承時，如果他留下了女兒，應該將女兒與遺產一起來繼承。如果他沒有女兒，以下的親屬將成為財產的主人：嫡親兄弟（同父），如果有的話；如果其兄弟有合法子女，這些子女將接受他們父親的那一份；在同一晚輩中，男性或男性的孩子有優先地位，即使他們出生的時間更晚。如果父親一方直到堂兄弟子女都沒有親屬，則由母親一方的親屬按照同樣規則繼承。如果在這個親屬圈內，無論是男方還是女方，均沒有親屬，則由父親一方最近的親屬來繼承。從歐幾里德執行官的任期開始，非合法婚姻出生的子女，無論是與父親的家庭宗教儀式還是家庭的財產分配，都沒有任何關係。」[41]

與遺產一起的女繼承人不是遺產的真正主人，如果女繼承人有一個兒子，且他已經過了青春期後又兩年，那麼就由這個兒子收受祖傳遺產，並負責贍養他的母親。[42]在祖傳遺產尚未交給外祖父的合法繼承人之前，負責過渡階段的女子是這份祖傳遺產的主人，[43]意即她代表自己的父親，仍是這「祖傳遺產」名義上的持有者；而實際上是她的丈夫按照他是自己妻子監護人的身份，在管理這筆遺產。但無論如何，財產的主人是這對夫妻的後代。作為遺產一起繼承的女兒，她在她父親和丈夫以及兒子之間，是一種過渡性載體，她和財產一起將在親屬內部轉讓。父親有權將已經出嫁的女兒要回來；[44]已婚女子，若其父親去世她成了女繼承人，其父親的近親屬也可以將她要回來。[45]如果這個女孩被給予了一個外來人，她的丈夫則成為這個女孩死去父親的「養子」，他將承擔起管理她的財產的責任，而且她的孩子在成年時

---

[40] Isaeus, *On the Estate of Pyrrhus,* 3. 68.
[41] Demosthenes, *Against Macartatus,* 43.51.
[42] Isaeus, *On the Estate of Ciron,* 8. 31, 3. 50.
[43] Isaeus, *On the Estate of Aristarchus,* 10. 23.
[44] A. R. W. Harrison, *The Law of Athens: The Family and Property,* Oxford: Clarendon Press, 1968, pp. 30-32.
[45] Isaeus, *On the Estate of Pyrrhus,* 3. 64-5.

或者其母親死亡時就成了這份財產的主人。[46]近親屬與女繼承人結婚，遠比與一個僅擁有一筆嫁妝的女人結婚得到的利益要多。有時已婚女繼承人的丈夫，會安排買斷該近親屬。如伊塞俄斯 10 中的演說家宣稱，他的父親終其一生給了這個近親屬不可置疑的權力來接管財產，就是害怕他妻子會被從他身邊帶走。[47]在米南德的劇作《盾牌》(Aspis)中，卡萊斯塔圖斯(Chaerestratus)向斯密克利尼斯(Smicrines)提出了一個類似的交易：

> 那就帶走全部的財產吧，無論有多少財產，成為我們給你的財產的 kyrios，但是讓這個女孩有個適合她年齡的丈夫。我會自己掏錢給她兩塔蘭特的嫁妝。

但是斯密克利尼斯有先見之明地拒絕了：

> 天啊，你認為你在跟傻子說話嗎？你在說什麼？我如果接管財產，如果讓這個女孩嫁給另一個男人，將來生了個兒子，他就能起訴我佔有他的財產。[48]

當然，他擔心的正是伊塞俄斯 10 中的演說家所提出來的訴訟。從這些案例可以看出，近親屬可以被一筆固定的金錢所收買，從而放棄對女繼承人的認領。

第三節　雅典和斯巴達女繼承人的財產權利

雅典有關女繼承人的法律和規定，是由家庭的等級[49]以及這個家庭的家主對家庭財產的許可權來決定的。在希臘大部分地區，尤其是在帖該亞(Tegea)，女繼承人的丈夫的確是她財產的合法監護人，但她有足夠權利確保其兒子的繼承權。[50]在雅典，如果女繼承人存在收養的兄弟，就表明她的父親沒有兒子；這種收養使得養子娶這名女繼承人為妻變成必要的責任和義務。女繼承人作為雅典婦女中的特殊人群，

---

[46] Demosthenes, *Against Spudias,* 41, 44; Isaeus, *On the Estate of Pyrrhus,* 3. 46, 50, 55, 62.
[47] Isaeus, *On the Estate of Aristarchus,* 10. 19.
[48] Menander, *Aspis*, 264-73.
[49] 梭倫把雅典居民分為四個等級，見本論文第一章第四節。
[50] David M. Schaps, *Economic Rights of Women in Ancient Greece,* Edinburgh University Press, 1979. P. 42.

其家主顯然也同樣具備一般家主的這些功能。在格爾蒂，女繼承人結婚之前，全部財產及產品將由女繼承人支配。

一、女繼承人的財產

女繼承人自己並不繼承遺產，但她和遺產是一個不可分割的整體，想控制這筆遺產的男人必須首先娶她為妻。一般雅典家庭的丈夫對妻子財產的控制所受到的限制，就在於那些與妻子的嫁妝相關的東西，以及保護她的錢財不被她丈夫揮霍掉的她的男性親屬。女繼承人沒有這種影響，而是通過盡可能快地從這個近親屬丈夫那裡移走並把財產放在其兒子手中。既然誰擁有她的嫁妝，誰就要對她負責，那麼這個兒子因此要對女繼承人的生活負責，「如果一個男孩的母親是女繼承人，在他青春期之後的兩年，他就要掌控財產，並給予母親食物。」[51]如果一個女繼承人當他父親死時她仍是個孩子，很可能法律會為她和她的財產任命一個監護人，然後在她14歲的時候給她安排一個丈夫，其後她的丈夫會成為她的家主從而監護她和她的財產。如果一個男人死時妻子依然懷孕，執政官會任命臨時監護人照顧她，[52]雖然沒有這方面的案例，但可以推斷這個遺腹子出生後如果是男性，將是其父親的合法繼承人，如果是女性（當她沒有兄弟存在時）將成為女繼承人。[53]

至於女繼承人的孩子成年之前由誰來擁有她的財產，正常情況下女繼承人的丈夫可以控制身為妻子的女繼承人的財物，伊塞俄斯10中的演說家評論道，「先生們，雖然阿里斯托門尼斯(Aristomenes)和阿波羅多魯斯(Apolodorus)都有權利娶我的母親為妻，但他們無權擁有她的財產。如果其中任何一個人娶了我的母親，他將有可能處置她的財產。按照法律規定，除了女繼承人的兒子，其他任何人都不能成為女繼承人財產的主人，當然條件是孩子在青春期結束兩年後才能掌管這筆財產。而且，由於女繼承人的父親沒有男性繼承人，法律規定他可以把自己的財產贈給任何他願意的人，但他要同時把女兒和財產一起處置。當她的堂兄拒絕娶她而是把她嫁給別

---

[51] Demosthenes, *Against Stephanus*, 46. 20.
[52] Demosthenes, *Against Macartatus*, 43. 75.
[53] Douglas M. MacDowell, *The Law in Classical Athens*, Cornell University Press, 1986, p. 98.

人，這就違背了女繼承人制度。」[54]同樣，基隆(Ciron)的外孫說：「如果我母親，即基隆的女兒，還活著，而且基隆死時沒有立下遺囑，我的競爭對手是他的兄弟，而不（僅僅）是他的侄子，那麼他就有資格跟這個女人結婚，但是無權認領她的財產；（她的財產將屬於）由他與她的親生兒子在青春期結束兩年後掌管這筆財產；法律就是如此規定的。」[55]另外，在孩子未成年時，財產屬於女繼承人本人，而不是屬於她的監護人，「因為我們認為關係最近的親屬應該娶她，但是財產一開始是屬於女繼承人的。」[56]上述案例可以推測，女繼承人在兒子未成年的時候親自掌控財產；但是這種掌控可能非常被動，因為她的合法處置權只限於買賣大約1.5蒲式耳（bushel，希臘容量單位元）的大麥。然而，財產必須有人管理；如果財產包括土地，那麼這片土地要被耕種，而且如果包括房屋出租，必須要收房租。而女繼承人的丈夫肯定是她事實上的家主，他大概會像雅典的任何一位丈夫一樣，掌控著妻子的財產，如果在管理方面需要支出，他將從這筆財產中支出。但是當女繼承人的兒子達到法定年齡之前，他要對女繼承人及其兒子負責，而且如果他對財產處理不當，他會被追究責任。當然這種掌控只是暫時負責管理和收益，等女繼承人的兒子成年之後，女繼承人的丈夫的這種監護權就要移交給這個兒子，並同時移交這筆財產。其地位類似於雅典孤兒的監護人，當這些孤兒成年後，他作為監護人的身份也就喪失。

女繼承人和近親屬丈夫所生的兒子，要被女繼承人的父親「死後收養」才能成為女繼承人父親的合法繼承人，[57]正常情況下，收養就確立了繼承關係，而「死後收養」只要按照法律程式也完全成立。當存在女繼承人的情況下，收養必須與「她」一起，即所領養的兒子必須與這個女孩結婚。[58]但如果「死後收養」的是她自己的兒子，那就不必考慮婚姻；這個養子能否繼承其外祖父的財產，一是要看其年齡（青

---

[54] Isaeus, *On the Estate of Aristarchus,* 10. 12.
[55] Isaeus, *On the Estate of Aristarchus,* 8. 31.
[56] David M. Schaps, *Economic Rights of Women in Ancient Greece,* Edinburgh University Press, 1979. P. 25.
[57] A. R. W. Harrison, *The Law of Athens: The Family and Property,* 1968, p.135; Demosthenes, *Against Nausimachus,* 43. 11-13.; Isaeus, *On the Estate of Pyrrhus,* 3. 73.
[58] Isaeus, *On the Estate of Menecles,* 2. 13, *On the Estate of Pyrrhus,* 3. 68, *On the Estate of Aristarchus,* 10. 13.

春期後兩年）；二是要失去繼承他親生父親家庭的財產權利。當不存在收養關係時，死者的家庭就消失了，因為其繼承者——女繼承人的孩子——屬於他們父親的家庭，而非他們的外祖父。這一點非常重要，因為它表明在雅典無論女繼承人的功能如何，都不是保存家庭延續的最好方式。

二、女繼承人及其 *kyrios*

雅典法律規定，當孤兒達到法定年齡時，他就有資格繼承遺產，女繼承人實質上就是一個「孤女」。一個女孩的成年始於她的婚姻，她的家主的職責就是把她嫁出去，同時把她所能擁有的財產交給新郎。但是，一個女繼承人所繼承的全部財產往往是這個近親屬推遲其婚姻的誘因。其近親屬為了能夠更長久的控制這筆財產，從而獲取財產產生的收益，他們往往會藉故拖延女繼承人的婚姻。這在雅典幾乎是一種普遍現象，因為在古代希臘社會，沒有法庭會干涉一個女人和其家主之間的事情；即使在古典時期的雅典，仍然要由她的家主代表她出庭；法庭在一面之詞的情況之下甚至會對其家主提供某些幫助。這種情況下，為了保護女繼承人的權利不受侵害，雅典法律規定近親屬必須娶女繼承人為妻或者按規定把她嫁出去。在雅典，婚姻是家庭之間而非個人之間的契約。只有她的家主把她嫁入另一個家庭，才是合法婚姻，她所生的孩子也才合法。女繼承人制度不是為了保護其父親近親屬的權利，而一旦成為這個女孩的家主，這個近親屬便擁有他所想要的一切權利。但由於它是強制女繼承人嫁給這個近親屬，因此就能確保財產確實留在了女繼承人的家中，從而在她兒子達到法定年齡時把財產交於兒子的監護人保管，這是一種較為公正的保護女繼承人權利的形式。女繼承人之外的其他雅典婦女，實際上沒有權利選擇她自己的丈夫，她們的丈夫由她們的父親或她們的家主選擇。與女繼承人相比，她們能從父親的家庭那兒得到更多的親情。在雅典，一個女兒的出嫁對於整個家庭的親友而言，都是一件大事。任由一個女人未婚而老去，這是在她身上和她的家庭內所發生的最不體面的事情之一。訴訟當事人以給適婚女兒準備嫁妝為理由，而尋求同情；[59]他們

---

[59] Demosthenes, *Against Boeotus,* 40. 4, *Against Neaeram,* 59. 8.

指責對手讓女人成為老處女。[60]德摩斯梯尼提到一個非常臭名昭著的辯護人既博取同情，也指責對方沒有給自己女兒準備嫁妝。[61]利西阿斯(Lysias)生動地描述了三十僭主的罪行，說他們致使公民被流放、含辱而亡、喪失公民權——以及女人無法出嫁。[62]在離婚的情況下，尤其是和平離婚，即使丈夫奄奄一息、或丈夫休了妻子，這位丈夫也可能做出安排以便妻子能立即與別人再婚，「這樣她不會成為寡婦」。[63]亞里斯多德在遺囑中不只為女兒安排一樁婚姻，還安排了一個備用新郎，這樣如果女婿在女兒的孩子出生之前死亡，女兒就不會成為寡婦。[64]和在雅典一樣，希臘有些地方關於貧窮的女繼承人的法律規定是非強制性的，即她要麼與近親屬結婚，要麼帶著嫁妝嫁給另一個人。但是禁止女繼承人自己選擇丈夫，若近親屬不履行責任，則經女繼承人本人請求，強制執行。柏拉圖在有關女繼承人制度的章程中給出了他心目中的理想狀態，「如果一個男人遭到了意外不幸而死亡，並且留有女性孩子，如果他收養了兒子或者為女兒安排了婚姻，他只會從親屬關係親疏的程度和如何有利於家庭財產的保管，這兩個方面來考慮，而不會著眼於所收養孩子的性格以及女兒所託付之人的人品。」[65]

但如果女繼承人死去的父親留有很少的或者沒有留下財產，那麼將沒有人主動認領這位女繼承人。為了避免她可能沒有丈夫而導致死者的家庭後繼無人的情況發生，法律規定，如果一個女繼承人屬於最低財產階層，執政官將迫使與她父親最近的男性親屬要麼娶她，要麼把她嫁與別的男人為妻，但要用他自己的財產為她提供一份嫁妝，除非他本人也是最低財產階層。[66]而娶一個貧窮的女繼承人為妻被認為是值得讚揚的好品質。既然女繼承人制度的主要目的是使女繼承人為其父親的家庭生一個合法繼承人，梭倫規定，女繼承人的丈夫每月要和她至少同房三次，如果他

---

[60] Demosthenes, *Against Neaeram*, 59. 112-3.
[61] Demosthenes, *Against Stephanus*, 45. 74-5.
[62] Lysias, *Against Eratosthenes*, 12. 21.
[63] Demosthenes, *Against Onetor*, 30. 33.
[64] David M. Schaps, *Economic Rights of Women in Ancient Greece*, P. 41.
[65] Plato, *Laws*. XI 924 d-e.
[66] Isaeus, *On the Estate of Cleonymus*, 1. 39; Demosthenes, *Against Macartatus*, 43. 54.

做不到，他必須允許她被別的近親屬認領。[67]到西元前 4 世紀末期，在米南德戲劇《盾牌》(Aspis)中，克萊奧斯塔托斯(Kleostratos)被認為死於戰爭，留下他的妹妹作為女繼承人繼承他們父親的財產。起初她打算嫁給她叔父的繼子卡萊阿斯(Khaireas)，但是她年長的伯父斯米克利尼斯(Smikrines)，一個可憐的老男人，提出既然她是女繼承人，而他是她父親最近的親屬，那麼他要實施他的權力娶她為妻。[68]在雅典，一個男人死去其妻子無權繼承其財產，也不能成為其財產的女繼承人。[69]如果他最近的親屬是其姐妹（沒有兄弟及其後代），她兄弟的死亡可能會使她成為一個女繼承人來繼承其父親的家產，以至於她可能會被最近的男性親屬認領而與之結婚。

女繼承人的丈夫不過是暫時控制並使用這筆財產，直到女繼承人的兒子達到法定年齡。如果這是一筆很可觀的財產，可能會有很多認領女繼承人的競爭者。法律規定，一般是與她已故父親血緣最近的男性親屬有權要求與女繼承人結婚。如果這名近親屬不願意娶她，那麼按繼承順序下一個最近的親屬將有權作此要求，以此類推。這種情況往往會使一個青春期的少女被迫嫁給一個比她至少年長 30 歲的男人。如果死者有兩個或者兩個以上的女兒她們將同時成為女繼承人（她們將平分父親的財產），那麼將有兩個或者兩個以上的近親屬分別認領她們。[70]如果這名近親屬本身已經結婚，他將不得不和自己的妻子離婚，或者放棄自己的認領要求。近親屬不能僅僅佔有女繼承人及其財產的控制權，卻不和女繼承人結婚；因為女繼承人制度的主要目的是從死者的直系後代中生出一個男性繼承人。

三、女繼承人的 *kyrios* 的經濟許可權

在希臘大部分地區，只有經過家主同意，家庭其他成員與別人進行的交易才有效。這適用於家中所有獨立的成員，包括他的妻子、未婚的女兒、未成年的兒子、

---

[67] Plutarch, *Solon*, 20. 2-5.
[68] Menander, *Aspis*. 258-73.
[69] 哈里森(A. R. W. Harrison)認為很有可能他們是被排除在繼承權之外。參見 A. R. W. Harrison, *The Law of Athens: The Family and Property*, Oxford: Clarendon Press, 1968, pp.138-142.
[70] Douglas M. MacDowell, *The Law in Classical Athens*, Cornell University Press, 1986, p. 95.

年邁的父母，以及可能與他居住在一起的其他親戚（姐妹、外甥女、外祖父母）。但家中的成年男性除外，因為按照法律他們不需要監護人，所以經常有父子各自捐獻同一筆款項，而無需對方同意。若成年男性居住在同一個家庭裡，他們就是夥伴關係，比如兄弟之間經常如此。[71]一個女孩出生時，她的父親是她的家主；在父親死亡時，她的兄弟是她的家主；在她結婚後，雖然她的丈夫無權把她嫁給協力廠商（至少在他活著時不能這樣），[72]但他承擔著妻子家主的責任；在她的丈夫死後，她的成年兒子成為她的家主。在德爾斐，法律也規定了當一個女人沒有近親屬時，誰來成為她的家主：「除非一個女人得到了丈夫的同意，否則任何人不可以借錢給她，這個女人也不可以借錢給別人。如果是一個寡婦，且她的兒子已經成年，則她的借貸行為要經過她兒子的同意，或者由這個女人近親屬中的一個男人作為擔保人方可借款。」[73]生活在父親房子裡的女兒一般被視為未成年人（而不論她們到底是否成年）。

在古希臘的一些地方，任何交易尤其涉及財產的交換和處置時，都需要經過家主的同意，因為這些可能損害家庭的財產利益。在雅典，伊塞俄斯 10 為我們保存了唯一關於婦女從事交易活動的雅典法律：「由於法律明確規定孩童無法執行交易，一個婦女所能完成的交易（其價值）不能超過 1.5 蒲式耳的大麥。」[74]這條法律似乎傾向於同意這個女人去做一些零散的採購，同時又防止她花費太多家庭財產。妻子可以做一些小買賣和各種各樣的交易，而不僅僅是購買日常用品。雅典的法律並沒有禁止規定額度之外的交易，而僅僅是禁止未經家主同意的情況下女人執行的交易。就家庭財產而言，無論是來自丈夫的繼承所得或是妻子的繼承所得，一般人們都把這些財產當作整個家庭的財產並被家主所控制。婦女獲得的財產大概可以由她轉讓，但要經過家主同意，而男人獲得的財產可以自由轉讓而不需任何人的同意；家主通常會否決家庭其他成員的某些交易活動，以保證不浪費家庭的資源。妻子只要願意可以管理家庭財務，某種程度上她可以進行小額交易；在家務管理上，處理較大事

---

[71] David M. Schaps, *Economic Rights of Women in Ancient Greece,* Edinburgh University Press, 1979. P. 48.
[72] Demosthenes, *Against Onetor,* 30. 7, *Against Theocrines,* 57. 41.
[73] David M. Schaps, *Economic Rights of Women in Ancient Greece,* P. 49.
[74] Isaeus, *On the Estate of Aristarchus,* 10. 10.

務的權利則保留在丈夫手中。雅典男人是家庭所有成員和家庭全部財產的家主，並且可以隨意處置這些財產。實際上，一個妻子能夠擁有財產的情況少之又少；她雖然擁有嫁妝但處置權在丈夫手中，儘管婚姻解除他要歸還嫁妝，但婚姻存續期間卻完全由丈夫支配。處於法律特殊保護之下的女繼承人的財產權除外。一般而言，婦女可以在市場上出售超出她們法定能力的東西，而且能如此自由交易的婦女，大部分是雅典非公民，[75]一個寡婦如果住在既非父親也非丈夫的關係較遠的親戚家，她們或許能夠保存自己的財產——她們的嫁妝，或者從丈夫家庭中分離出來的任何東西，這樣做也可能是為了與她們監護人的財產相分開。

對於一個女繼承人來說，她所繼承的財產是由她丈夫暫時控制，直到當她的兒子達到法定年齡並接管財產。但自她和這位近親屬丈夫結婚之後，這個丈夫就成為她的家主，只要他們的兒子沒有出生，這位丈夫和其他雅典婦女的丈夫一樣就要控制這筆財產。在他們的兒子長到青春期之後的兩年之前，這筆財產的所有管理、交易和收益都將由這位丈夫支配和負責。與普通雅典婦女不同的是，女繼承人丈夫作為其家主的職責在他們的兒子成年之後終結；而其他雅典婦女的丈夫作為他們家主的職責直至婚姻關係終止。而女繼承人的家主的經濟許可權，如果其丈夫是其家主，他僅限於暫時管理和控制女繼承人的財產，並從獲得收益中給女繼承人的生活提供保障，但他不是這筆財產的真正主人。

四、女繼承人制度的意義

古希臘社會的女繼承人制度，使得婦女能夠和男人一樣服務於城邦，尤其在保存個體家庭的獨立性和家庭的香火延續方面。一個家庭裡如果沒有兒子，女兒就要承擔起使個體家庭繼續存在下去的使命。這種家庭的女兒被當作「附著於家庭財產」的女繼承人。[76]這表明，雖然古希臘在財產繼承上男性優先於女性，儘管女繼承人本人並不能支配父親的遺產，但某種意義上而言，繼承並不完全限制在男性親屬中。

---

[75] Demosthenes, *Against Stephanus*, 46. 13.
[76] Sarah B. Pomeroy, *Goddesses, Whores, Wives, and Slaves, Women in Classical Antiquity*, Schocken Books, New York, 1975, pp. 60-61.

一個家庭中父親的近親屬對女繼承人的義務和特權是，要麼把她嫁出去，要麼娶她為妻。這種婚姻年齡的差距不是人們考慮的主要問題，他們結合後有能力生育才是關鍵目的。和女繼承人綁定在一起的大量財富是吸引近親屬的重要原因，一個富有的女繼承人會招致許多來認領的競爭者。德摩斯梯尼提到有兩個男人，為了娶一位女繼承人而和他們的妻子離婚，並且他們都為自己前妻的再婚提供了方便。[77]一個貧窮的女繼承人也可能除了債務根本沒有財產可繼承，如果其近親屬不想娶她，那他必須給她提供一筆足以吸引來一個丈夫的嫁妝。沒有嫁妝的女人在雅典的境況是悲慘的，也不會有男人願意娶她。在斯巴達，只有未婚的少女被女繼承人制度制約；[78]在格爾蒂，女繼承人可以通過放棄她所繼承財產的一部分而從家庭義務中解脫出來。如果說雅典女繼承人的規定，對富有的女繼承人來說，其近親屬是現實的和唯利是圖的；那麼對貧窮的女繼承人來說，其近親屬的存在未嘗不是對她們的一種保護和仁慈。[79]近親屬和女繼承人結婚後，他成為女繼承人的家主，但他並不是無條件地控制這筆財產，該財產只是在女繼承人所生的兒子成年之前暫時託管給他，在這段時間內他可以享有這筆財產的收益或利息。女繼承人主要的功能是為死去的父親提供一個合法繼承人，並因此確保其父親家庭的香火延續。鑒於這個目的，梭倫規定女繼承人的丈夫每月至少與其同房三次，以確保其懷孕；如果她的丈夫沒有性能力，女繼承人有權嫁給繼承順序內的下一個近親屬。考慮到這個丈夫可能是一個年紀很大的人，顯然有必要杜絕「這個男人獲取了女繼承人的財產而不履行夫妻間的義務」此類事情的發生，從而保護女繼承人的權利。女繼承人在控制自己的生活方面，並不比其他由父親安排婚姻的雅典女孩更自由。

通常被包辦婚姻的孤女嫁給近親屬，看起來好像是保存死者家庭的方式，當然這是女繼承人制度的一個主要目的。但雅典法律也提供另外一種方式，即通過收養兒子來達成此目的。如果收養者有女兒，則這名女兒要嫁給這個養子；如果收養者

---

[77] Demosthenes, *Against Onetor,* 30. 7, *Against Theocrines,* 57. 41.
[78] Lacey. *The Family in Classical Greece*, London, 1968, pp.202-203.
[79] Sarah B. Pomeroy, *Goddesses, Whores, Wives, and Slaves, Women in Classical Antiquity*, Schocken Books, New York, 1975, p. 62.

沒有女兒，則養子是其唯一繼承人，養子或其後代將一直留收養者的家裡，享有這筆遺產但也盡其祭祀義務。因此，被收養人一般是收養人的一個成年的親戚；[80]收養人死後他的繼承人會安排收養，這種死後收養也能夠形成收養關係，被收養的人仍被視作死者的兒子。[81]但是，有關女繼承人的法律顯然並沒能阻止死者個體家庭的消失。這牽涉到兩種家庭：其一是死者自己的家庭，包括其後代子孫；其二是死者父母或祖父母的家庭，其中包括死者的旁系親屬。當需要有男性近親屬認領這名女繼承人時，這種家庭其實已經面臨著滅絕的危險，與其他有男性存在的家庭相比，後者顯然無論如何不會消失。也許這種範圍更大的家庭意在保護祖傳遺產不被轉給其他家庭；與此相應的是，這些只有女兒的小家庭如何保存其財產並延續下去。在雅典沒有自動收養體制，而僅僅是通過對女繼承人制度，規定女繼承人的兒子是其外祖父法律意義上的「養子」，從而可以繼承其外祖父的遺產，但這中間要經過一些複雜的法律程式，其中任何一道程式出現問題都不能實現這種繼承。在格爾蒂和希臘的其他地方也是如此。如德摩斯梯尼提到的年輕的歐布里德斯(Eubulides)，他母親是女繼承人，他本人是他父親家庭的一個成員，到他外祖父死後被劃到外祖父的家庭成員中。[82]他並非自動進入他外祖父的家庭；而是通過適當的方式，即收養，他才能進入到祖父的家庭中。

總之，對此哈蒙德(N. G. L. Hammond)在其《阿提卡的土地佔有權和梭倫的解負令》一文裡指出，如果這種婚姻（女繼承人與其近親屬的結合）沒有產生男性後代，那麼死者的財產就從女繼承人與近親屬新組成的小家庭(*oikos*)傳給父親家族的大家庭。[83]通常女繼承人生下的第一個兒子是女繼承人父親家產的繼承人，第二個兒子才是女繼承人新組建家庭的繼承人，他只繼承其父親的財產，而與外祖父的財產無關。

---

[80] Isaeus, *On the Estate of Philoctemon*, 6. 6, *On the Estate of Apollodorus*, 7. 5-7, 13-14; Demosthenes, *Against Spudias*, 41. 3; Isaeus, *On the Estate of Astyphilus*, 9. 2-4; Isaeus, *On the Estate of Menecles*, 2. 20-2.

[81] Demosthenes, *Against Macartatus*, 43. 11, *Against Leochares*, 44. 41; Isaeus, *On the Estate of Hagnias*, 11. 49.

[82] Demosthenes, *Against Macartatus*, 43. 15.

[83] N. G. L. Hammond, "Land Tenure in Attica and Solon's Seisachtheia", *The Journal of Hellenic Studies*, Vol. 81 (1961), p. 85.

雅典這些精確的規定旨在防止近親屬吞併女繼承人父親的家庭，並防止有人通過積聚土地來為親戚謀福利。[84]梭倫有關女繼承人的法律直到西元前4世紀還在生效，它們確保財產保存在家庭之內，如果實在沒有辦法做到這一點，也要確保財產保留在其家族之內。因為無論是一家之主還是作為一個整體的家族，都沒有處置權，這就是為什麼阿提卡的家庭財產實際上仍然不可轉讓，而且很可能在法律上至少到西元前431年仍然有效。[85]布倫代爾認為，女繼承人的真正功能是為她已故父親的家庭提供一個合法繼承人，以確保它繼續存在。[86]通常情況下，家庭世系是通過男性來保持的，但是如果有必要，它也可以通過婦女來達到。那麼任何一個婦女都可能潛在地扮演這種角色，重要的是她與原生家庭的聯繫從來就沒有完全切斷。

然而西元前4世紀以後，雅典傳統制度在形式上保持不變，但實際習俗卻大相徑庭。正如收養方面的類似程式一樣，兒子現在可以繼承父親和外祖父的遺產，從而獲得兩份遺產。實際案例中並非一個兒子（一般是長子）作為繼承人進入外祖父的家庭並使其家庭延續，而是一個女繼承人的所有男性兒子在他們之間分配財產，從而導致了一個家庭的滅亡。另外一個突出的變化是，雅典逐漸廢棄了女繼承人與其父親近親屬結婚的舊習俗，因為很少有近親屬僅僅為了一筆並不由自己任意支配的財產，而且為了給另一個家庭生一個繼承人，從而去「奪走」已經與陌生人結婚的女繼承人。他們往往拒絕娶這個已婚的女繼承人為妻，女繼承人於是被看作是正常情況下的父親的女兒，結婚並帶走一份嫁妝，因此她與父親的財產完全隔離，那麼近親屬就可以在不娶女繼承人的情況下拿走死者的財產，從而導致死者家庭消失的結果出現。這種通過取消女繼承人身份而把她與父親的遺產相分離的合法可能性，是女繼承人制度衰落的徵兆。[87]

---

[84] David Asheri, "Laws of Inheritance, Distribution of Land and Political Constitutions in Ancient Greece", *Historia: Zeitschrift für Alte Geschichte, Bd. 12*, H. 1 (1963), p. 17.

[85] N. G. L. Hammond, "Land Tenure in Attica and Solon's Seisachtheia", *The Journal of Hellenic Studies*, Vol. 81 (1961), pp. 85-86.

[86] Sue Blundell, *Women in Ancient Greece,* 1995, p. 118.

[87] David Asheri, "Laws of Inheritance, Distribution of Land and Political Constitutions in Ancient Greece", p. 19.

五、執政官(archon)的職責

　　執政官是公民女繼承人的法律護衛,是異邦人的軍政長官。[88]他的職責就是監管女繼承人可能遭受的各種虐待,如近親屬拒絕娶女繼承人或者近親屬佔有女繼承人的財產卻把她嫁出去,以及沒能履行婚姻職責的女繼承人的丈夫、揮霍浪費她們財產的家主,甚至非法佔有女繼承人財產的外來人。[89]法律似乎賦予執政官處理所有可能虐待女繼承人行為的權利:「他要照顧她們,以及不允許任何人傷害她們。如果有人做出傷害或者做出非法之事,他可以在他的權利範圍內對他施以罰款。」他還可以去民眾法庭要求施加超出他權利的懲罰。[90]而且,任何公民都有權向執政官揭發一個男人虐待女繼承人的行為,或者在沒有達到法官投票數的五分之一時讓其交納常規罰款,或者限制其發言來限制其辯解。[91]富有的女繼承人像一筆獎金,認領人趨之若鶩。如普羅托馬庫斯(Protomachus)休掉妻子就為了跟某個女繼承人結婚,[92]提莫柯拉提斯(Timocrates)似乎也做了同樣的事。亞里斯多德提到內戰並非起因於「小問題」,「而是起因於與女繼承人相關的矛盾糾紛」,這樣的「小事件」恰恰是許多麻煩的開始。[93]在福西斯,穆納斯阿斯(Mnaseas)是穆納森(Mnason)的父親,歐蒂卡拉提斯(Euthycrates)是奧諾瑪寇斯(Onomarchos)的父親,[94]二者之間在爭奪女繼承人方面產生了矛盾,而這種矛盾就是針對福西斯的神聖戰爭的開始。這些故事表明爭取一個富有女繼承人的競爭激烈程度。

　　以下刑事案件由執政官送往陪審法庭:虐待父母案;虐待孤兒案;虐待女繼承人案;損害孤兒財產案;心神失常之控告,即一個人控告另一個人精神失常時損害其財產等等,這些都是執政官所管理的事情,因為執政官的主要工作就是裁決城邦

---

[88] Demosthenes, *Against Lacritus,* 35. 48, *Against Pantaenetus,* 37. 33.
[89] Aristotle, Athenian Constitution, 56. 6.
[90] Demosthenes, *Against Macartatus,* 43. 75, *Against Pantaenetus,* 37. 46; Isaeus, *On the Estate of Cleonymus,* 1. 39, *On the Estate of Pyrrhus,* 3. 47, 62.
[91] Isaeus, *On the Estate of Pyrrhus,* 3. 46-7.
[92] Demosthenes, *Against Theocrines,* 57. 41.
[93] Aristotle. *Politics,* 1303b 18.
[94] Aristotle. *Politics,* 1304a 4-13.

家庭財產的繼承糾紛，而軍政長官則對外邦人的女繼承人有直接裁決權。[95]除非執政官判定某個近親屬要娶這個女孩為妻，否則近親屬不能強迫女繼承人與自己結婚。任何要求這種近親屬特權的人必須向執政官上交一份主張申請；然後公佈這份申請，並邀請其他請求人參與執政官的公開裁決。[96]在對女繼承人的歸屬裁決中，執政官只考慮近親屬男性有無法定的資格認領這名女繼承人，而不考慮這名候選男性的年齡和性情，至於最終這個女人被獎勵給誰，要以這名近親屬男性與女繼承人父親的血緣關係為準。在雅典，與在格爾蒂不同，對雅典女繼承人的認領，也可以通過女性親屬的子嗣得到繼承，這樣女繼承人姐妹的兒子也能成為合法的權利主張者，[97]外甥娶自己的姨媽為妻在雅典並不算是違反風俗人倫。雅典繼承法排除了長子繼承制，但是規定了以上所提的各類親屬成員中每個家系是平等分配的。[98]由於執政官只從這些主動要求的候選人中決定，總可能有更近的親屬存在。[99]這位執政官公開宣告所有合適的認領人，是為了確保所有可能的認領者都出現了；服軍役的年輕男子，正常情況下既不能提起訴訟也不能被控告，這些人被准許特殊假期，去法庭上為自己主張對遺產或對女繼承人的權利。[100]否則，一旦出現了關係更近的親屬，這名親屬就可以對判決提出質疑，法庭面對合理的質疑將會取消之前的裁決。[101]女繼承人制度的目的在於確定誰是與自己父親血緣關係最近的親屬；只有最近的親屬才能成為死者家庭的家主，他也因此成為這筆財產的監護人和這個女人的家主。

如果一個男人繼承了其兄弟的財產並由此成為他未婚姐妹的家主，那麼繼承人的責任就和任何家主的責任一樣。如果這個男人的未婚姐妹到了婚齡，他就得給她選定一個丈夫，並給她置辦一筆嫁妝。但是如果一個家庭中存在女繼承人，法律規

---

[95] Demosthenes, *Against Stephanus*, 46. 22.
[96] Aristotle, Athenian Constitution, 43. 4; Demosthenes, *Against Macartatus*, 43. 5, *Against Stephanus*, 46. 23; Isaeus, *On the Estate of Pyrrhus*, 3. 30, *On the Estate of Nicostratus*, 4. 2.
[97] Isaeus, *On the Estate of Pyrrhus*, 74, 63, Demosthenes, *Against Stephanus*, 45. 75.
[98] A. R. W. Harrison, *The Law of Athens: The Family and Property*, Oxford: Clarendon Press, 1968, p. 144n. 2
[99] Aristotle, Athenian Constitution, 42. 5.
[100] Demosthenes, *Against Macartatus*, 43. 16.
[101] Demosthenes, *Against Macartatus*, 43. 5.

定則正好相反,她的新家主不會把她嫁給另一個男人,而是他自己娶她為妻。雅典法律規定,「任何女性,如果由父親、父系兄弟或祖父代表父親為之定立合法婚約——她的孩子就是合法的。如果以上情況不存在,且她是女繼承人,這個家主要娶她;如果不是,接受她的那個人就是其家主。」[102]只有合法婚姻結合所生的子嗣才是家庭財產的合法繼承人。通過訂婚達成的婚姻結合,所生的孩子才是合法子女。而通過家主讓女繼承人的婚姻合法,則不需要進一步的婚約。[103]一個女人的家主可以把她嫁出去,而不是娶她;反過來,女繼承人的近親屬能娶她,但只要有其他的認領者,就不能把她嫁出去。亞里斯多德在描述斯巴達衰落的原因時,抱怨道,「(斯巴達)財產繼承人可憑自己意願把她(女繼承人)給別人」。[104]只有在女繼承人貧窮的情況下,才沒有人願意認領她,法律才會讓近親屬把她嫁給另一個男人。當一筆財產不容小覷時,女繼承人體制幾乎不可能產生以愛情為基礎的婚姻。年輕的女繼承人很有可能會被年紀很大的男人認領。據普魯塔克說,法律要求女繼承人的丈夫一個月要和她同房三次,這就會排擠掉一些有競爭想法的人;他還提到梭倫法律,如果她被判給的那個男人無法履行正常功能,則法庭可以解除她的婚姻並選擇一個更適合的配偶。[105]伊塞俄斯提到了一個女孩,父親死時她尚未成年,最終她的新監護人娶了她。格爾蒂的法律體現著最明顯的保護措施,因為女性有可能拒絕這種婚配。很可能除了法律規定的最低婚姻權利之外,許多人都不願申請成為女繼承人;但是中年男人肯定有資格去競爭一個青春期的女孩,而且肯定有很多人這樣做。

實際上,女繼承人的身份與有嫁妝的新娘一樣,她不是財產的主人,她丈夫是這筆財產的監護人。這名丈夫往往更多的是受到這筆財產的吸引,而非女繼承人本人,因此女繼承人受到丈夫虐待的現象非常普遍——也正是因為這種虐待案件頻繁發生,城邦才會制定保護女繼承人權利的相關法律。當然法律對虐待女繼承人的男人的懲罰

---

[102] Demosthenes, *Against Stephanus*, 46. 18.
[103] A. R. W. Harrison, *The Law of Athens: The Family and Property*, Oxford: Clarendon Press, 1968, p. 12.
[104] Aristotle. *Politics*, 1270a 28-9
[105] Plutarch, *Solon*, 20. 2-5.

比揮霍妻子嫁妝的丈夫的懲罰要嚴厲得多。[106]亞里斯多德指出,「有時候女繼承人也能夠以妻子的身份掌控丈夫,然而這種掌控是靠財富和權力,而非功績,就像唯我獨尊的寡頭政治一樣。」[107]相反,擁有少量或沒有遺產的女繼承人,情況則大不相同。她既沒有大量錢財吸引一個男人娶她,當然也沒有父親或兄弟可以獲得一份嫁妝,那她很可能面臨嫁不出去的風險。城邦一般不會允許這種情況發生,所以強行規定她父親的近親屬要麼娶她,要麼提供一筆嫁妝把她嫁出去。這種依照繼承法指定一個丈夫的習俗可能很野蠻,但是對身無分文的女繼承人來說,這種行為未嘗不是一種慈善。畢竟對於希臘人而言,讓一個女人單身是整個家族內很不體面的事情。

第四節　格爾蒂的女繼承人

關於古代斯巴達,由於資料匱乏,我們知之不多。希羅多德(Herodotus)在其《歷史》中證明瞭女繼承人制度的存在,[108]斯巴達國王執行著女繼承人家主的功能——但前提是這名女子的父親沒有把她許配給另一個男人。亞里斯多德批判斯巴達允許通過遺囑的方式自由處置財產,「按照斯巴達法制,一位公民可把繼承他產業的女兒嫁給任何或貧或富的男子;倘使在他死前女兒尚未出嫁而遺囑又未言明,這個女兒的合法保護人可以把她嫁給他所選中的任何男子。」[109]這種情況下其近親屬就能繼承這筆財產,他可能會給這個女孩置辦一份嫁妝。[110]格爾蒂的女繼承人制度大體也反映了斯巴達女繼承人的基本情況。

一、格爾蒂女繼承人制度

《格爾蒂法典》中有關女繼承人的內容占了兩欄,法典對女繼承人的規定與雅典大相徑庭。格爾蒂的法律在一開始並未給出女繼承人的定義,但是我們可以

---

[106] David M. Schaps, *Economic Rights of Women in Ancient Greece,* Edinburgh University Press, 1979. P. 36.
[107] Aristotle, *Ethics. Nic.* 1161 a 1-3.
[108] Herodotus, 6. 57. 4.
[109] Aristotle. *Politics*, 1270a. 26-9.
[110] Plutarch, *Cleomenes,* 1. 2.

找到這樣的文字：「（一個女人）如果沒有父親或同父兄弟，她就是女繼承人」。就像在雅典一樣，她要嫁給她的近親屬，有資格娶她為妻的近親屬如下：首先，她的父系叔、伯；其次，父系叔、伯的兒子。女繼承人要嫁給她父親的仍然健在的兄弟中的最年長者（如伯父，其次是叔父）；如果女繼承人和其父親的兄弟各有多個，她們要依次嫁給這些叔伯；如果其父親的兄弟已經去世，她要嫁給父親最年長的侄子；如果女繼承人和其父親的侄子各有多個，她們則依次嫁給這些堂兄弟。每位有資格的近親屬候選人只能娶一位女繼承人，如果候選人或女繼承人因年幼不能結婚，如有房產，則該房產屬於女繼承人，候選的那位近親屬要得到全部財產的一半。如果候選的近親屬將達婚齡但他不願結婚，則在他結婚之前，他所應得的全部財產及產品將由女繼承人支配。[111]如果候選人已成年但不願娶一位已經成年而且願意嫁給他的女繼承人，女繼承人的親屬將此事呈交法庭裁決，法官一般會命令他們兩個月內完婚。如果候選人不能按規定娶該女繼承人，女繼承人則將帶著全部財產嫁給下一個輪中者。如果沒有輪中者，在其本部落的待婚者中，她可以嫁給所中意的任何一個人。如果近親屬中沒有合適的候選人，則女繼承人可以嫁給本部族中任何她喜歡的男人。如果女繼承人已經成年，但是不願意嫁給候選者，且女繼承人的父親在城裡有房產，則女繼承人可繼承這份房產，但她必須把一份財產給原來候選的那個近親屬。如果女繼承人沒有法律規定的近親屬，那麼她可帶著全部財產嫁給本部族中的任何人，甚至包括奴隸。若其本部落中沒人娶她，女繼承人的親屬將佈告整個部落，詢問：「確實沒人想娶她嗎？」如果有人想娶她，須在佈告之日起30天內，否則她要嫁給她可能嫁的另外任何人。

如果已婚女子成為女繼承人，並且她不願意維持原來的婚姻，無論有沒有孩子，她將按以上規定分得財產，然後帶著財產嫁給其部族的另外一個人。既然女繼承人是沒有父親、沒有兄弟的人，只要她未及成年，她父系的近親屬就有責任管理其財產，而分給她財產收益的半數。女繼承人在未成年時一般由其母親教養。

---

[111] R F. Willetts translated and edited, *The Law Code of Gortyn*, De Gruyter Press, 1967, p. 45.

若她沒有母親，則由其母系的近親屬教養。[112]當然，這種限制是為了防止父親的財產脫離祖父的家庭；如果父親沒有兄弟，則認為不存在認領人（近親屬），而且這個女孩就有選擇嫁給喜歡的族內人的自由。姑姑的孩子或母系親屬根本沒有認領權，因為他們屬於不同的家庭；超出堂兄弟之外的近親屬也沒有認領權。

與雅典女繼承人一樣，在格爾蒂，一個男人的姐妹及其姐妹的後代的繼承順序排在其兄弟及其兄弟的子孫之後，但是《格爾蒂法典》規定的這種順序並沒有賦予他們如何對待女繼承人的權利。法典規定由更大的家庭——死者父親的後代，照顧死者只剩下女兒的單個的家庭。在雅典，最大的擔憂就是確保女繼承人的婚姻，所以法律不可能允許出現沒有認領人的情況。在格爾蒂，近親屬（*epiballon*，等同於雅典的 *anchisteus*）選擇不娶女繼承人，或者根本不存在近親屬，那麼全部財產就只能屬於女繼承人本人。這些財產會隨同這個女子一起進入她丈夫的家中，這一點與雅典不同，雅典女繼承人是隨同父親的財產一起留在父親的家中。如果女繼承人拒絕嫁給其近親屬（雅典女繼承人沒有這個自由），那麼她在得到市鎮房屋和屋內物品（如果財產中有這些的話）之後，剩餘的財產將在她和近親屬之間分割。《格爾蒂法典》明確規定這筆財產就是女繼承人的，在雅典卻並非如此，前文說過，雅典女繼承人和近親屬結合所生的兒子才是這筆財產的主人，女繼承人只是代為保管。在格爾蒂，只有當女繼承人拒絕嫁給近親屬時，近親屬才可以認領死者的部分財產。既然女繼承人拒絕嫁給近親屬的後果是補償這個近親屬一筆財產，那麼這種情況下近親屬的主動認領從而迫使女繼承人拒絕婚約，是符合雙方利益的，尤其是對這名近親屬來說，他可以僅僅是口頭要求娶這名女繼承人而不必真的付諸實施，以此防止她嫁給他人，除非她願意放棄一半財產。

如果這名近親屬候選人未成年，他有權利從這份財產中獲得撫養費，但是從他到達青春期開始，他就不再享有這種權利，除非他娶這個女孩為妻。當這名候

---

[112] R. F. Willetts translated and edited, *The Law Code of Gortyn*, p. 46.

選人達到法定年齡時，如果他仍然拒絕娶女繼承人，那麼女繼承人的其他親屬可以向法官起訴。即使在格爾蒂，女孩也不能自己出庭，法官則命令他在兩個月內娶這個女孩。如果他未能做到，那麼女繼承人就會進而選擇繼承順序在他之後的近親屬（如果有這樣的近親屬）；如果所有的資格候選人都不願娶她，那麼她就有嫁給任何族外人或外邦人甚至奴隸的自由。如果這個女人已婚，卻成為了女繼承人，她可以選擇維持婚姻或解除婚姻。如果她選擇後者，只有當她沒有孩子時，近親屬才會認領她；一旦她有孩子，她可以選擇嫁給她中意的族內人，但要把這筆財產的一部分（可能是除市鎮房產和屋內物品之外的其餘財產的一半）作為某種補償，分割給原本輪中的候選人。同樣，如果她丈夫死亡並且二人沒有子女，那麼近親屬可能會娶她，但是如果她有孩子，她則不會被近親屬所娶。在雅典，有孩子的女繼承人和沒有孩子的女繼承人，其區別大概在於如果有孩子她可以選擇留在丈夫家而不被近親屬認領；如果沒有孩子則無論她個人意願如何，她必須回到父親的家庭實現女繼承人的功能。在格爾蒂，只要女繼承人未成年，她的父系親屬就管理著財產並獲得一半的收入。如果沒有近親屬，或在父系親屬對財產不太感興趣的情況下，那麼將由這個女孩自己掌管財產，並由其母親或母系親屬來照顧她。這種情況與卡隆達斯(Charondas)[113]的法律相比，即孤兒的財產有父系男親屬管理，孤兒本人由母系男親屬照顧，這種安排受到了迪奧多魯斯(Diodorus)的讚揚，因為錢財由此委託給了那些可能的繼承人，他們會悉心照顧財產。[114]在雅典，儘管梭倫立法規定萬一這名孤兒死亡，他因為沒有家主（如父親）而無人來接收移交的財產，[115]但近親屬卻有資格行使家主的權利。[116]同樣情況下，當格爾蒂認領女繼承人的候選人還未成年——如果女繼承人願意等他成年，她就得到了房子（如果有），這名候選人將收到財產的一半收入。這種情況下，並未提到由誰來管理財產。

---

[113] Charondas，西元前 6 世紀古希臘的一位偉大立法家。
[114] Diodorus, *Siculus,* 12. 15.
[115] Diodorus, *Laertius*, 1. 56.
[116] Isaeus, *On the Estate of Philoctemon,* 6. 13; Isaeus, *On the Estate of Aristarchus,* 10.

如果一個負債累累的父親去世，留下一個女兒成為女繼承人，那麼這名女繼承人可以通過父系一方或母系一方的親屬，抵押或出賣亡父的遺產以資抵債，該遺產無論是賣出還是抵押都將是合法的。但如果有人違反規定，不是在這種情況下受押或購買女繼承人的財產，那麼將受到懲罰，同時將這筆財產返還給女繼承人。[117]在格爾蒂如同在雅典一樣，這些規定和特別措施被用來幫助貧窮的女繼承人找到一個丈夫。她父系或母系的親屬可以賣出或抵押財產來償還父親的債務。但未婚的女孩能否出售或抵押財產，不得而知。財產擁有者的親屬，即使在財產繼承人未成年期間，也可以出賣財產，這樣設計很明顯是為了讓負債的女繼承人更適宜結婚。在古希臘，如果一份財產包含沉重的債務，那麼財產繼承人只有拒絕繼承這份財產，才能不用承擔債務，只是不確定這種規定是否也適用於女繼承人。當貧窮的女繼承人找不到丈夫時，而法律規定的認領人不存在時，她就可以嫁給任何她中意的人。格爾蒂的女繼承人如果能在部族內找到一個配偶，她就不能嫁給部族之外的人，這種規定可能以家族或城邦的土地劃分為基礎，但是當要在族內通婚這種家族特權和這個女人的婚姻之間做出取捨時，格爾蒂人做出了跟雅典人一樣的選擇，即這個女人要嫁給「她所能嫁的人」，而非變成一個老姑娘。從這一點來說，格爾蒂女繼承人制度與雅典的女繼承人制度同根同源。只不過格爾蒂每個家庭的成員都是獨立的財產所有者，而且一個女人有時可以決定自己嫁給誰。總之，無論是在格爾蒂還是在雅典，法律關於女繼承人的相關規定，本質上是一種為了確保這類婦女能夠結婚的家長制體系，但是這種法律的主旨是在更大的家庭之內保存地產和其他財產，當然還有神聖的家庭祭祀儀式。

二、格爾蒂女繼承人及其 *kyrios*

在格爾蒂，一個家庭的父親或兄弟，甚至是丈夫或兒子，有可能給予一個女兒一份嫁妝，而《格爾蒂法典》中當父親或兄弟把她嫁出去時，婚姻仍然採取禮物的形式，從上一個家主轉到丈夫這裡。關於一個家庭中家主的經濟權威，《格

---

[117] R. F. Willetts translated and edited, *The Law Code of Gortyn*, De Gruyter Press, 1967, p. 47.

爾蒂法典》第VI(1-30)欄規定：

> 只要父親在世，兒子不可買賣父親的財產或用之於擔保；如果他願意，他可以轉讓他通過購買或繼承得來的財產。父親也不可以（轉讓）孩子通過購買或繼承得來的財產。丈夫也不可轉讓或抵押妻子的財產，兒子不可轉讓或抵押母親的財產。如果規定之外，有人購買或用之擔保或接受抵押，就法律實行之日，財產將屬於妻子、母親、或賣方，抵押人或抵押方將要向買家或抵押權人或者抵押的受方償還雙倍的價錢，而且如果有任何處罰，以財產的價值算；之前的事情不需交付司法。但是如果第二方對有爭議物品存在爭議，該物品並不屬於這位妻子或母親，那麼他就要在適當場合提起訴訟，在適合該類訴訟的地方在法官面前進行訴訟。[118]

這是一條反對出售他人財產的規定，也是一條消解家主經濟權力的法律。而且在格爾蒂，不存在丈夫處置妻子的東西，包括她的嫁妝；兒子也沒有權利處置母親的東西。此外，家庭裡的其他物品則處於男性家主的控制之下。而雅典男人則可以出售、抵押或擔保他們妻子和母親的財產，而無需徵得這些女人的同意。但在克里特，任何此類出售、擔保或抵押都將是無效的；不經婦女本人同意而轉讓的、原本屬於她們的財產也要如數歸還給她們。當雅典男人的兒子一旦到達合適年齡，就會成為家庭的家主並承擔管理家庭財產的責任，並有不可推卸的責任和義務贍養父母。亞里斯多德提及退休的老人不單單是公民，他們還是最合格的公民，[119]他們完全有資格得到家庭成員的贍養和善待，年老的雅典男人直到去世之前都是家庭的家主；但在格爾蒂，誰都沒有資格做另一個人財產的監管人。因此一個父親只能控制自己的財產和部分家庭財產，他的兒子依靠繼承祖產獲得自己的財產，兒子能否管理自己的財產，大概要取決於他們的年齡。[120]關於財產

---

[118] R. F. Willetts translated and edited, *The Law Code of Gortyn*, p. 42.
[119] Aristotle. *Politics*, 1275a 14-19.
[120] David M. Schaps, *Economic Rights of Women in Ancient Greece,* Edinburgh University Press, 1979. P. 59.

分割，《格爾蒂法典》第IV欄（25-30行）規定，「父親可以凌駕於孩子之上，支配財產的分割，而母親則管理自己的財產。」[121]在格爾蒂，母親的權利和父親的權利區別在於，當決定是否撫養孩子時，是由父親來做最終決定，這可能是父親作為家庭主宰的額外權利。但無論如何，格爾蒂婦女比雅典婦女在家庭經濟中的地位要更為獨立。

---

[121] R. F. Willetts translated and edited, *The Law Code of Gortyn*, De Gruyter Press, 1967, p. 42.

結　語

　　通過前面的論述，我們看到，雅典少女一般14歲就已經到達婚齡，而男人要到大約30歲娶妻，這種家庭生活，丈夫要教會年幼的妻子如何秋收冬藏、貯存食物，如何管理家務以及監督僕人的勞作。不是每一個雅典公民的妻子在成為家庭女主人之後，都能擁有奴隸為自己勞作，都能擁有豐裕的生活物資，大多數雅典婦女都要親自放牧羊群，梳剪羊毛並為家人編制衣物，甚至賣掉自己的手工產品為整個家庭換取生活必須的金錢和食物。無論是富貴之家，還是貧賤之室，婦女在家庭中的作用都至關重要，她們也都受制於作為一家之主的男人的控制和保護。就一對初婚夫妻來說，丈夫的年齡遠遠超過妻子的年齡，首先從心智成熟和生活經驗上，妻子不得不聽從於丈夫；其次從眼界和見識上，雅典少女幾乎沒有受教育的機會，也很少離開家庭私人領域，對家庭之外的公共領域發生的事情一無所知，這也使得妻子在生活上對丈夫言聽計從；再次，同性戀和娼妓之風的盛行對夫妻生活和感情也產生一定衝擊，在男人眼中，妻子的職能是生育合法子嗣和管理家務，至於愉悅性情，自有娼妓和同性少年來點綴男人的私人生活；最後，雅典婦女在家庭中幾乎沒有經濟權利，即便唯一的財產——嫁妝也是由丈夫支配和管理，雅典婦女經濟上的不獨立，必然導致她們屈從於男人的家庭地位。

　　雅典婦女終其一生都在其父親、丈夫或其男性近親屬的監護之下。婚前一般是父親或者成年的兄弟（如果父親去世）是家主；婚後丈夫是其家主；如果她離婚或者寡居，且沒有兒子，她將回到她原來的監護人那裡，但是如果她是寡婦並有兒子且兒子未成年，她可以選擇留在她丈夫的家庭，並處於她兒子的家主的監護之下；然而如果她兒子已經成年，她將處於兒子的監護之下；而如果丈夫去世沒有留下兒子，她們再婚的男人將成為其新的家主。一個女人的家主的功能，

通常是對她的人身和財產的一種保護，也是經濟上對她的扶養和生活上對她的負責，他在婦女的私人生活領域和她們被排斥在外的公共範圍中間扮演著一個仲介者的角色。這種仲介通常承擔著有法律性質的交易，諸如訂立合同或安排婚姻等。如果這種交易必須在法庭上出現，這些事情都將由家主出面解決。一個雅典婦女不能代表自己出庭，也不能到法庭上作證，而這些都要由其家主代表她。[1]

斯巴達特殊的城邦制度，使得斯巴達婦女在家庭中享有較高的家庭地位，和很多尚武社會一樣，當男人長期從軍，女性就必須管理家庭內政，斯巴達對婦女在管理家務和處置家庭財產方面享有很大的自由和特權。西元前4世紀的亞里斯多德回顧斯巴達400年的歷史，認為斯巴達婦女的地位沒有被好好規定，以致斯巴達半個公民團體欠缺法度。[2]當然這種觀點未免言過其實，因為斯巴達婦女並沒有參政的權力。她們雖然幾乎擁有整個家庭的財產權，但是斯巴達家庭的結構依然是希臘家庭結構的一般模式，即一個家庭中以男人為中心，婦女受家庭男人的支配和保護。斯巴達婦女的婚姻要由男性來安排，斯巴達「搶婚」的習俗也不會考慮婦女本身的意願。而「借妻生子」的傳統更是把婦女當成男人的私有財物和生育工具。斯巴達婦女經濟的獨立並不能改變她們從屬於男人的社會地位，斯巴達城邦給予婦女較大的權力，也只是出於她們能夠繁殖合格公民戰士的需要。與雅典婦女相比，斯巴達婦女擁有較大的財產權和較多的活動自由，然而，這些並不能改變斯巴達婦女與男人之間的依附關係。

同樣處於多利安社會文化背景下的格爾蒂婦女與斯巴達婦女在很多方面大同小異，格爾蒂婦女同樣受制於家庭中身為家主的丈夫，但她因為經濟獨立於丈夫的財產之外，所以她們得以保持較大的自由，如她們能夠獨立處理自己的財產而不受丈夫和兒子的制約，女繼承人可以拒絕嫁給指定的近親屬候選人，而只需

---

[1] Sue Blundell, *Women in Ancient Greece,* Harvard University Press, 1995, p. 114.
[2] Aristotle, *Politics*, 1269b, 16-20.

支付一筆錢財；甚至在沒有合適的近親屬或本部族中無人願意娶她們為妻時，她們可以嫁給任何人，包括奴隸和外邦人。[3]但是，格爾蒂婦女與家庭中男人的關係，並不因她們自身經濟的獨立，而有所疏離；格爾蒂家庭和雅典、斯巴達家庭並無本質的區別，她們的婚姻依然是由其家主來操辦，她們的嫁妝也是由家主來提供，如果丈夫死亡她可以帶著自己的財產和丈夫給予的財物再婚，一個女人不結婚同樣是家庭的恥辱。

　　無論是雅典婦女「被保護」和「隱居」的生活，還是斯巴婦女放達和自由的狀態，或者是格爾蒂婦女有限的經濟獨立，古希臘婦女必須服從於整個家庭的利益，進而服從於城邦的利益；也無論是在雅典、斯巴達還是在格爾蒂，婦女在家庭中與男人之間的關係，不因她們能否擁有財產權而受到本質上的影響和改變。婦女經濟獨立一定程度上的確可以弱化她們對男人依附的程度，但以男人為中心的家庭模式和男尊女卑的社會觀念始終是希臘社會的常態，她們無論如何都不可能脫離家庭和社會而存在。無論城邦制定什麼政策，婦女除了接受和順從，別無選擇。她們人生的主旨不是為了個人的生存和發展，而是為了整個家庭以及與自己血脈相連的每一個家庭成員，進而也在無意識中成全了她們置身其中的城邦的整體利益。

　　古希臘婦女的家庭財產權利，在希臘不同地區各有差異，在不同家庭也大不相同，甚至在女性的不同人生階段也有明顯的區別。古代希臘婦女除了為家庭生育合法繼承人，還要管理家務、監管奴僕的日常勞作，或者親自參與各種家務活動。而男人作為一家之主，負責管理家庭財產並設法增加財產收益，同時對家庭成員進行控制和保護。所有的財產在婚姻存續期間只能屬於整個家庭，由家主統一管理和支配，給整個家庭提供生活和生產保障。無論是雅典家庭還是斯巴達家庭，人們的終極目的無非是把有限的資源能夠最大化的利用，並能夠使子孫後代

---

[3] R. F. Willetts translated and edited, *The Law Code of Gortyn*, De Gruyter Press, 1967, P. 46.

受益。就婦女的財產權而言，雅典婦女在有兄弟的情況下沒有繼承父親財產的資格（女繼承人除外），她們唯一的財產就是結婚時的嫁妝，雖然這筆財產只占其父親所有財產的很小一部分，但卻是雅典婦女一生最基本的經濟保障。然而，在婚姻存續期間，嫁妝卻不由她們自己掌控，她的丈夫既是她的家主，也是這筆財產的監管人。丈夫可以管理和處置妻子的嫁妝，而不必經過妻子同意。不過在離婚之時，丈夫必須歸還嫁妝或者支付與嫁妝價值相當的金錢，作為對離異妻子的補償。如果婚姻關係一直存在，丈夫可以終生控制妻子的嫁妝，直到他去世，這筆嫁妝會轉移到這對夫妻的兒子手中，由兒子負責照管這筆財產並對母親盡到贍養義務。妻子在家庭生活中主要是輔助丈夫管理家庭事務，並在丈夫的許可下處理少量數額的財產，這也是出於讓家庭成員生活更好的考慮。

　　與此相反，斯巴達婦女不僅能獨立擁有自己的嫁妝，還能繼承土地和大筆金錢，並能獨立管理和處置家庭財產，但這只是當男人出征在外之時，婦女代為承擔起一個男人對家庭的所有職責。由於斯巴達城邦特殊的軍事化管理制度，當男人在家庭生活中缺席時，婦女自然取得更多家庭經濟權力，她們通過嫁妝、遺贈和財產繼承獲取大量財富，而她們獨立管理和處置家庭財產的特權和能力也讓同時期希臘其他城邦婦女望塵莫及；與斯巴達同為多利安人的格爾蒂婦女，也能夠獨立擁有自己的財產。在格爾蒂的家庭中，父親是一家之主，負責管理和分配家庭財產，但母親只掌管自己的財產。只要父母在世，他們的財產就不能被子女分割和繼承。但若父母去世，財產則在子女中間分配，女兒所得的份額僅為兒子所得份額的一半，且房屋以及房子裡的牲畜和物品只能歸屬兒子，女兒無權繼承。克里特婦女繼承財產的份額是受到法律限制的，有時她們的嫁妝就是她們從父親那裡「繼承」來的財產，一旦得到嫁妝，就不能再從兄弟哪裡分割父親死後的遺產。在克里特，丈夫無權處置妻子的財產，兒子也無權過問母親的財產，格爾蒂婦女的財產只能由她本人支配和處置；與雅典婦女幾乎沒有財產權相比，斯巴

達婦女擁有較多的家庭經濟權利，不僅可以支配自己的財產，還能夠管理和處置家庭的財產；而格爾蒂婦女則獨立擁有個人的財產，但她們對家庭財產卻無權過問。無論在斯巴達還是在雅典，抑或是在格爾蒂，所有的規則都是由男人制定的，在以男權為中心的社會制度下婦女必然受制於這種制度，無論婦女能否擁有財產權利，都不能改變女性依附和從屬於男性的家庭地位，也不能改變城邦社會男尊女卑的固有思維觀念。

對古希臘家庭來說，男人娶妻的根本目的是為了生育合法子嗣，並且能夠輔助自己管理家務。但如果所娶的妻子勤勞能幹，那麼管理好家務沒有問題；但若所娶妻子懶惰貪饞，那對男人的家庭來說是一件糟糕的事情。所以雅典家庭在女孩很小的時候，就向她灌輸為婦之道，教會她紡織、梳妝和製作食物等日常事務，以確保她在嫁為人婦後不被丈夫家庭嫌棄。那麼這種觀念顯然是為迎合男方家庭的好惡而產生，必然使女性從心理上遷就於男性。古希臘家庭可以通過嫁出女兒，以聯姻的方式保存自己家庭的勢力，女兒也是其家主與別的家族結成親屬聯盟的紐帶，甚至有時女兒還能為原生家庭提供潛在繼承人（如女繼承人）；但置辦一筆嫁妝對一個家庭來說的確是一項很大的經濟負擔——這筆嫁妝的數額要確保能夠吸引一個男人來娶她。況且從女兒出生到少女初成，剛剛能夠成為勞動力，卻要嫁出去服務於別的家庭，這也使得古代家庭傾向於更注重生養男性後代以延續香火，從而使家庭的祭祀儀式和對祖宗的祭禮不被中斷和遺忘。沒有兒子意味著這個家庭要面臨著滅絕的危險，這就使得每個家庭都希望擁有一個兒子，女兒則無關緊要，阿提卡甚至有曝棄(*exposure*)[4]女嬰的古老傳統，這種情況無形中強化了兩性不平等的社會觀念。

就家庭財產來說，雖然雅典婦女沒有財產支配權，但這並不影響她們作為家

---

[4] 曝棄，即把嬰兒直接拋棄在曠野任其自生自滅的殺嬰行為。參見 La Rue Van Hook,"The Exposure of Infants at Athens." *Transactions and Proceedings of the American Philological Association*, Vol.51(1920), pp. 134-145; A. Cameron, "The Exposure of Children and Greek Ethics", *The Classical Review*, Vol. 46, No. 3(Jul., 1932), pp. 105-144.

庭女主人以及能夠生育城邦公民的角色和地位。雅典法律對嫁妝的規定，表面上是在保障婦女的基本生活權利，但從長遠來看，還是為了城邦公民的利益——因為雅典婦女的嫁妝，無論她離婚與否，無論她帶到哪裡，這筆嫁妝最終會由她合法婚姻所生的孩子來繼承（除非她生下兒子之前死去，嫁妝會歸屬其原生家庭的家主），而這個繼承人當然是潛在的雅典公民。無論雅典婦女有沒有財產權利，都不影響她們作為家庭女主人以及生育城邦公民的角色和地位，但也避免不了婦女本身和財產一起在男性親屬網中被轉讓和交換的事實。對體面的女人來說，她們都不可能像男人一樣獨立，也不可能脫離家庭，進而脫離男人的掌控和監護。她們習慣於來自家庭和城邦的各種約束，或許她們更願意接受父權制下的種種安排和限制，以換取在家庭內部的重要性和女性角色的理想化。當雅典女繼承人依照法律和一個年齡、性格和志趣等諸方面都不相匹配的男性近親屬結合，我們無法得知女繼承人是抗拒還是不得不順從，但很明顯，城邦和整個社會是把女繼承人和亡父的遺產視為一個整體而不可分割，那麼這個女人也就被異化為一件物品，一件可與傢俱、牲畜、房屋和土地等財產一起轉讓的物品，而她作為「人」的屬性除了生育功能，幾乎喪失殆盡。這一點與斯巴達「借妻生子」[5]的現象本質上如出一轍。鑒於雅典婦女不經丈夫許可，幾乎沒有家庭財產權，也就談不上對家庭固有的兩性關係的影響，她們在生活中早已習慣於各種觀念的束縛，在家庭中也習慣於男性的保護和制約，在私人生活領域也習慣於家庭「女主人」的體面身份而恪盡職守。

斯巴達婦女雖然可以擁有大筆財富和自由，並且幾乎能夠按自己意願處置家庭財產，但她們無論是身體還是精神都由城邦統一調控和支配，她們雖然被賦予較高的社會和家庭地位，但並沒有逾越「父（夫）權」而自行其事。她們為城邦生育合格的戰士，一切服務於城邦的最高利益。她們用對城邦的依附、屈從和

---

[5] Plutarch, *Lycurgus,* 15, 6-10.

忠誠來「換取」個體家庭內部的自由和經濟權利；她們不能隨意選擇愛情，也沒有保留羸弱男嬰的權利，更不能隨心所欲和丈夫一起享受家庭生活；男人之間可以通過契約決定一個婦女的生育權，婦女和家庭財產一起被視為城邦和家庭的資源，由城邦統一調配；她們為男人的集體大業而奉獻忠誠甚至犧牲生命。在斯巴達婦女身上，我們看不到婦女本人的情感和個人意志，即便有，也早已被城邦主流價值觀所左右和改變。斯巴達婦女和男人的關係更像是一件私人物品和主人之間的關係，儘管男人給予她們最大化的家庭權力和自由，男人甚至可以賦予她們極高的社會和家庭地位，但一切必須以男人眼中的大局為重，他們既然可以給予其特權，當然也可以收回，而無論給予和收回，婦女惟有被動接受。說到底，斯巴達婦女所擁有的財產權，並不能改變城邦父權制的家庭模式，她們所謂的自由也只是被動的「自由」，實際上由不得自己支配和決定。

格爾蒂婦女與斯巴達婦女相比，雖然也能夠獨立擁有自己的財產，但她們和斯巴達婦女一樣，依然處於父權制的家庭模式之下，她們的婚姻要家主安排，嫁妝由家主提供，她們也和雅典婦女一樣不能參與公共政治，不能自己出庭作證，她們的財產繼承份額也只是兄弟份額的一半，而且女繼承人在 12 歲或更大些時要與比自己年長很多的伯父（或叔父、堂兄弟等）結婚，這和雅典對女繼承人的規定並無本質區別。總之，無論斯巴達婦女還是格爾蒂婦女，即便享有財產繼承權和管理權，都改變不了女人生育子嗣的主要功能和社會屬性，而管理財產和財產權限的大小也改變不了父權制的家庭結構和男權中心的城邦社會，她們終其一生都受制於這種由男人制定的社會法則，並被男人至上的社會觀念所束縛。女性對於家庭的重要性無可取代，儘管她們終其一生都受制於這種由男性制定的社會法則，並被男性至上的社會觀念所束縛。但無論家庭內部如何分工，無論家庭財產如何分配，不同「家主」對各自家庭的眼前利益和未來規劃都有自己的考量，家庭成員無論男性和女性服從家主的同時，進而實現「家主」所認定的家庭

利益最大化。

　　對古希臘婦女財產權的研究，無論是從婚姻、家庭、法律還是宗教層面，最終的結果往往不自覺地引向古希臘婦女的社會和家庭地位問題。對古希臘婦女來說，無論她們貧賤還是富貴，也無論其作為妻子還是母親，再或者她們作為寡婦還是女繼承人，無疑不同的身份會有不同的處境，那麼她們自身對置身其中的生活是如何認識的，對自身命運和狀況又是如何看待的，以及她們在家庭中對男人的安排是心安理得地接受還是消極地順從，她們對家庭成員的感情是被動還是本能，或者是在有意無意的努力爭取個人權益和生存空間？這需要我們盡可能拋開自身的時代、經歷和文化背景，而試著以雅典婦女或者斯巴達婦女的身份，置身於她們的生活環境中，在親屬關係、財產糾紛和各種利益衝突中，去感知她們的生活。我們無法用現代的觀念去推定古典時代及其以前的社會習俗，也無法用現代的標準去評判古代希臘婦女生活的自由與不自由。

　　古代社會擁有土地是一個人具有城邦公民權的象徵。一個婦女如果擁有土地，那她實際上就擁有了經濟獨立的資本，這無疑對男權中心的社會是一種挑戰。由於資料所限，我們對古希臘別的城邦知之甚少，即便是雅典和斯巴達，有關這方面的文獻也少的可憐，但無論在斯巴達還是雅典，在城邦形成之初的土地分配都是僅分給男性，女性無權分得份地。然而不管古代希臘婦女能否擁有土地，都不能改變男權社會的本質。我們知道，雅典婦女不能擁有土地，嫁妝只可能是動產，而不會是土地和房屋，因為雅典婦女終其一生都處於被家主保護的地位，她們本身被視為沒有行為能力，沒有政治權利，也不能出現在法庭上，不能獨立簽署與金錢相關的合約，甚至不能獨自去市場購買日常用品，更不能和陌生男人交流，這種狀況極大地強化了父權制下男人的權力。即使她們以女繼承人的身份擁有土地繼承權，但由於她們不是家庭的主宰，她的丈夫也會隨即成為這份土地的家主。她所有的財產和土地都要由她的 *kyrios* 管理和支配，她只是這些財產的載

體和土地的守護者，等她的兒子成人，她的兒子才是這筆財產和土地的真正主人。她的作用僅僅是確保兒子成年後這筆財產和土地能夠轉到兒子名下。所以，女繼承人所繼承的這份土地，其最終主人始終是雅典男性公民，而不是女繼承人本身。雅典婦女不能繼承土地的事實，一方面與荷馬時代到古風時期的社會傳統和風俗有關，也與雅典城邦形成之初的社會狀況有關，還與梭倫關於家庭財產繼承的規定尤其女繼承人的規定有關。梭倫立法雖說某種程度上保護了特定婦女繼承土地和財產的權利，但實際生活中女繼承人遭受虐待，被丈夫或監護人揮霍浪費財產的案例也很常見，否則雅典就不會專門設置執政官並通過一系列規定來保護女繼承人的相關權利。雅典婦女在享受來自城邦和監護人保護的同時，也被牢牢限制在家庭範圍以內。

斯巴達婦女雖然擁有土地並能獨立管理與土地相關的一些事務，一方面是形勢所迫，當男人幾乎全民皆兵，婦女理所當然擔負起男人的職責，如果斯巴達婦女不能支撐起整個家庭，不能處理好家庭大小事務而做到使男人後顧無憂，那麼斯巴達男人所進行的一切征服大業根本無法實現；另一方面她們並沒有超越父權制的制約而自行其事，呂庫古法令對婦女所謂的「放縱」，其實不過是城邦事業的需要，如對婦女的鍛煉和教育，既是出於讓她們孕育出強健的斯巴達戰士的需要，也是出於當男人征戰在外時使她們更有能力管理好家庭事務的需要。而這些並不是從婦女自身的需要來考慮，也無需考慮婦女本人的意願和感受。顯然，斯巴達婦女即便擁有城邦「近五分之二的土地」[6]，她們終究必須服從於城邦的整體利益，而這個「城邦整體利益」顯然是由斯巴達男人來定義的，正如裔昭印教授所指出的那樣——她們實質上仍然生活在不平等的城邦共同體中，這種不平等必然使婦女從屬於男性的統治。[7]

以古希臘婦女的家庭財產權作為視角來透析古希臘社會和家庭的兩性關係，

---

[6] Aristotle, *Politics*, 1270a, 20-25.
[7] 裔昭印：《古希臘的婦女——文化視域中的研究》，商務印書館 2001 年版，第 159 頁。

那麼婦女的這種財產權利對家庭兩性關係到底能產生什麼作用和影響？當然婦女一旦擁有自己的財產，在家庭中會有更多的許可權和自由，如斯巴達婦女；但是雅典婦女除了自己的嫁妝再無別的財產，即使丈夫能夠給予妻子更多管理家庭的許可權，但也不可能擁有斯巴達婦女一樣的自由，因為她們不能單獨離開家門，也很少在陌生人面前拋頭露面。在以男權為中心的家長制社會中，婦女既定的職責是為男人生育合法繼承人，輔助男人管理家務，即便如斯巴達婦女能夠擁有更多財產權，但依然避免不了她本人和財產一起在男性親屬關係網中被轉讓和交換的命運事實。在此過程中婦女本身是什麼心理狀態，我們不得而知。

　　古希臘婦女的財產權對家庭兩性關係產生了一定的影響。在以男人為中心的家庭固定模式下，女人位置的可流動性使得古代男人不可能給予婦女更多的財產權利。一個擁有私人財產的婦女會隨著婚姻解除或丈夫死亡而使財產在不同姓氏之間發生讓渡和轉移，而這種讓渡和轉移很容易引起家庭私人領域的矛盾和糾紛，也會對整個城邦的穩定產生不良影響。城邦制定的有關婦女的所有政策無不是以男性的最終利益為目的，並以此維護家庭內部的穩定和城邦的長治久安。因此無論公民婦女還是女繼承人在家庭中都會受制於男性；即便斯巴達和格爾蒂的婦女也同樣如此。斯巴達婦女的自由只是相對的和被動的，因為規則是由男人制定的，她們依然受制於城邦各種制度。總之，古希臘婦女無論擁有財產與否，不可能動搖和改變古希臘家庭的男女兩性固有的關係模式。但凡家庭中有成年男性存在，這個男人就是一家之主，婦女不可能像男人一樣以家主的身份完全掌控和支配家庭收支，主持家庭成員的婚嫁喪葬和家庭祭祀儀式。男人是家主，女人受監護，這也許是古風、古典時代古希臘家庭中男人和女人的常態。女性終其一生都受制於這種由男性制定的社會法則，並被男性至上的社會觀念所束縛。但無論家庭內部如何分工，無論家庭財產如何分配，不同「家主」對各自家庭的眼前利益和未來規劃都有自己的考量，家庭成員無論男性和女性，在服從家主的

同時，進而共同獲取「家主」所認定的家庭利益最大化。

　　從古希臘女性的生命歷程來考察其處境，她們的狀況在人生的不同階段也有所不同。當古希臘女性從嬰兒到少女，從少女到妻子，從妻子到母親，再到一個家庭的祖母，在其人生的不同階段，她們與家庭成員之間的角色關係並非一成不變，她們的家庭權利也會隨之波動起伏，並波及她們的處境和地位。除了城邦社會制度、主流價值觀、社會意識形態等因素，她們青春期對異性的吸引，她們成熟期的孕育功能對一個家庭的價值和意義，還有她們所嫁丈夫的人品，她們兒子成年後的能力和財富，以及隨著她們自身年齡增長在生活中積累的智慧和經驗等，這些都可能影響她們管理家務的許可權和能力，並進而影響她們的生活狀態和家庭地位。貧窮家庭的婦女需要自己辛苦勞作掙錢養家，沒有孩子的婦女如果有一筆豐厚的嫁妝尚可安享生活，若沒有一筆財產足以維持生計，她也許只能依附於某一個男性親屬艱難度日。從這個意義上說，孩子是婦女一生最大的財富。

　　古代希臘兩性的性別關係和女性的家庭財產地位受制於城邦政治、經濟、法律和文化傳統的制約，並受到與希臘社會交流碰撞的周邊文化與東方文化的影響。從古風時代到古典時期，在地中海世界風雲變幻的大環境下，城邦社會和家庭環境對希臘婦女個體生命的制約，部落觀念和宗族傳統的浸淫，加上強敵入侵（希波戰爭）和內戰（伯羅奔尼薩斯戰爭）紛擾，婦女無論雅典式的「隱居」還是斯巴達式的「自由」，都同樣在時代的漩渦中翻滾沉浮，凡此種種，在不同時期婦女生命的不同歷程中，必然通過家庭、通過財產流轉來對她們的日常生活和思想觀念產生影響。只有從多重的視角來考察，我們才能深更入地瞭解古希臘婦女的家庭財產權利與真實處境，瞭解當時希臘社會和家庭內部的性別關係特徵。

參考文獻

一、英文文獻

古典文獻：

1. Aischines, *Speeches*, Translated by C. D. Adams, Loeb Classical Library, Harvard University Press, 1919.

2. Aischylos, *Seven Against Thebes*, Translated by H. Weir Smyth, Loeb Classical Library, Harvard University Press, 1922.

3. Apollodoros, *Apollodoros* (2vols), Translated by Sir J. G. Frazer, Loeb Classical Library, Harvard University Press, 1921.

4. Aristophanes, *Aristophanes III*, and *AristophanesI*, Translated by B. B. Rogers, Loeb Classical Library, Harvard University Press, 1924.

5. Aristotle, *Athenian Constitution*, Translated by H. Rackham, M. A., Loeb Classical Library, Harvard University Press, 1959.

6. Aristotle. *Politics*, Translated by H. Rackham, M. A., Loeb Classical Library, Harvard University Press, 1959.

7. Demosthenes, *Against Androtion*, 22; *Against Aristocrates*, 23; *Against Timocrates*, 24; *Against Aristogeiton*, 25, (21-26), Translated by J. H. Vince, Loeb Classical Library, Harvard University Press, 1935.

8. Demosthenes, *Against Aphobus,* 27; *Against Aphobus,* 28; *Against Aphobus,* 29; *Against Onetor,* 30; *Against Lacritus,* 35; *Against Phormio,* 36; *Against Pantaenetus,* 37; *Against Nausimachus,* 38; *Against Boeotus,* 40, (27-40), Translated by A. T. Murray, Loeb Classical Library, Harvard University Press, 1939.

9. Demosthenes, Against Spudias, 41; Against Phaenippus, 42; Against Macartatus, 43;

Against Leochares, 44; Against Stephanus, 45; Against Stephanus, 46; Against Evergus, 47; Against Olympiodorus, 48, (41-49), Translated by A. T. Murray, Loeb Classical Library, Harvard University Press, 1936.

10. Demosthenes, *Against Polycles,* 50; *Against Theocrines,* 57; *Against Neaeram,* 59, (50-59), Translated by N. W. De Witt and N. J. De Witt, Loeb Classical Library, Harvard University Press, 1949.

11. Diodorus, *Siculus; Laertius,* Translated by C. H. Oldfather, Loeb Classical Library, Harvard University Press, 1967.

12. Euripides, *Nauck,* Translated by Arthur S. Way. D. Lrr., Loeb Classical Library, Harvard University Press, 1925.

13. Herodotus, *History,* Translated by A. D. Godley, Loeb Classical Library, Harvard University Press, 1975.

14. Hesiod, *Works and Days*, 405-406. Translated by Hugh G. Evelyn-White, M. A., Loeb Classical Library, Harvard University Press, 2007.

15. Homer, *Iliad*, Translated by A. T. Murray, PH. D., Loeb Classical Library, Harvard University Press, 1923.

16. Homer, *Odyssey*, Translated by A. T. Murray, PH. D., Loeb Classical Library, Harvard University Press, 1945.

17. Isaeus, *On the Estate of Menecles*, 2; *On the Estate of Pyrrhus,* 3; *On the Estate of Dicaeogenes*, 5; *On the Estate of Dicaeogenes*, 6.; *On the Estate of Apollodorus,* 7; *On the Estate of Ciron*, 8; *On the Estate of Astyphilus*, 9; *On the Estate of Aristarchus*, 10; *On the Estate of Hagnias*, 11; *On behalf of Euphiletus,* 12; Translated by Edward Seymour Forster, M. A., Loeb Classical Library, Harvard University Press, 1943.

18. Lysias, *Against Eratosthenes*, 12; *Against Diogeiton,* 32; *On the Property of Aristophanes：Against The Treasury,* 19; *Against Alcibiades 1：For Deserting The Ranks,* 14; Translated by W. R. M. Lamb, M. A., Loeb Classical Library, Harvard University Press, 1967.

19. Menander, *Epitrepontes*; *Aspis*, Translated by Francis G. Allinson, Loeb Classical Library,

Harvard University Press, 1921.

20. Pausanias, *Description of Greece*, Translated by W. H. S. Jones, M. A., Loeb Classical Library, Harvard University Press, 1920.

21. Plato, *Laws*, Translated by R. G. Bury, Litr. D., Loeb Classical Library, Harvard University Press, 1961.

22. Plato, *Republic*, Translated by Paul Shorey, PH. D., LL. D., Litt. D, Loeb Classical Library, Harvard University Press, 1937.

23. Plutarch, *Theseus*; *Pericles*; *Cimon*; *Moralia*; *Solon*; *Lycurgus*; *Agis and Cleomenes*; Translated by Bernadotte Perrin, Loeb Classical Library, Harvard University Press, 1967.

24. Polybius, *Histories*, Translated by W. R. Paton, Loeb Classical Library, Harvard University Press, 1978.

25. Strabo, *Geography*, Translated by H. L. Jones, Loeb Classical Library, Harvard University Press, 1961.

26. Xenophon, *Oeconomicus*; *Memorabilia*, Translated by E. C. Marchant, Loeb Classical Library, Harvard University Press, 1979.

27. Isocrates, I and II, Translated by G. Norlin, Loeb Classical Library, Harvard University Press, 1928.

現代著述：

1. Austin, M. M., and P. Vidal-Naquet, *Economic Social History of Ancient Greece：An Introduction,* University of California Press, Berkeley and Los Angeles, 1977.

2. Blundell, Sue, *Women in Ancient Greece,* Harvard University Press, 1995.

3. Bridenthal, Renate, & Claudia Koonz, *Becoming Visible Women in European History*, Houghton Mifflin Company, 1977.

4. Brule, Pierre, *Women of Ancient Greece,* Translated by Antonia Nevill, Edinburgh University Press, 2003.

5. Cohen, Edward E., *Athenian Economy and Society,* Princeton University Press, 1992.

6. Cox, Cheryl Anne, *Household Interests*, Princeton University Press, 1998.
7. Croix, G. E. M. de Ste, *The Class Struggle in The Ancient World*, London：Duckworth Press, 1981.
8. Davies, J. K., *Athenian Propertied Families 600-300 BC*, Oxford：Clarendon Press.1971.
9. Duby, Georges, & Michelle Perrot, General Editors, *A History of Women in The West*, Harvard University, 1993.
10. Finley, M. I., *The Ancient Economy*, London University of California Press, 1985.
11. Finley, M. I., *The Ancient Greeks,* Harmondsworth：Penguin Books, 1964.
12. Finley, M. I., *Land and Credit in Ancient Athens 500-200BC,* New Brunswick：Rutgers University Press, 1951.
13. Finley, *Studies in Land and Credit in Ancient Athens, 500-200 B. C.* New Brunswick, 1952.
14. Flaceliere, R., *Daily Life in Greece at The Time of Pericles*, New York, 1974.
15. Foxhall, Lin, *Studying Gender in Classical Antiquity*, Cambridge University Press, 2013.
16. Freeman, Charles, *Egypt, Greece and Rome：Civilizations of The Ancient Mediterranean*, Oxford University Press. 2014.
17. Gagarin, Michael, *Speeches from Athenian Law*, University of Texas Press, 2011.
18. Golden, M., *Childhood in Classical Athens*, Johns Hopkins University Press, 1990.
19. Harlow, Mary, & Ray Laurence, *A Cultural History of Childhood and Family in Antiquity*, Oxford・New York, 2010.
20. Harris, Edward M., David M. Lewis, and Mark Woolmer, eds., *The Ancient Greek Economy-Markets, Households and City-States,* Cambridge University Press, 2016.
21. A. R. W. Harrison, *The Law of Athens：The Family and Property,* Oxford: Clarendon Press, 1968.
22. James, Sharon L., & Sheila Dillon, eds., *a Companion to Women in The Ancient World*, Wiley-Blackwell, 2012.
23. Just, R., *Women in Athenian Law and Life*, London and New York, 1989.
24. Lacey, W. K., *The Family in Classical Greece*, London Press, 1968.

25. Lefkowitz, M. R., and M. B. Fant, *Women's Life in Greece and Rome：A Source Book in Translation,* Johns Hopkins University Press, Baltimore, 2016.

26. Levine, Caroline, translated, *The Children of Athena,* Princeton University Press, 1984.

27. Macdowell, D. M., *The Law in Classical Athens,* London, 1978.

28. Patterson, Cynthia B., *The Family in Greek History,* Harvard University Press, 1998.

29. Pomeroy, Sarah B., *Families in Classical and Hellenistic Greece,* Clarendon Press Oxford, 1997.

30. Pomeroy, Sarah B., *Goddesses, Whores, Wives, and Slaves, Women in Classical Antiquity,* Schocken Books, New York, 1975.

31. Pomeroy, Sarah B., *Women's History and Ancient History,* The University of North Carolina Press, 1991.

32. Powell, A., *Athens and Sparta,* London and New York, 1988.

33. Ridgeway, Sir William, *The Early Age of Greece,* Cambridge: University Press, 2014.

34. Gow, A. S. F. & D. S. Robertson, eds., *The Early Age of Greece,* Cambridge, 1931.

35. Schaps, David M., *Economic Rights of Women in Ancient Greece,* Edinburgh University Press, 1979.

36. Sowerby, Robin, *The Greeks：An Introduction to Their Culture,* New York：Routledge, 2014.

37. Starr, Chester G., *The Ancient Greeks,* Oxford University Press, 1971.

38. Stuttard, David, *A History of Ancient Greece in Fifty lives,* New York: Thames & Hudson, 2014.

39. Tucker, T. G., *Life in Ancient Athens,* London: Macmillan, 1907.

40. The Oxford Classical Dictionary, Fourth edition, 2012.

41. Thompson, Bohn, M., *The Property Rights of Women in Ancient Greece,* doctoral thesis, Yale University, New Haven, 1906.

42. Willetts, R F., translated and edited, *The Law Code of Gortyn,* De Gruyter Press, 1967, p. 42.

43. Wyse, W., ed., *The Speeches of Isaeus, with Critical and Explanatory Notes*, Cambridge University Press, 1904.

國外論文：

1. Anderson, Siwan, "The Economics of Dowry and Brideprice", *The Journal of Economic Perspectives,* Vol. 11, No. 4 (fall, 2007), pp. 151-174.
2. Asheri, David, "Laws of Inheritance, Distribution of Land and Political Constitutions in Ancient Greece", *Historia: Zeitschrift für Alte Geschichte,* Bd. 12, H. 1 (1963), pp. 1-21.
3. Cartledge, Paul, "Sparta Wives: Liberation or Licence?" *The Classical Quarterly,* Vol. 31, No. 1 (1981), pp. 84-105.
4. Cohn-Haft, Louis, "Divorce in Classical Athens", *The Journal of Hellenic Studies,* Vol. 115(1995), pp. 1-14.
5. Cox, Cheryl Anne, "Sisters, Daughters and The Deme of Marriage: A Note", *The Journal of Hellenic Studies,* Vol. 108, (1988), pp. 185-188.
6. Cox, Cheryl Anne, "Incest, Inheritance and The Political Forum in Fifth-Century Athens", *The Classical Journal*, Vol. 85, No. 1(1989), pp. 34-46.
7. Croix, G. E. M. de Ste, "Some Observations on The Property Rights of Athenian Women", *The Classical Review*, Vol. 20, No. 3(Dec., 1970), pp. 273-278.
8. Croix, G. E. M. de Ste, "Review: Athenian Family Law", *The Classical Review, Vol. 20*, No. 3(Dec., 1970), pp. 387-390.
9. Davis, Natalie Zemon, "Women's History in Transition: The European Case", *Feminist Studies,* Vol. 3, 1976, pp. 83-103.
10. Fine, A. J. V., "Horoi: Studies in Mortgage, Real Security, and Land Tenure in Ancient Athens", *Hesperia Supplement,* Vol. 9, 1951, pp. 1-225.
11. Finley, M. I., "Land, Debt, and The Man of Property in Classical Athens", *Political Science Quarterly,* Vol. 68, No. 2(1953), pp. 249-268.
12. Finley, M. I., "Reviewed Work(s): Studies in Land and Credit in Ancient Athens 500-200

B. C. The Horos-Inscriptions." *Gnomon, 25. Bd., H.* 4(1953), pp. 223-231.

13. Fisher, N. R. E., "Review: Property Rights of women in Classical Athens", *The Classical Review, New Series,* Vol. 31, No. 1 (1981), pp. 72-74.

14. Foxhall, Lin, "Household, Gender and Property in Classical Athens", *The Classical Quarterly,* Vol. 39, No. 1 (1989), pp. 22-44.

15. Gardner, J., "Aristophanes and Male Anxiety—The Defence of The Oikos" *Greece and Rome*, (2nd series) 36, 1989, pp. 51-62.

16. Gomme, A. W., "The Position of Women in Athens in The Fifth and Fourth Centuries", *Classical Philology,* Vol. 2, No. 1(Jan., 1925), pp. 1-25.

17. Goody, J., "From Bride-Price to Dowry?" in J. Goody, *The Development of The Family and Marriage in Europe*, Cambridge University Press, 1983.

18. Gould, J., "Law, Custom and Myth: Aspects of The Social Position of Women in Classical Athens", *Journal of Hellenic Studies,* Vol.100, Centenary Issue (1980). pp. 38-59.

19. Golden, M., "Demography and The Exposure of Girls at Athens", *Phoenix*, Vol. 35, No. 4 (winter, 1981), p. 316-331.

20. Griffith-Williams, Brenda, "*Oikos*, Family Feuds and Funerals: Argumentation and Evidence in Athenian Inheritance Disputes", *The Classical Quarterly, New Series,* Vol. 62, No. 1(2012), p. 145-162.

21. Hammond, N. G. L., "Land Tenure in Attica and Solon's Seisachtheia", *The Journal of Hellenic Studies,* Vol. 81 (1961), pp. 76-98.

22. Harrison, A. R. W., "A Problem in The Rules of Intestate Succession at Athens", *The Classical Review,* Vol. 61, No. 2(Sep., 1947), pp. 41-43.

23. Hanssen, Robert K. Fleck· F. Andrew, *"Rulers Ruled by Women": An Economic Analysis of Rise and Fall of Women's Rights in Ancient Sparta,* Montana State University, Bozeman, USA, 2009. pp. 221-245.

24. Ingalls, Wayne, "Demography and Dowries: Perspectives on Female Infanticide in Classical Greece", *Phoenix*, Vol. 56, No. 3/4 (2002), pp. 246-254.

25. Johnstone, Steven, "Women, Property, and Surveillance in Classical Athens", *Classical Antiquity,* Vol. 22, No. 2(2003), pp. 247-274.
26. Lanni, Adriaan, "The Expressive Effect of The Athenian Prostitution Laws", *Classical Antiquity,* Vol. 29, No. 1 (2010), pp. 45-67.
27. Lowry, S. Todd, "Reviewed Work(s): Economic Rights of Women in Ancient Greece", *Journal of Economic Literature,* Vol. 18, No. 4(1980), pp. 1574-1575.
28. Lyons, Deborah, "Dangerous Gifts: Ideologies of Marriage and Exchange in Ancient Greece", *Classical Antiquity,* Vol. 22, No. 1(2003), pp. 93-134.
29. MacDowell, Douglas M., "Bastards as Athenian Citizens", *The Classical Quarterly*, Vol. 26, No.1 (1976), pp. 88-91.
30. MacDowell, Douglas M., "Reviewed work(s): Economic Rights of Women in Ancient Greece by David M. Schaps", *The Journal of Hellenic Studies*, Vol. 101(1981), pp. 188-189.
31. Michell, H., "Land Tenure in Ancient Greece", *The Journal of Economics and Political Science/ Revue Candienne d' Economique et de Science Politique,* Vol. 19, No. 2(1953), pp. 245-253.
32. Miller, M., "Greek Kinship Terminology", *The Journal of Hellenic Studies*, Vol. 73 (1953), pp. 46-52.
33. Redfield, James, "The Women of Sparta", *The Classical Journal,* Vol. 73, No. 2(1977/1978), pp. 146-161.
34. Rhodes, P. J., "Bastards as Athenian Citizens", *Classical Quarterly* Vol. 28, No. 1(1978), pp. 89-92.
35. Rhodes, P. J., "Athenian Marriage Patterns:Remarriage", *California Studies in Classical Antiquity*, Vol. 5 (1972), pp. 211-225.
36. Richter, Donald C., "The Position of Women in Classical Athens", *The Classical Journal,* Vol. 67, No. 1(1971), pp. 1-8.
37. Roy, J., "Polis and *Oikos* in Classical Athens", *Greece & Rome,* Vol. 46, No. 1(1999), pp.

1-18.

38. Schaps, David, "The Women of Greece in Wartime", *The Classical Philology*, Vol. 27, No. 3 (Jul., 1982), pp. 193-213.

39. Scott, Joan, "Gender: A Useful Category of Historical Analysis", *The American Historical Review,* Vol. 91(5), 1985, pp. 1053-1075.

40. Thompson, Wesley E., "The Marriage of First Cousins in Athenian Society", *Phoenix,* Vol. 21, No. 4(winter, 1967), pp. 273-282.

41. Thompson, Wesley E., "Athenian Marriage Patterns: Remarriage", *California Studies in Classical Antiquity,* Vol. 5(1972), pp. 211-225.

42. Whitehead, David, "Women and Naturalisation in Fourth-Century Athens: The Case of Archippe", *The Classical Quarterly,* Vol. 36, No. 1(1986), pp. 109-114.

二、中文參考文獻：

古典史料譯著：

1. 阿里斯托芬：《雲‧馬蜂》，羅念生譯，上海人民出版社，2006年。
2. 阿里斯托芬：《阿卡奈人‧騎士》，羅念生譯，上海人民出版社，2006年。
3. 柏拉圖：《柏拉圖四書》，劉小楓編譯，三聯書店，2015年。
4. 柏拉圖：《理想國》，郭斌和、張竹明譯，商務印書館，2017年。
5. 查理斯‧福爾那拉編譯：《希臘羅馬史料集》，黃洋導讀，北京大學出版社，2014年。
6. 荷馬：《奧德賽》，陳中梅譯，上海譯文出版社，2016年。
7. 荷馬：《伊利亞特》，陳中梅譯，上海譯文出版社，2016年。
8. 赫西俄德：《工作與時日》，張竹明、蔣平譯，商務印書館，2016年。
9. 歐里庇得斯：《歐里庇得斯悲劇集》，周作人譯，中國對外翻譯出版公司，2003年。
10. 奧維德：《變形記》，楊周翰譯，上海人民出版社，2016年。
11. 普魯塔克：《希臘羅馬名人傳》（上冊），黃宏煦主編，商務印書館，1990年。
12. 色諾芬：《經濟論——雅典的收入》，張伯健、陸大年譯，商務印書館，2014年。

13. 色諾芬：《希臘史》，徐松岩譯注，上海三聯書店，2013 年。
14. 色諾芬：《回憶蘇格拉底》，吳永泉譯，商務印書館，1997 年。
15. 維吉爾：《埃涅阿斯紀》，楊周翰譯，人民文學出版社，1984 年。
16. 希羅多德：《歷史》，王以鑄譯，商務印書館，2016 年。
17. 修昔底德：《伯羅奔尼薩斯戰爭史》，謝德風譯，商務印書館，2016 年。
18. 亞里斯多德：《政治學》，吳壽彭譯，商務印書館，1982 年。
19. 亞里斯多德：《雅典政制》，日知、力野譯，商務印書館，1999 年。

中文譯著：

1. 安德列・比爾基埃、克莉絲蒂娜・克拉比什—朱伯爾等主編：《家庭史》，第一卷《遙遠的世界；古老的世界》上冊，三聯書店出版社，1998 年。
2. 薩拉・B.波默羅伊、斯坦利・M.伯斯坦等著：《古希臘政治、社會和文化史》，傅潔瑩、龔萍等譯，上海三聯書店，2010 年。
3. 哈蒙德：《希臘史——迄至西元前 322 年》，朱龍華譯，商務印書館，2016 年。
4. 克蒙娜・德・波伏娃：《第二性》，鄭克魯譯，上海譯文出版社，2011 年。
5. 阿諾德・湯因比：《希臘精神》，喬戈譯，商務印書館，2015 年。
6. M.I.芬利：《希臘的遺產》，張強、唐均等譯，上海人民出版社，2004 年版。
7. 瓦爾特・伯克特：《東方化革命》，劉智譯，上海三聯書店，2014 年。
8. 馬丁・伯納爾：《黑色雅典娜：古典文明的亞非之根》，郝田虎、程英譯，吉林出版集團有限責任公司，2011 年。
9. A-M. 威特基、E. 奧爾斯毫森、R. 希德拉克主編：《古代世界歷史地圖集》，葛會鵬，古原馳等譯，華東師範大學出版社，2016 年。
10. J.K.大衛斯：《民主政治與古典希臘》，黃洋、宋可即譯，上海人民出版社，2010 年。
11. 福柯：《性經驗史》，三卷本，佘碧平譯，上海人民出版社，2016 年。
12. 奧斯溫・默里：《早期希臘》，晏紹祥譯，上海人民出版社，2008 年。
13. 奧斯溫・默里、克蒙・普萊斯編：《古希臘城市——從荷馬到亞歷山大》，解光雲、

馮春玲譯，商務印書館，2002年。

14. E.A.韋斯特馬克：《人類婚姻史》，李斌等譯，商務印書館2002年。
15. 愛德華・W. 薩義德：《文化與帝國主義》，李琨譯，三聯書店2016年。
16. 瓦爾特・伯克特：《希臘文化的東方語境》，唐卉譯，社會科學文獻出版社，2004年。
17. 南諾・馬瑞納托斯：《米諾王權的太陽女神——一個近東的共同體》，王倩譯，陝西師範大學出版社，2013年。
18. 阿納爾多・莫米利亞諾：《外族的智慧——希臘化的侷限》，晏紹祥譯，三聯書店，2013年。
19. 傑克・古迪：《神話、儀式與口述》，李源譯，中國人民大學出版社，2014年。
20. 阿諾德・湯因比：《歷史研究》，郭小凌等譯，上海世紀出版集團，2010年。
21. 弗里德里希・尼采：《悲劇的誕生》，周國平譯，譯林出版社，2014年。
22. 克蒙・普萊斯：《古希臘人的宗教生活》，邢穎譯，北京大學出版社，2015年。
23. 康福德：《從宗教到哲學——西方思想起源研究》，曾瓊、王濤譯，上海三聯書店，2014年。
24. 弗里德里希・尼采：《希臘悲劇時代的哲學》，周國平譯，譯林出版社，2014年。
25. 威廉姆斯：《古代希臘帝國》，郭子林譯，商務印書館，2015年。
26. 亨利・弗蘭克福特：《近東文明的起源》，郭子林譯，格致出版社、上海人民出版社，2009年。
27. 馬丁・尼爾森：《希臘神話的邁錫尼源頭》，王倩譯，陝西師範大學出版社，2016年。
28. 簡・赫麗生：《希臘宗教研究導論》，謝世堅譯，廣西師範大學出版社，2006年。
29. 讓・皮埃爾・韋爾南：《古希臘神話與悲劇》，張苗、楊淑嵐譯，華東師範大學出版社，2016年。
30. 讓・皮埃爾・韋爾南：《古希臘神話與宗教》，杜小真譯，商務印書館，2015年。
31. E.H. 卡爾：《歷史是什麼？》，陳恒譯，商務印書館，2016年。
32. 蜜雪兒・德・塞爾托：《歷史與心理分析》，邵煒譯，中國人民大學出版社，2010年。
33. 里安・艾斯勒：《聖杯與劍——男女之間的戰爭》，程志民譯，社會科學文獻出版社，

1995 年。

34. 恩格斯：《家庭、私有制和國家起源》，《馬克思恩格斯全集》第 21 卷，人民出版社，1965 年。
35. 亨利・薩姆奈・梅因：《古代法》，高敏、瞿慧虹譯，中國社會科學出版社，2009 年。
36. 靄理士：《性與社會》，潘光旦、胡壽文譯，商務印書館，2016 年。
37. 呂克・布里松：《古希臘羅馬時期不確定的性別》，侯雪梅譯，廣西師範大學出版社，2005 年。
38. 漢斯・利希特：《古希臘人的性與情》，J.H.弗里茲英譯，劉岩等中譯，廣西師範大學出版社，2008 年。
39. M. I.芬利：《古代世界的政治》，晏紹祥、黃洋譯，商務印書館，2016 年。
40. 摩根斯・赫爾曼・漢森：《德摩斯梯尼時代的雅典民主：結構、原則與意識形態》，何世健、歐陽旭東譯，華東師範大學出版社，2014 年。
41. 加斯帕・格里芬：《荷馬史詩中的生與死》，劉淳譯，北京大學出版社，2015 年。
42. 伊迪斯・漢・密爾頓：《希臘方式》，徐齊平譯，浙江人民出版社，1988 年。
43. 利奇德：《古希臘風化史》，杜之、常鳴譯，遼寧教育出版社，2000 年。
44. 哈貝馬斯：《公共領域的結構轉型》，曹衛東等譯，學林出版社，1991 年。

國內相關著作：

1. 黃洋：《古代希臘土地制度研究》，復旦大學出版社，1995 年。
2. 黃洋：《古代希臘政治與社會初探》，北京大學出版社，2014 年。
3. 晏紹祥：《荷馬社會研究》，上海三聯書店，2006 年。
4. 晏紹祥：《古典歷史研究發展史》，華中師範大學出版社，1999 年。
5. 裔昭印：《古希臘的婦女——文化視域中的研究》，商務印書館，2001 年。
6. 裔昭印：《西方婦女史》，商務印書館，2009 年。
7. 裔昭印：《世界文化史（增訂版）》，北京大學出版社，2010 年。
8. 劉文鵬：《古代埃及史》，商務印書館，2010 年。

9. 祝宏俊：《古代斯巴達政制研究》，中央編譯出版社，2013年。
10. 阮煒主編：《德摩斯梯尼時代的雅典民主——結構、原則與意識形態》，華東師範大學出版社，2014年。
11. 郝際陶：《〈雅典政制〉漢譯與研究》，高等教育出版社，2016年。
12. 郝際陶譯：《格爾蒂法典》（古史新譯第二卷），高等教育出版社，1992年。

國內論文：

1. 陳恒：〈古希臘文明特徵新論〉，《上海師範大學學報（社會科學版）》2002年第2期。第49-57頁。
2. 陳恒：〈略論古希臘文明中的東方因素〉，《上海師範大學學報（哲學社會科學版）》2004年第1期。第104-109頁。
3. 陳恒：〈美索不達米亞遺產及其對希臘文明的影響〉，《上海師範大學學報（哲學社會科學版）》2006年第6期，第108-116頁。
4. 王廣興、張彥修：〈淺議古希臘與西周春秋婚姻制度異同〉，《史學月刊》1989第4期，第90-93頁。
5. 郝際陶：〈黑暗時代的雅典國家〉，《東北師大學報（哲學社會科學版）》1995年第2期，第27-31頁。
6. 郝際陶、那志文：〈古代雅典和斯巴達婦女〉，《東北師大學報（哲學社科版）》1997年第4期，第68-72頁。
7. 郝際陶：〈古代雅典的商貿活動〉，《東北師大學報（哲學社會科學版）》2000年底4期，第6-10頁。
8. 黃洋：〈古代希臘羅馬文明的「東方」想像〉，《歷史研究》2006年第1期，第144-123頁。
9. 黃洋：〈邁錫尼文明、「黑暗時代」與希臘城邦的興起〉，《世界歷史》2010年第3期，第32-40頁。
10. 黃洋：〈摩西·芬利與古代經濟史研究〉，《世界歷史》2013年第5期，第123-

132 頁。

11. 黃洋：〈古代希臘土地私有制的確立與城邦制度的形成〉，《復旦大學學報（社科版）》1995 年第 1 期，第 46-51 頁。

12. 黃洋：〈希臘城邦的公共空間和政治文化〉，《歷史研究》2001 年第 5 期，第 100-107 頁。

13. 黃洋：〈從同性戀透視古代希臘社會——一項歷史學的分析〉，《世界歷史》1998 年第 5 期，第 74-82 頁。

14. 林中澤：〈古代雅典的婦女與民主政治〉，《華南師範大學學報（社科版）》，1996 年第 3 期，第 50-55 頁。

15. 裔昭印：〈從城邦特徵看古代雅典婦女的地位〉，《世界歷史》1999 年第 5 期，第 64-71 頁。

16. 裔昭印：〈古希臘人婦女觀的衍變〉，《上海師範大學學報（社會科學版）》1999 年第 28 卷，第 26-36 頁。

17. 裔昭印：〈從家庭和私人生活看古雅典婦女的地位〉，《歷史研究》2000 年第 2 期，第 148-161 頁。

18. 裔昭印：〈古希臘婦女宗教地位探析〉，《世界宗教研究》2001 年第 1 期，第 107-118 頁。

19. 裔昭印：〈論古希臘男人與少男之愛〉，《上海師範大學學報（哲學社會科學版）》2007 年第 1 期，第 69-79 頁。

20. 裔昭印：〈薩福與古希臘女同性戀〉，《史林》2009 年第 3 期，第 149-157 頁。

21. 俞金堯：〈中世紀歐洲寡婦產的起源和演變〉，《世界歷史》2001 年第 5 期，第 50-59 頁。

22. 俞金堯：〈從歷史人口學到家庭歷史學〉，《歷史研究》1995 年第 1 期，第 91-102 頁。

23. 俞金堯：〈歐洲歷史上家庭概念的演變及其特徵〉，《世界歷史》2004 年第 4 期，第 4-22 頁。

24. 張曄、劉洪采：〈法老時代的埃及婦女在家庭中的地位〉,《世界歷史》2004 年第 2 期,第 11-20 頁。
25. 唐莉：〈試析古希臘與先秦婦女婚姻生活的異同〉,《中央民族大學學報（哲學社會科學版）》2005 年第 2 期,第 47-51 頁。
26. 郭小凌：〈論古希臘人的婦女觀〉,《學術研究》2007 年第 1 期,第 91-100 頁。
27. 徐善偉：〈女性因何成為近代早期歐洲獵巫運動的主要受害者〉,《歷史研究》2015 年第 5 期,第 157-172 頁。
28. 徐善偉：〈男權重構與歐洲獵巫運動期間女性所遭受的迫害〉,《史學理論研究》2007 年第 4 期,第 34-41 頁。
29. 吳曉群：〈古代希臘的獻祭儀式研究〉,《世界歷史》1999 年第 6 期,第 70-75 頁。
30. 吳曉群：〈希臘式哀哭：儀式化的哀歌抑或危險的聲音〉,《社會科學研究》2015 年第 1 期,第 151-157 頁。
31. 吳曉群：〈西元前 5 世紀中葉的希臘城邦政治與「修昔底德陷阱」〉,《史學史研究》2017 年第 4 期,第 5-13 頁。
32. 吳曉群：〈試論古希臘宗教的歷史沿革〉,《貴州大學學報》1994 年第 3 期,第 83-89 頁。
33. 李尚君：〈表演文化與雅典民主政治——以政治演說為考察對象〉,《世界歷史》2009 年第 5 期,第 95-102 頁。
34. 李尚君：〈西元前 4 世紀雅典的「激進民主制」〉,《世界史研究》2009 年第 3 期,第 125-132 頁。
35. 李尚君：〈德謨斯提尼修辭策略與雅典民眾政治角色的塑造〉,《歷史研究》2011 年第 4 期,第 123-135 頁。

附　錄

1. *Anchisteus*(pl. *anchisteis*)——近親屬，指死者最近的血親，如死者的兄弟及兄弟的後代，尤其指那些根據法律有資格和女繼承人結婚的人。

2. *Archon*——執政官，古代雅典的執政官名義上分享國王的權力。本書的執政官指的是與執政官齊名的地方官員，到亞里斯多德和法庭演說家的時代，這種官職成了地方法官的代名詞，他的職能是監管城邦家庭事務，並裁決家庭各種糾紛。地方法官負責裁決雅典公民的民事案件，而對在雅典居住的外邦人家庭內部的訴訟案件或者外邦人與雅典人之間的矛盾糾紛，則由雅典軍事執政官負責。

3. *Cyzicene*——塞西卡斯，古希臘一種金幣單位。

4. *Daedalic Style*——代達羅斯風格，指古希臘的雕刻藝術受東方工藝影響，作品風格由僵硬、呆板變為理性而嚴謹。

5. *Deme*——德莫，克利斯提尼改革把德莫(deme)作為基本單位，並按戶籍給予公民權，此後公民身份依賴於成為一個德莫的成員資格。

6. *Drachma*——德拉克馬，現代希臘貨幣單位，古希臘銀幣名和重量單位。

7. ἐγγύη——ἐγγύη 指伴隨著莊嚴許諾的一種「擔保品」(如嫁妝)，一個雅典父親只有通過這種方式給他的女兒訂婚，才是合法的正式婚姻不可缺少的儀式和程式。

8. *Engye*——訂婚，是女方家主把這名婦女交給其未來丈夫的一種儀式，通常包括女方家主正式地承諾：「我同意我的女兒（姐、妹等）給你結婚。」

9. *Eleusinian Mysteries*——埃琉息斯秘儀，古希臘一個秘密教派的年度入會儀式，該教派主要崇拜穀物女神德莫忒耳(Demeter)和豐產女神珀耳塞福涅(Persephone)。

10. *Epiballon*——同 *anchisteus*，家庭最近的血親，在雅典稱為 *anchisteus*；在格爾蒂(Gortyn)被稱為 *epiballon*。

11. *Epidikasia*——ἐπιδικασία 指一種法律上的程式，以確保雅典女繼承人為了延續父親的家庭(*oikoi*)和香火，按指定順序在最近的男性親屬中嫁給有合適資格的男人。

12. *Epikleros*(pl. *epikleroi*)——女繼承人，指沒有兄弟的女子，她和父親的財產是一個不可分割的整體，一般根據法律會嫁給父親血緣最近的親屬。這種婚姻結合所生的兒子，才是女繼承人父親財產的合法繼承人。

13. *Epitropos*——孤兒監護人，雅典法律專門針對孤兒（主要指無父親的孩子，也包括父母雙亡的孩子）指定的對孤兒的成長、教育和生活進行負責的人，他同時也對該名孤兒繼承的財產進行監管。

14. Genos——母系宗族。

15. Helots——黑勞士，古代斯巴達城邦的一種國有奴隸制度，主要指被斯巴達人征服的拉科尼亞(Laconia)和美塞尼亞(Messenia)地區的原住民。

16. *Hetaera*(pl. *hetaerae*)——這裡要對三個單詞進行區分：「*hetaera*」（高級妓女，妾，交際花）；「*prone*」（妓女）；「*pallake*」（妾，外室）。「*hetaera*」是指一個與一名男子有性關係但並非長期同居的婦女；而「*prone*」意思是普通妓女，其性服務是任何男人可用金錢購買；「妾」通常是指一個婦女生活在一個男人的家庭裡，並和這個男人保持性關係，但他們不是婚姻形式的結合。

17. *Kyrios*(pl. *kyrioi*; fem. *kyria*)——家主，即一家之主，他對家庭財產擁有合法處置權，對家庭未成年男性和家庭女性成員擁有監護權。

18. Medimnus/Medimnos——古希臘一種度量單位。

19. Mnai——穆納，雅典一種貨幣單位。

20. νόθος——雅典私生子一般指雅典公民與非雅典人、自由人、奴隸的「混合」結合所產生的後代。νόθος 不等同於英語 illegitimate（非法的、不合理的，庶出的，私生的）或者 born out of wedlock（非婚生的）之意，它形容一種社會地位不平等的男女結合，也指一個已婚男人與妻子之外的婦女所生的孩子。

21. *Oikos*(pl. *oikoi*)——古希臘的家庭，它一般由父親傳給兒子，兒子繼承的不僅有家庭姓氏和財產，還有家庭宗教和祭祀儀式；*Oikos* 與現代意義上的家庭不同，

它既包括家庭成員，也包括家庭各種財產，當然也包括奴隸。

22. *Patroiokos*——同 *epikleros*，在雅典稱為 *epikleros*；在格爾蒂(Gortyn)被稱為 *patroiokos*。
23. Stadia——斯塔第阿，古希臘長度單位。
24. Thirty Tyrants——三十暴君，也稱三十僭主統治，西元前 404 年伯羅奔尼薩斯戰爭後，在斯巴達扶植下在雅典建立的寡頭政權。
25. *Talasiourgoi*——羊毛工。
26. Talent——塔蘭特，古希臘貨幣單位。
27. 文中出現的地名——Agora（阿哥拉）；Amorgos（阿摩爾戈斯）；Argos（阿爾戈斯）；Athens（雅典）；Boeotia（彼奧提亞）；Crete（克里特）；Cnossus（科諾索斯）；Gortyn（格爾蒂）；Lemnos（萊姆諾斯）；Lyctus（呂克托斯）；Lycia（呂西亞）；Minos（米諾斯）；Polyrrhenia（波呂爾海尼亞）；Phaestus（菲斯托斯）；Salamis（薩拉米斯）；Samos（薩摩斯）；Sicyon（西庫翁）；Sparta（斯巴達）；Tegea（帖該亞）；Thebes（忒拜，有時被譯成底比斯）；Thrace（色雷斯）；Troezen（特洛曾）；Troy（特洛伊）。

後　記

　　本書是我博士論文的修正稿。文稿完竣之際，首先要感謝我的導師裔昭印教授把我領入上古希臘羅馬史、西方社會文化史、婦女與性別史的研究之路，為我打開西方古典學研究的大門。讀博三年，恩師在學業上言傳身教，對我嚴格要求，從論文的選題、資料的收集整理、觀點的探討到論文的修改完善，恩師都給予我無私地幫助和支持；在生活上，恩師又如母親，為我籌謀將來、指點迷津。凡欲為學者，必先學為人，今惟有銘記恩師教誨，專心治學、踏實做事、誠懇做人，以敬師恩。

　　感謝上海師範大學的陳恒教授、徐善偉教授，在我求學期間，有幸聆聽二位老師的課程，他們淵博的學識使我受益匪淺，尤其在我畢業論文成稿過程中，二位老師給我提出非常中肯的寫作和修改意見；感謝上海師範大學的李尚君老師和熊瑩老師，跟著兩位老師我學習了希臘語和拉丁語課程，豐富了我的求學生涯；感謝美國德堡大學古典學教授劉瑾瑜女士，她在我論文寫作期間，提供相關資料，給予我諸多建議和鼓勵；感謝復旦大學歷史系向榮教授，感謝復旦大學歷史系黃洋教授，感謝上海交通大學人文學院高福進教授，感謝諸位老師在我畢業答辯時給予我的指導和建議；感謝我的碩士導師李懷順教授，以及華南師範大學歷史文化學院的王三三院長，感謝二位在我科研和教學中給我的指導和幫助，特此致謝。

　　感謝我的同門秦治國師兄、張凱師兄、陸建平師兄、康凱師兄，感謝楊凡、孫仁朋、葛曉虎、王琛、袁偉諸位師弟，感謝諸位在我求學期間給予我的諸多幫助和關照，上海師大三年有你們一起走過真的很開心，這段歲月會成為我最難忘的回憶。感謝上海海洋大學的馬百亮老師，感謝天津師範大學的

孫菁菁老師，感謝上海立信會計金融學院的唐莉莉老師，感謝諸位在我搜集資料、翻譯文獻和論文寫作過程中曾經給予的指導和建議，特此致謝。

感謝青海師範大學歷史學院對我的關懷和支持，特別是鄢曉彬書記、丁柏峰院長、楊榮春副院長對我教學和科研工作的大力支持和幫助，感謝魏道明教授、杜常順教授在我學術研究中給予的指導和幫助，特此致謝。

感謝我的家人，由於我天性癡頑，茫茫然蹉跎多年，當最終找到前行方向時，最愛我的親人已陸續從我的世界離去。平凡生活少了至親的陪伴，人生最簡單的快樂都難以盡興。猶記得爺爺最後一面，老人拉著我的手淚眼婆娑，是爺爺親自送我進入高中、大學；猶記得奶奶的滿頭白髮和她慈祥的笑容，還有外婆站在河堤上目送我的單薄身影；猶記得父親在書桌前揮毫潑墨、自得其樂的場景……。如今這些最疼愛我的人都不在了，我縱然取得些許成績，天地間已經無法與他們分享。人世間陰陽相隔的遺憾，漸行漸遠的別離，一個個未了的心願，終歸是一場場心靈的劫難。感謝我勤勞善良的母親，盡心盡力幫我照顧女兒，讓我專心治學免我後顧之憂，沒有母親的關愛和扶持，我不可能取得今天的成績。感謝我的弟弟謝磊老師、弟媳劉敏老師，感謝我的妹妹謝曉燕博士、謝雪豔老師，感謝諸位親人在諸多方面給予的幫助和支持，感謝我的女兒石凱西、石晞彤，有了你們的陪伴和鼓勵，我才有了進取的勇氣和力量，人生的奮鬥也才有了價值和意義。

拙作付梓，還要感謝甘肅省文物局考古學和簡牘學專家何雙全先生、臺灣蘭臺出版社盧瑞琴老師以及出版社的諸位編輯，感謝諸位對拙作出版的幫助和支持。拙作是我學習探索中的一次歷練，還有諸多不足之處。古希臘羅馬史、西方社會文化史、婦女與性別史還有很多未知未解，路漫漫其修遠兮，吾將上下而求索。

謝芝芹

於青海師範大學 2024 年 9 月 8 日

> 國家圖書館出版品預行編目資料
>
> 古代雅典和斯巴達婦女的家庭財產權利研究 / 謝芝芹著. --
> 初版. -- 臺北市：蘭臺出版社, 2025.05
> 　　面；　公分. --（婦女研究；4）
> 　　ISBN 978-626-98677-4-5(平裝)
>
> 1.CST: 女權　2.CST: 性別研究　3.CST: 古希臘
>
> 544.52　　　　　　　　　　　　　　114002836

婦女研究 4

古代雅典和斯巴達婦女的家庭財產權利研究

| 作　　者：謝芝芹 |
| 主　　編：張加君 |
| 編　　輯：盧俊方 |
| 美　　編：楊容容 |
| 校　　對：沈彥伶、古佳雯 |
| 封面設計：陳勁宏 |
| 出　　版：蘭臺出版社 |
| 地　　址：台北市中正區重慶南路 1 段 121 號 8 樓之 14 |
| 電　　話：(02) 2331-1675 或 (02) 2331-1691 |
| 傳　　真：(02) 2382-6225 |
| E—MAIL：books5w@gmail.com 或 books5w@yahoo.com.tw |
| 網路書店：http://5w.com.tw/ |
| 　　　　　https://shopee.tw/books5w |
| 　　　　　博客來網路書店、博客思網路書店 |
| 　　　　　三民書局、金石堂書店 |
| 經　　銷：聯合發行股份有限公司 |
| 電　　話：(02) 2917-8022　　傳真：(02) 2915-7212 |
| 劃撥戶名：蘭臺出版社　　　　帳號：18995335 |
| 香港代理：香港聯合零售有限公司 |
| 電　　話：(852) 2150-2100　　傳真：(852) 2356-0735 |
| 出版日期：2025 年 05 月 初版 |
| 定　　價：新臺幣　680 元整 |

ＩＳＢＮ：　978-626-98677-4-5　（平裝）　　　　　　版權所有・翻印必究